一看就懂的二战大事典

一看就懂丛书编写组 编著

农村读物出版社

图书在版编目（CIP）数据

一看就懂的二战大事典／《一看就懂丛书》编写组编著．－北京：农村读物出版社，2010.6 （2024.12 重印）
ISBN 978-7-5048-5345-5

Ⅰ.①一… Ⅱ.①一… Ⅲ.①第二次世界大战（1939～1945）－通俗读物 Ⅳ.①K152-49

中国版本图书馆 CIP 数据核字（2010）第 089208 号

责任编辑 李昕昱　宋会兵
文字编辑 李琳
出　　版 农村读物出版社（北京市朝阳区农展馆北路 2 号　100125）
发　　行 新华书店北京发行所
印　　刷 永清县晔盛亚胶印有限公司
开　　本 700mm×1000mm　1/16
印　　张 13
字　　数 250 千
版　　次 2010 年 6 月第 1 版　2024 年 12 月第 2 次印刷
定　　价 68.00 元

一看就懂的二战大事典

农村读物出版社

前言

希特勒，一个世人皆知的罪恶名字。1913 年，他迁居德国慕尼黑，无固定职业，成为民族主义和反犹主义的狂热信徒。1919 年加入德意志工人党，即缩写音译的纳粹党。正是以他为核心的纳粹政权揭开了血雨腥风的“二战”序幕。

1921 年，希特勒成为纳粹党的党魁，随即组织武装冲锋队。1933 年 1 月，在垄断资本集团和军界支持下，纳粹党发展成为国会中的第一大党。1934 年总统兴登堡死后，希特勒得以集总统和总理的大权于一身，废除共和国，改称德意志第三帝国，自称国家元首。1935 年，他撕毁凡尔赛条约，宣布重整军备，为发动侵略战争做准备。1936 年，德日签订《反共产国际协定》；次年，意大利加入这个协定，于是形成了德、日、意三国轴心。

1939 年 9 月 1 日，德国出兵闪击波兰，正式点起第二次世界大战的烈火。1940 年春，希特勒把战火燃烧到西方，只用 6 个星期就打垮了英法联军，占领了西欧和北非广大地区。日军也在亚洲为非作歹，直至 1945 年第二次世界大战结束。

1939 年 9 月至 1942 年春，是第二次世界大战的全面爆发阶段。在这一阶段，轴心国处于战略进攻地位，不断地向世界各地侵略扩张，战争逐渐从西欧扩展到东欧、北非与南欧，直至太平洋，从而成为全球性战争。由于世界各国的利益受到来自法西斯战争的直接威胁，法西斯侵略扩张与世界各国人民反对法西斯侵略的矛盾成为当时世界的主要矛盾，美、英、苏、中等 26 国在华盛顿签署了共同进行反法西斯战争的《联合国家宣言》，结成世界反法西斯同盟。

1942 年春至 1943 年 12 月，是大战的相持与转折阶段。在这一阶段中，德、意、日军队在世界各战场上全面展开作战，法西斯不断膨胀的侵略野心和其潜力不足的矛盾突出地表现出来。反法西斯联盟逐步恢复战斗力，在稳定战线的同时，分别在各战场进行具有战略意义的会战，扭转了战争初期的被动局面。在苏德战场上著名的莫斯科会战迫使德军放弃对苏联全面进攻的计划。

1942 年 7 月至 11 月斯大林格勒保卫战的胜利，成为苏德战争的转折点，也是第二次世界大战的转折点。1943 年下半年，同盟国军队完成了大战的根本转折和全面进攻的准备。在苏德战场、北非战场、亚洲和太平洋战场的战局开始由盟军掌握主动。

1944 年 1 月至 1945 年 8 月，是大战的最后较量与结束阶段。1944 年，同盟国在欧、亚战场展开了全面战略进攻。在苏德战场，苏联连续发动大规模攻势战役，将战争推向东欧和德国本土。在西欧战场，美英盟军登陆诺曼底成功，开辟了欧洲第二战场，并迅速解放法国，进入荷兰、比利时、卢森堡，威胁德国本土。欧洲各国人民掀起抵抗运动和解放战争高潮，配合苏军和美英盟军作战，解放本国领土。在太平洋战场，盟军胜利地进行了越岛进攻和海空作战，突入日本防御圈。在东南亚战场，中美英联军加紧进攻缅甸境内的日军。在中国战场，也对日军展开了局部反攻。

1945 年，在反法西斯同盟国打击下，德国和日本法西斯先后于 5 月和 8 月宣布向同盟国投降。9 月 2 日，在停泊于东京湾内的美国军舰密苏里号上，正式举行了日本投降签字仪式。至此，第二次世界大战以法西斯的败降和同盟国的胜利而宣告结束。

本书选取了二战中的大事进行编写，能够帮助青少年朋友了解二战过程中的大事件、了解二战历史，引导青少年朋友开启智慧大门，并成为青少年朋友探索世界的启蒙书。

本书提供了大量史料图片，提高了美感。

希望本书能够成为广大青少年朋友的案头必备书。

编者

2010 年 2 月

敬告

在编写本书的过程中，大量的图片得到全景网的支持，但有部分图片无法与著作权人一一联系，敬请没有联系上的图片著作权人与我们联系，您应得的稿费我们已经预留。

INTRODUCTION

目录
CONTENT

闪击波兰

第一次世界大战德国战败后，但泽被划归波兰辟为自由市，通往波罗的海的“波兰走廊”将原本连成一片的德国领土分成了两块，位于“走廊”之东的东普鲁士成了远离德国本土的“孤岛”。因此，德国人一直对失去但泽和“走廊”地区耿耿于怀。希特勒任主席后，便发誓要报仇。1939 年 4 月 3 日，希特勒剑锋直指波兰。第二次世界大战即将爆发。

战前双方准备

在作战之前，德军做了非常详尽的准备。德军统帅部计划以快速兵团和强大的空军，实施突然袭击，闪电般摧毁波军防线，占领波兰西部和南部工业区，继而长驱直入波兰腹地，围歼各个孤立的波兰军团，力求在半个月内结束战争，然后回师增援可能遭到英法进攻的西线。德军共集中了 62 个师，88.6 万人，2 800 辆坦克，1 939 架飞机，6 000 门火炮和迫击炮，组成了南路和北路两个集团军群。南路集团军群由陆军一级上将伦德施泰特指挥，下辖布拉斯科维兹上将的第 8 集团军、赖歇瑙上将的第 10 集团军和利斯特上将的第 14 集团军，共 8 个步兵军和 4 个装甲军。其任务是首先歼灭西里西亚地区的波军集团，而后从西南方向迂回到华沙；北路集团军群由陆军一级上将包克指挥，下辖屈希勒尔上将的第 3 集团军和克鲁格上将的第 4 集团军，共 5 个步兵军和 1 个装甲军。其任务是首先切断“波兰走廊”，彻底围歼集结在这里的波军集团，而后从东普鲁士南下，从背面攻击维斯瓦河上的波军，并从东北方向迂回到华沙。

▲二战时的德国坦克

波军统帅部也制订了代号为“西方计划”的对德作战计划，该计划规定：如果德国进攻波兰，乘德军主力尚未东调之际，波军首先向北进攻，夺取德国的东普鲁士，以消除北方威胁，在西部和西南边境采取守势，阻止德军的进攻，等待英、法在西线发起攻击，东西夹击，打败德国。为此，波军共动员了 40 个师和 22 个旅，870 辆轻型坦克，824 架飞机和 4 300 门火炮。组成了波莫瑞、莫德林、波兹南、罗兹、克拉可夫、喀尔巴阡、纳雷夫 7 个集团军，沿北部边境部署了 2 个集团军，沿西和西南部边境部署了 4

个集团军，另外1个集团军作为预备队部署在维斯瓦河以东地区。

1939年8月23日，德国与苏联签订了《苏德互不侵犯条约》，并达成了共同瓜分波兰的秘密议定书。希特勒得到苏联的一纸保证后，当即下令于26日凌晨4时30分发起攻击。但到了25日夜间，攻击令却被突然取消了，一些提前开动的部队又被召了回来。原来英、波两国于25日正式签订了互助协定，意大利拒绝站在德国一边参加战争。鉴于这种情况，德国外交部长里宾特洛甫建议希特勒收回进攻命令，以便争取时间，对局势重新考虑。战争暂时没有发生，到了8月31日，希特勒下定决心破釜沉舟，下达了第一号作战指令，命令德军于9月1日凌晨发起攻击。他要求德国军人要有铁一般的意志和决心，速战速决，不给波兰任何喘息的机会。

▲波兰军队前线指挥所

波兰战争全程

1939年9月1日凌晨4时45分，德军轰炸机群呼啸着飞向波兰境内，目标是波兰的部队、军火库、机场、铁路、公路和桥梁。几分钟后波兰人便第一次尝到了人类历史上规模最大的来自空中的突然死亡与毁灭的滋味。边境上万炮齐鸣，炮弹如雨般倾泻到波军阵地上。约1小时后，德军地面部队从北、西、西南三面发起了全线进攻。同时，停泊在但泽港外伪装友好访问的德国战舰“霍尔斯坦”号也突然向波军基地开炮。波军猝不及防，500架一线飞机没来得及起飞就被炸毁在机场，无数火炮、汽车及其他辎重来不及撤退即被摧毁，交通枢纽和指挥中心遭到破坏，部队陷入一片混乱。德军趁势以装甲部队和摩托化部队为前导，很快从几个主要地段突破了波军防线。

当天上午10时，希特勒向国会宣布，帝国军队已攻入波兰，德国进入战争状态。他宣称，“从现在起，我只是德意志帝国的一名军人，我又穿上这身对我来说最为神圣、

古德里安在回忆录中波兰战争的描述

古德里安战后在其回忆录中描述道：“到9月3日，我们对敌人已经形成了合围之势——当前的敌军都被包围在布维兹以北和格劳顿兹以西的森林地区里面。波兰的骑兵，因为不懂得我们坦克的性能，结果遭到了极大的损失。有一个波兰炮兵团正向维斯托拉方向行动，途中被我们的坦克追上，全部被歼灭，只有两门炮有过发射的机会。波兰的步兵也死伤惨重。他们一部分架桥纵列在撤退中被捕获，其余全被歼灭。”

▲二战军用飞机

最为宝贵的军服。在最后的胜利到来之前，我决不脱下这身军服，要不就以身殉国。”希特勒的演说激起了议员们一阵阵狂热的欢呼。

9月3日上午9时，英国向德国发出最后通牒，要求德国在上午11时之前，作出停战的保证，否则英国即将向德国宣战。据希特勒的译员希米德回忆，当希特勒接到英国的最后通牒时，他沉默静坐不动。而戈林则回过头来对他说：“如果我们输掉了这场战争，那么上帝应该会饶恕我们。”正午时，法国也向德国发出类似的最后通牒，其期限为下午5时。德国对英法两国的最后通牒，均置之不理。于是，英、法两国相继对德宣战，第二次世界大战全面爆发。当晚，希特勒将他的办公地点从柏林的总理府移到了“亚美尼亚”号火车专列上，乘车去前线视察，并在火车上处理东线和西线的战事。

德军突破波军防线，以每天50～60公里*的速度向波兰腹地突进。伦斯德的南路集团军群以赖歇瑙的第10集团军为中路主力，以利斯特的第14集团军为右翼，在左翼布拉斯科维兹的第8集团军掩护下，从西面和西南面向维斯瓦河中游挺进；包克的北路集团军群以克鲁格的第4集团军为主力，向东直插“波兰走廊”，另以屈希勒尔的第3集团军从东普鲁士向南直扑华沙及华沙后方的布格河。

德国装甲兵创始人古德里安成功地实践了他的装甲兵理论，率领第19装甲军取得了辉煌的胜利。第19装甲军隶属北路集团军群第4集团军，辖有1个装甲师、2个摩托化师和1个步兵师。它既是第4集团军的中路，又是集团军的攻击前锋。开战后，古德里安率部迅速突破波兰边境防线，9月1日晚渡过布拉希河，9月3日推进至维斯瓦河一线，完成了对“波兰走廊”地区波军“波莫瑞”集团军的合围。

▼德军主战坦克

9月4日，波军“波莫瑞”集团军的3个步兵师和1个骑兵旅全部被歼灭，古德里安指挥的4个师一共只死亡150人，伤700人。第二天，希特勒来到第19装甲军视察，古德里安在向希特勒谈论这次作战

* 公里为非法定计量单位，1公里＝1千米。

的主要经验时说：“波兰人的勇敢和坚强是不可低估的，甚至是令人吃惊的。但在这次战役中我们的损失之所以会这样小，完全是因为我们的坦克发挥了高度威力的缘故。”古德里安对于坦克集群的结论，给希特勒留下了深刻的印象。

德军闪电式的进攻使波军完全陷入了被动挨打的境地。波军统帅部原以为战争会像以往那样缓慢地展开，德军会先以轻骑兵进行前卫活动，然后以重骑兵进行冲击，对德军大量使用坦克和航空兵的“闪击战”毫无准备。波兰军队统帅部对自己的军事力量过于自信，并指望英法的援助，因此把部队全部部署在德波边境，以为只要实施坚决的反击，就可以取得胜利。这种毫无进退伸缩弹性的部署，使波军在德军高速度大纵深的推进下不是被歼灭就是被分割包围，成为留在德军后面的孤军，抵抗迅速土崩瓦解。

▲纳粹将领古德里安在视察波兰战场

英法在西线陈兵百万，按兵不动，宣而不战。9月6日，波军总司令斯密格莱·利兹元帅下令所有部队撤至维斯瓦河以东，组成维斯瓦河一桑河线。波兰政府当日仓皇撤离华沙迁往卢布林。大局已基本决定。

冯·伏尔曼上校对希特勒说：“接下来的只不过是打一只兔子，从军事角度看，战争已经结束。”9月7日，伦斯德的南路集团军群重创波军“罗兹”和“克拉科夫”两集团军，占领了波兰工业中心罗兹和第二大城市克拉科夫，其中路第10集团军的前锋霍普勒的第16装甲军于9月8进抵华沙南郊，从南面切断了“波兹南”集团军退路。包克的北路集团军群全歼了“波莫瑞”集团军并重创“莫德林”集团军，占领了“波兰走廊”，随后强渡维斯瓦河，夺占

▲德军装甲部队进入波兰街区

▲第二次世界大战时波兰人向德军投降

了从北面掩护通往华沙道路上的阵地。

9月8日，北路集团军群所属屈希勒尔的第3集团军和克鲁格的第4集团军从北和西北向华沙方向实施总突击，9月11日，古德里安的第19装甲军渡过纳雷夫河，开始向华沙后方的布格河迅速推进。9月14日，南路集团军群所属赖歇瑙的第10集团军和布拉斯科维兹的第8集团军在维斯瓦河以西一举合围从波兹南和罗兹地区撤退的波军，占领了波兰中部地区，使华沙处于半被合围的状态。至9月15日，古德里安的第19装甲军包围了布列斯特，其第3装甲师和第2摩托化师继续向南推进，以便与南路集团军群的右翼利斯特的第14集团军完成最后的纵深合围。与此同时，第14集团军的前锋克莱斯特的第22装甲军，包围了科沃夫之后继续北进，16日在符活达瓦地区与北路集团军群会师，合围了退集在布格河、桑河与维斯瓦河三角地带的波军。9月17日，德军在完成华沙的合围后，限令华沙当局于12小时内投降。而波兰政府和波军统帅部已于16日越过边界逃往罗马尼亚。

苏联因与波兰签有互不侵犯条约而始终不便动手。波兰政府的出逃，使苏联找到了“体面”出兵波兰的借口。苏联政府宣称：由于波兰政府已经不复存在，因此苏波互不侵犯条约不再有效。“为了保护乌克兰和白俄罗斯少数民族的利益”，苏联决定进驻波兰东部地区。9月17日凌晨，苏联白俄罗斯方面军和乌克兰方面军分别在科瓦廖夫大将和铁木辛哥大将的率领下，越过波兰东部边界向西推进。9月18日，德苏两国军队在布列斯特一力托夫斯克会师。希特勒希望赶紧占领华沙，命令德军必须在9月底之前拿下华沙。

▼在华沙郊外的一节火车车厢中，波兰军官（右）正式宣布投降，将华沙交给德国将军约翰内斯·布拉斯科威兹（左侧中坐者）

▲侵入波兰国土的纳粹军车

9月25日，德军开始向华沙外围的要塞、据点及重要补给中心进行炮击。随后，德第8集团军开始向华沙发起攻击。9月26日，德国空军开始轰炸华沙。9月27日，华沙守军停止抵抗。9月28日，华沙守军司令向德第8集团军司令布拉斯科维兹上将正式签署了投降书。9月29日，莫德林要塞投降。至10月2日，进行抵抗的最后一个城市格丁尼亚停止抵抗。第二次世界大战爆发后的第一个战役仅用了1个月的时间就结束了。在波德战争中，波军伤亡20万人，被俘40余万人。德军亡1.06万人，伤3.3万人，失踪3 400人。

德军取胜的原因

战争中，德军首次成功地实施“闪击战”，显示了坦克兵团在航空兵协同下实施大纵深快速突击的威力，对军事学术的发展产生了深远影响。德波战争暴露了战争初期各次战役内容及其性质的变化。德国在实施武装力量的动员与展开的措施中，采取了先机制敌的方针。德国武装力量对波兰采取的军事行动证明，预先组建的陆军集团和航空兵集团出其不意实施密集突击，有着显著作用。

▼德军在二战初期俘虏的波兰军队

在战争过程中，坦克和空军显示了巨大的威力。在这次战争中，为了冲破对方防御和扩大战果，首次使用了重兵快速兵团——坦克师、坦克军和摩托化军，与航空兵密切协同作战。出现了以快速兵力在防御纵深对敌实施迂回和合围的机动条件，这样能扩大进攻战役的纵深和提高进攻战役的速度。

西线的静坐战

德军以“闪击战”进攻波兰，拉开了第二次世界大战的序幕。两天以后，作为波兰盟军的英法先后对德国宣战。从1939年9月3日英法对德宣战到1940年5月10日德国进攻法国，长达8个多月的时间里，英法两国一直按兵不动，宣而不战，西线的欧洲异常平静。英国人称这段时间为“假战”，法国人称之为“奇怪的战争”，德国人则称之为“静坐战争”。这在一定程度上纵容了纳粹德国。

英、法两国正式对德宣战

波兰战役爆发之后，英法两国在西线部署了115个师，而德国只有23个师，希特勒正在东线集中兵力进攻波兰，西部边境“只是一道纸屏”。如果英法真诚援助波兰，立即从西线进攻德国，那么德军将陷于腹背受敌的不利境地。1939年9月3日，与波兰签有同盟条约的英、法两国正式对德宣战，第二次世界大战全面爆发。然而，开战几个月，英法联军却并没有真正参与战争。

奇怪的战争上演

英、法两国正式对德宣战极大地鼓舞了在东线与德军浴血奋战的波兰军民，他们期待着英法军队早日在西线发动进攻，从背后给德军致命一击。然而，宣战后的英、法军队千呼万唤不出来，西线一片寂静。在1939年9月3日至1940年5月9日期间，西线的法国军队始终没有接到进攻的命令，他们静坐在钢筋水泥构筑的工事背后，毫无目的、茫然地消磨着漫长而又难熬的“战争”时光。为了消除部队的厌烦情绪、防止军心涣散，法国政府和最高统帅部在前方军营建立了军人俱乐部，从国内派来慰问团慰问前线指战员；他们还给部队增加酒类配给，让战士们借酒浇愁；为了消耗战士们过分充沛的时间和精力，11月30日，法国议会讨论了给士兵们增加酒类供应的问题。1940年2月29日，达拉第总理签署了一项“供作战部队用”的扑克牌免税法令。随后，又为军队送去了1万个足球，并经常性地组织体育比赛。这时的西线没有了临战前应有的、压抑得令人窒息的紧张气氛，反而呈现出一片“其乐融融”的景象。

▼反映西线战场的电影

▲法国士兵在西线静坐“站岗”

在英国，人们也为这种平静的局面所迷惑。官方的语调总是能给人们带来欢快和希望，报纸也连篇累牍地报道令人乐观和振奋的消息。12 月 9 日，英国远征军第一次有了人员伤亡，即一名巡逻兵被德军打死。英国的轰炸机出动了，然而，他们在德国上空投的不是炸弹而是传单，呼吁德国人不要发动战争。

英国人不想打仗

英、法两国的决策者在这个时候，还没有完全从“绥靖”政策的战略理念中走出来。法国经历过第一次世界大战，不愿意在新的战争中流血牺牲，不愿在新的战争中丧失舒适的生活与环境。

1939年冬天，许多法国家庭都因为有人被征兵而发生了经济困难，只有公务员和军火工厂的工人才能照常拿到薪水，勉强度日。空袭的警报往往平白无故地把城市居民从睡梦中惊醒。地下室已经改成了防空隐蔽所，纪念碑用沙袋加以保护，人们背着第一次世界大战时用的防毒面具四处游荡，内心充满了恐惧与空虚。

▲二战中的英国战士

公众渴望听到爆炸性的新闻，因此各种荒唐的谣言满天飞。由于政府严厉管制新闻，人们转而收听外国广播，尤其是“德国电台的那个法奸”费尔多纳的广播，此人宣称：法国被背信弃义的英国拖进了战争，英国人不打到法国人都死光是不会罢手的。

法国总理达拉第曾说：“如果德国不进攻我们，我们就不要打仗，等到两年之后，我们的力量强大了，美国人支持我们了，我们再打这场战争。”那么英国呢？英国当时也不愿意作出更大的民族牺牲。到1939年10月，它的远征军在欧洲只有4个师。丘吉尔讲得很清楚，这4个师只不过是象征性的援助，英、法当时的决策者与其说是德国的敌人，不如说更是斯大林的敌人，他们更关注苏联的威胁。

英国首相张伯伦也多次表示，英国不是在对德国人民作战，“我所希望的并不是军事胜利，我对这种可能性也深感怀疑，我希望的是德国内部的崩溃”。

遗憾的是，德国内部的崩溃等来等去一直也没有出现。相反，在一连串的侵略成功之后，希特勒在德国的地

▼英国首相张伯伦

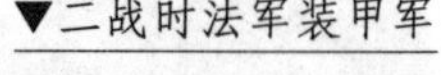

▼二战时法军装甲军

位越发如日中天。

与英、法两国的莫名其妙和无所作为相反，希特勒对自己的战争目标和现实形势都有非常清楚的认识。早在波兰战争结束之前，1939 年 9 月 27 日，他就对德军下达了准备在西线发动进攻的命令。他明确指出："战争的目的是击溃法国，并迫使英国投降。"从而在欧洲确立德国的霸权地位。同时，他也明白："时间总的来说将不利于我们。敌方的经济潜力比我们大，因此要向西方进攻，越快越好。"

▲二战初期德军士兵装备

"和平"骗局

希特勒为了欺骗世界舆论，麻痹英法等西欧国家，亲自导演了一场声势浩大的"和平"骗局。信誓旦旦的承诺、滔滔不绝的演说以及报刊广播不惜笔墨的报道都力图使人相信，只要英法承认德国对波兰的吞并，就能确保欧洲其余部分维持现状，并能实现英法梦寐以求的"体面的和平"。然而，在迷雾和谎言的背后，德国侵略扩张的步伐却一刻也没有停止过。

当时德国的宣传部部长戈培尔，就让德国官兵在阵地之前设立大喇叭，播放法国的轻音乐，节目结束之后，播音员用非常甜润的嗓子说："晚安，亲爱的敌人，你们不是我们的敌人，德国人也不是法国人的敌人，我们何必互相射击呢。又到了一个晚上的时候，我们甜甜美美地睡上一觉吧。"戈培尔也写诗，还让德国官兵把他的诗印到传单上送到法军阵地。

德国就用这些方法散布和平的迷雾，来麻痹英法联军的士兵。

1939 年 10 月 9 日，希特勒又向德军下达了《西线作战的备忘录和方针性指示》。指示德军应在西线进攻，而不必考虑比利时、荷兰和卢森堡的中立问题。10 月 19 日，德军各军种总司令正式接到了在西线作战集中和展开兵力的训令，即闪击法国的"黄色方案"。

在和平迷雾的掩盖下，德国人完成了两件大事。一件是最后敲定了进攻西欧的"黄色方案"。第二件事就是将在东线的主力调集到西线。波兰会战爆发的时候，德军在西线有 23 个师。第二年春天，德军在西线的兵力已经达 114 个师、2 500 多辆坦克、7 300 门火炮，以及 4 000 多架作战飞机。逐渐完成了对西欧的作战部署和兵力部署。

戈培尔麻痹英法联军的士兵的诗

秋天叶落了
明年春天有谁还能想起
秋天的枯叶呢？
又有谁能想起
倒下去的法国士兵呢？

“黄色方案”进攻计划

1939年9月，纳粹德国占领波兰之后，对西欧虎视眈眈，开始策划进攻西欧诸国的作战计划。1939年10月9日，希特勒下达了进攻西欧的第六号指令，德国陆军总司令部随即开始制订代号为“黄色方案”的进攻计划。

▲德国军乐队

“黄色方案”泄密

1940年1月10日，德军总参谋部一名携带着该计划的军官因座机迷航而在比利时境内迫降，该计划因此落入英、法之手。德军A集团军群参谋长曼斯泰因认为“黄色方案”已经泄密，如果继续执行，战略突然性也就无从谈起，因此建议改为以阿登山区为主要突击方向，他的这一建议遭到了陆军总参谋长哈尔德等一批高级将领的反对，但却得到了希特勒的大力支持。1940年2月24日，德军最高统帅部正式采纳了曼斯泰因的建议，经过修改后的作战计划规定，德军主力将翻越阿登山区，攻击荷兰、比利时、卢森堡和法国北部，然后再从西、北两方向进攻巴黎。在法国精心构筑的马其诺防线正面德军，则组织佯攻，牵制正面之敌，等到主力攻占巴黎，并推进至该防线侧后时，再发起进攻，与主力前后夹击，聚歼法军。

▼德军坦克在山地间穿行

新的计划方案实施

1940年4月，德军占领丹麦，并在挪威取得了决定性胜利后，德军统帅部认为进攻西欧的时机已经成熟，准备于5月初开始进攻。此时，德军从北海至瑞士一线共集结了136个师，其中10个装甲师和6个摩托化师，坦克3 000余辆，飞机4 500余架。

龙德施泰德上将指挥的A集团军群担负主攻，下辖第4、12和16集团军，共44个师（其中7个装甲师和3个摩托化师），由第3航空队提供空中支援，展开于亚琛至摩泽尔河一线，翻越阿登山区，向英吉利海峡沿岸地区实施突击，分割法国北部和比利时境内的英法军队。

▲德军坦克在战场上

博克上将指挥的B集团军群，下辖第6和第18集团军，共28个师（其中3个装甲师和1个摩托化师），由第2航空队提供空中支援，展开于荷兰、比利时国境至亚琛一线，作为右翼，突破荷兰边境防线，占领荷兰全境和比利时北部，然后再向法国推进。

莱布上将指挥的C集团军群，下辖第1和第7集团军，共17个师(其中1个摩托化师)，展开位于马其诺防线正面，担负佯攻，牵制对面法军。

德军在莱茵河地区还部署47个师（其中1个摩托化师），作为预备队，其中20个师作为各集团军群的预备队，听从于各集团军群的调遣，另外27个师则作为总预备队，由最高统帅部直接指挥。

同盟国一方，法国认为德国在占领波兰后，必将进攻苏联，进攻法国至少要在四五年之后；英国认为自己海军力量比较强大，因此主要负责对德国实施海上封锁和战略轰炸，地面作战则主要由盟国承担；荷兰、比利时和卢森堡一相情愿地认为只要严守中立，就可避免卷入战争。所以，这些国家都还没有进行充分准备，同盟国的作战计划直到1940年3月12日才最后确定，这是由法国总参谋长兼英法联军总司令甘末林上将支持制订的，代号“D”计划，该计划有两个方案，如果德军进攻比利时，法军2个集团军和英军1个集团军应迅速进入比利时，在比军配合下，坚守代尔河一线；如果德军进攻马其诺防线，则以1个集团军依托工事进行防御，再以1个集团军为第二梯队，随时增援。

盟国力量和部署

当时，同盟国军队有法军94个师，英国远征军9个师，荷兰军10个师、比利时军22个师（其中3个装甲师和3个摩托化师），坦克3 000余辆，欧洲大陆上有飞机1 300余架，英国本土还有1 000余架飞机可供使用。

比利时军队和荷兰军队都部署在本国境内，英法联军103个师，分为三个集团军群：第1集团军群，下辖法军第1、2、9集团军和英国远征军，共51个师，部署在法、比边境和法国北部；第2集团军群，下辖法军第3、4、5集团军，共25个师，部署在马其诺防线正面；第3集团军群，下辖第6、8集团军，共18个师，部署在马其诺防线后面；还有9个师作为战略预备队。此外法军第10集团军，部署在法国与意大利边境，未计算在内。

德国入侵丹麦和挪威

德军为夺取丹麦和挪威，于1940年4～6月实施进攻战役。丹麦位于波罗的海和北海之间，扼海上交通要冲。挪威地处斯堪的纳维亚半岛的西北部，北临巴伦支海，西濒大西洋，南濒北海，战略地位很重要。占领这两个国家就可以限制英国舰队的行动，保障德国海上运输线的安全。丹麦和挪威都是只有几百万人口的小国，军事力量薄弱。

拟定“威悉河演习”计划

1939年9月19日，英国内阁通过了海军大臣丘吉尔提出的方案：在挪威领海内布雷，从而切断德国进口瑞典铁矿砂的海上运输线。

1939年10月10日，德国海军总司令雷德尔海军上将晋见希特勒，表示担心挪威可能向英国开放港口，这将给德国带来战略上的不利后果。他力劝希特勒先占领挪威，作为对英作战的海军基地，同时也可以确保瑞典的铁矿砂来源。但在希特勒的战略中，首要目标是征服西欧，他还是宁愿保留挪威的中立地位，而不愿采取任何节外生枝的军事行动。

▲希特勒

▼德军装甲部队进入丹麦

1939年12月16日，挪威纳粹党党魁，国防部部长吉斯林访问柏林，向希特勒报告说英国即将在挪威政府的默许下占领挪威。吉斯林请求希特勒提供经济和军事援助，以支持其发动一场政变，推翻挪威政府，事成之后，便邀请德国保护挪威，从而阻止英国的入侵。希特勒表示他宁愿看到挪威完全保持中立，斯堪的维亚其他地区也是如此，因为他不愿扩大战场。但如果敌人准备扩大战争，他就要采取自卫行动，以对付这一威胁。他答应给吉斯林一笔资金，并保证研究给予军事援助的问题。

1940年1月6日，英国政府照会挪威政府，宣称英国舰队将不允许德国商船利用挪威水域。这增加了希特勒对其北翼安全和战略资源的担心。1月27日，希特勒指示德军统帅部，为必要时占领挪威拟订一份全面的作战计划。为此，德军最高统帅部专门成立了一个由陆海空三军各派出一名代表组成的战役准备工作参谋部，拟订了代号为“威悉河演习”的挪威战役计划。

▲挪威军队

由于德国没有直接进入大西洋的通道，要进入大西洋的德国舰队必须面对强大的英法海军的封锁。第一次世界大战时就是由于协约国海军的封锁，使德国舰队困在本土港内无所作为。第二次世界大战爆发后，德国海军鉴于历史经验和地理事实，认为要对付占优势的英国海军，德国必须设法在挪威获得基地，这样才能突破英国在北海的封锁线，畅通无阻地进入大西洋。德国海军中将韦格纳形象地比喻道："北海的德国舰队原是没有马的骑士，现在应当让他骑在地理的马鞍子上。"

实施"威悉河演习"计划

1940 年 4 月 2 日，希特勒正式下令实施"威悉河演习"计划，向丹麦和挪威同时发起进攻,以登陆兵和空降兵夺取挪威重要港口和机场,然后向内地推进,夺取挪威全境;以航空兵对付英、法海军，避免大规模海上交战。德军第 21 集军群进攻挪威；第 31 军集群进攻丹麦，第 5 航空队（飞机 878 架）和海军（舰艇 274 艘）负责支援。丹麦编有 2 个陆军师，预先未进行战争动员。挪威仅有 6 个缺编步兵师，企图依靠英法的支援抗击德军入侵，直到战前几小时才实施动员。

4 月 9 日凌晨，德国以维护丹麦和挪威的中立为由突然发起进攻。德军地面部队越过丹麦日德兰半岛防线，伞兵在哥本哈根和各战略要地空降，登陆兵在各主要港口登陆。丹麦国王命令部队不抵抗。德军用 4 个小时占领了整个丹麦。与此同时，德军登陆部队和空降兵在挪威重要港口奥斯陆、克里斯蒂安桑、斯塔万格、特隆赫姆及纳尔维克登陆和空降。至当日傍晚，德军在吉斯林分子配合下占领挪威首都奥斯陆以及其他重要港口和机场。挪军退守内地。英法军队 14 日开始在挪威北部的纳尔维克、中部的纳姆索斯和翁达尔斯内斯登陆。因未掌握制空权，输送部队和补给的舰船遭德空军袭击。在中部登陆的英法军队进攻受挫，30 日和 5 月 1 日被迫从海上撤往纳尔维克地区。在北部登陆的英法军队于 5 月 27 日攻占纳尔维克并重创德军，西欧战局急剧恶化。

▼海上军舰

德军占领挪威全境

1940 年 6 月上旬，英法联军撤离挪威。10 日，德军占领挪威全境。在这次战役中，德军损失 5 000 余人，巡洋舰 3 艘、驱逐舰 10 艘；英法和挪威军队伤亡 5 000 余人，英国损失航空母舰 1 艘、巡洋舰 2 艘、驱逐舰 7 艘，法国损失驱逐舰 1 艘。

纳尔维克战役

在1940年4月9日～6月8日期间。以英军为主力，加上一部分的法／波军队和当地的挪威军队；轴心国是德军。为了争夺纳尔维克这个港口城市，双方军队发生了异常激烈的碰撞。

▲美丽的纳尔维克风景

战争起因

1939年9月，第二次世界大战全面爆发后，挪威和瑞典这两个北欧国家保持中立。希特勒的西线攻势因为种种原因而不断推迟，西线有了几个月的和平时期。1940年1月末到2月初，交战双方不约而同地将目光转到了中立国挪威身上，决定打破挪威的中立现状。

第二次世界大战爆发的第一年，德国年消耗的1 500万吨*铁矿砂中，有1 100万吨要从瑞典进口。在天气暖和的月份里，铁矿砂还可以从瑞典北部经波的尼亚湾越过波罗的海运到德国。即使在战时，这条路也不会发生问题，因为波罗的海已经有效地被封锁起来，英国的潜艇和舰只无从进入。但是到了冬天，波的尼亚湾封冻，船只无法通航，瑞典的铁矿砂只能由铁路运到离拉普兰最近的挪威纳尔维克港，然后再海运到德国。整个航线沿挪威西海岸从北到南，极易受英军的攻击。所以德军占领挪威后不仅能保障铁矿砂运输的安全，还可以控制北海地区的航运。

▼纳尔维克港口区

▼挪威士兵在纳尔维克作战

英法方面则考虑到派一部分联军（以志愿军的名义）经由纳尔维克和瑞典北部进入芬兰，救援当时正被苏联侵略的芬兰，同时更重要的是控制耶利瓦勒铁矿，如有必要就占领挪威和瑞典。

*吨为非法定计量单位，1吨＝1000千克。

纳尔维克港

纳尔维克港位于挪威海沿岸乌夫特峡湾的东南岸，东距瑞典边境只有30多公里，是挪威在北极圈内最大的港口城市，也是瑞典、芬兰北部重要的出海口。这个港口城市有10 000多人。这是一个不冻港，即使在冬季也能通航。

▲战争中的挪威士兵

纳尔维克海湾的第一次海战

1940年4月9日凌晨4时，9艘德国驱逐舰沿长长的峡湾迫近纳尔维克，1艘留在峡湾入口处负责警卫。两艘战斗巡洋舰继续向北巡航。在航行中，两艘驱逐舰分别对付挪威海岸的炮台，3艘负责运载陆军在海岸登陆，消灭驻守的挪威陆军。3艘目标是纳尔维克港。当时的挪威陆军毫无准备，马上就投降了。德军缴获了挪威军队仓库中大批的补给。

▼纳尔维克战役纪念章

德国海军少将以派遣一名军官乘汽艇向挪威舰艇招降作为答复。接着德国人就设计了一个诡计，汽艇上的纳粹军官用信号通知少将，说挪威人要进行抵抗。

等到汽艇一离开，德军马上发射鱼雷把“艾得斯伏尔德”号炸毁了。船上181人中只有6人生还。第二艘挪威装甲舰“挪奇”号于是就向德驱逐舰“伯恩德冯阿尼姆”号开火，在交火20分钟后，也很快被德军发射的鱼雷击沉了。101伤亡。

与海军的坚决抵抗形成鲜明对照的是挪威岸上防卫部队的态度。纳尔维克驻军司令官，是一名吉斯林分子，对纳粹抱同情和支持的态度，所以在迪特尔将军的劝说下，他同意放弃抵抗，饱受晕船困扰的山地兵们迅速从驱逐舰登陆，不费吹灰之力占领了港口。到8时15分，纳尔维克已经被德军占领。但是迪特尔将军也知道，英军的反攻马上就要开始了。

第二天，随后赶到的英军发动了反击。这就是纳尔维克海湾的第一次海战。

第二次海战

▲纪念纳尔维克战役中被德军击沉的英国驱逐舰“猎人”号

1940 年 4 月 10 日，在没有得到增援的情况下，英国海军的第二驱逐舰舰队顺利进入纳尔维克港外的乌夫特峡湾对正在行驶的德军驱逐舰编队发动突然攻击。

战斗立刻就打响了，德军方面 5 艘驱逐舰迅速迎战。稍后，另外 5 艘也赶来支援。第一次海战以英国皇家海军退出战斗结束。当天海战的结果是，英军两艘驱逐舰被击沉，3 艘驱逐舰被击伤。德军的损失是两艘驱逐舰被击沉，四艘驱逐舰被击伤。

10 日，损失惨重的英军驱逐舰编队得到了增援。德国海军不但没有得到有力的支援，还被封锁在乌夫特峡湾内。1940 年 4 月 14 日，英军的一个驱逐舰编队包括 9 艘驱逐舰，再次进入乌夫特峡湾来消灭德军剩余的 8 艘驱逐舰和一艘潜艇。这就是第二次海战。

德军的危难时刻

1940 年 4 月 14 日，第一批英军在纳尔维克西北方 55 公里的哈尔斯塔登陆。此后的 6 周内，盟军对纳尔维克的德军发动了连续的围攻。英军战舰和波兰驱逐舰在峡湾外不时炮击岸上德军的目标。德军的轰炸机则对盟军军舰发动猛烈轰炸。15 日，英军主力到达哈尔斯塔。

当时德军的情况是：海军被消灭后，在纳尔维克北面和南面，还驻有挪威军队，海上和陆上交通都中断了，补给只能依靠空军。4 月 11 日后，挪威军队的抵抗变得有组织和顽强起来。在缺乏兵员补充和物质补给的条件下，面对兵力占有绝对优势的盟军，4 500 名德军很难守住现有阵地。由于德军主力被部署在挪威南部，距离纳尔维克最近的德军部队是 650 公里以外的挪威中部港口特隆赫姆，而且他们也只是一支 1 700 人的登陆部队，也要面对兵力占优的盟军。4 月 15 日，德军情报部门得知英军重兵已经抵达纳尔维克附近的罗弗敦群岛，希特勒非常慌张，都已经打算命令迪特尔将军放弃

▼纳尔维克局部图

纳尔维克，后撤到特隆赫姆了。趁着英军行动缓慢，到4月16日，德军率部队沿铁路推进到瑞典和挪威边境，控制了整个纳尔维克地区，并且尽一切的可能修筑防御工事，为以后的战斗打下了良好的基础。

哈尔斯塔

哈尔斯塔位于乌夫特峡湾对面的欣厄于（Hinnoy）岛上，不能对纳尔维克的德军构成直接的威胁。该处英军由陆军少将麦克西（Mackesy）指挥。

德军第二次占领了纳尔维克

1940年5月28日凌晨，在海军炮火支援下，法军外籍军团的部队利用登陆艇在纳尔维克半岛北部和南部同时登陆，打退了德军的反扑后，挪威的后续部队也上岸了。5月28日凌晨7时，迪特尔将军被迫指挥部队撤出了纳尔维克城，向东退守城外的高地。就在法军和波军完全占领纳尔维克后，巡洋舰“科留”号的姊妹舰“开罗”（Cairo）号在纳尔维克城外被德军击成重伤。

盟军紧追不舍，迪特尔的部队只剩1 500人了，寡不敌众，只好继续沿铁路撤向瑞典边境，在山地和森林中与盟军周旋，外围的挪威军队也压迫上来。6月1日，北进支援的德军已经距纳尔维克只有85英里*，给了德军一线希望。

6月9日，德军第二次占领了纳尔维克。

纳尔维克见证了那段战火

战争中，最为不幸的是纳尔维克的居民，纳尔维克再次被德军占领，一直到第二次世界大战结束。

纳尔维克战役中双方有55艘的水面舰艇、潜艇、飞机在港口周围被击沉。沿着纳尔维克港外的航线，有很多露出海面3英尺**高的重金属浮标，标出了那些在战争年代被击沉的船只所在的位置。沉在纳尔维克港外的峡湾中的十艘德国驱逐舰，已经有三艘被打捞起来并移走，还有几艘允许游客潜水参观。“乔治·蒂勒”号——他的舰艏距离海面15米，现在时刻提醒着人们记住残酷的战争。

▼战斗中的挪威士兵

*英里为非法定计量单位，1英里≈1.61千米。

**英尺为非法定计量单位，1英尺＝0.3048米。

苏芬冬战

苏芬冬战，爆发于 1939 年 11 月 30 日。当时苏联军队入侵芬兰，同年 12 月 14 日苏联被国联开除。斯大林希望在 1939 年结束战斗，但由于芬兰的抵抗，直到 1940 年 3 月才签署停战协定，芬兰将 10% 的国土割让给苏联。

战争背景

芬兰在 1808 年被沙皇俄国征服，成为俄国的附属国，在第一次世界大战中，德国作为俄国的对立面一直鼓励芬兰要求独立的斗争。俄国十月革命后，芬兰于 1917 年 12 月 6 日宣布独立。一战后，由于德国战败，德国扶持的黑森亲王弗里德里希·卡尔没有能成为芬兰国王，但德国和芬兰的关系一直很紧密。

在争取芬兰独立的过程中，芬兰和俄国以及其后苏联的关系一直很冷淡，苏联支持的芬兰社会主义者起义已经失败，斯大林当时非常担心纳粹德国会进攻苏联，苏芬边界距离列宁格勒只有 32 公里，他担心芬兰会成为德国进攻的根据地。1932 年，苏联和芬兰签署了互不侵犯协定，1934 年又进一步确定此协定 10 年有效。

1938 年 4 月，苏联和芬兰进行外交谈判，希望和芬兰联合抵抗德国，并希望芬兰将列宁格勒外围领土和苏联北方领土交换，以达到保护列宁格勒的目的。但谈判一年也没有实质性进展，这时欧洲的形势已经开始恶化。

1939 年 8 月 23 日，苏联和纳粹德国签订互不侵犯条约，条约中包括一项秘密条款，在两国之间的东欧国家中划分势力范围，其中将芬兰划归苏联。9 月 1 日德国进攻波兰，苏联随后也在东面出兵，短短几个星期之内，两国瓜分了波兰。

1939 秋季，苏联要求芬兰将边界从列宁格勒后撤 25 公里，并租借汉科半岛 30 年，以建设海军基地，作为交换，苏联割让两倍的卡累利阿领土给芬兰。

▼美丽的芬兰夜景

然而，汉科半岛却是芬兰防御苏联的天然屏障，苏联此举的动机十分令人怀疑。当时的芬兰政府拒绝了苏联的提议，苏联军队制造了“曼尼拉事件”，宣称芬兰军队炮击曼尼拉村造成苏联士兵的死亡，进而要求芬兰政府赔礼道歉，并将军队后撤 20 ~ 25 公里，遭到芬兰政府拒绝。苏联以此为借口废除苏芬互不侵

▲二战时的自行火炮

犯条约，11月30日，23个师共45万军队攻入芬兰边界，迅速抵达曼诺海姆防线。

1939年12月1日，苏联扶持建立了一个傀儡政府，即以库西宁为首的“芬兰人民共和国”政府，希望借此煽动芬兰军队中的社会主义者反叛，但没有成功，这个共和国只存在到1940年3月12日，后来并入到苏联卡累利阿加盟共和国中去了。

作战双方详情

1939年的冬天，温度低达 -40℃，芬兰的机动部队当时只有18万人，但实行游击战，芬兰的滑雪部队身披白色伪装服可以在雪地中迅速运动，并使用在西班牙内战中发明的石油炸弹。芬兰部队经常袭击苏联军队的食堂和篝火旁的士兵，游击战取得了很大的成功。

苏联军官的傲慢和不能胜任也是战争拖延的重要因素，当时苏联认为很快就能取得胜利，据说当时苏联军队甚至手挽手唱着国歌向芬兰战线挺进。在大清洗中，苏联军官有80%被撤换，新上来的都是忠于斯大林而不懂指挥战争的人，斯大林用政委监督军事长官，只是按照书本指挥战斗，苏联军队许多败仗都是由于指挥不当造成的。

苏联军队也没有做冬季在森林中战斗的准备，大量使用战斗车辆，这些车辆必须24小时不熄火才能保证油料不会冻住。苏联第44步兵师（约2.5万人）进入森林后被芬兰第9师（约6 000人）分割包围歼灭，造成大约2.3万人战死，而芬兰方面只损失约800人，并缴获43辆坦克，71架高射炮，29门反坦克炮，260辆卡车和1 170匹马以及许多轻武器和给养。

▼二战时苏军装备

由于苏联决策人员的傲慢无知，没能在战争开始时就投入决定性力量：芬兰在主要战场上集中了13万人和500门炮，而苏联只投入

▲芬兰海港

了20万人和900门炮，虽然有1 000辆坦克，但没有好好运用，反而损失惨重。

因为芬兰的装备不足，在开始时只有受过基本训练的士兵有军服和枪支，其他参战人员只能自己在衣服上佩戴标志，所以尽量使用缴获的武器。由于苏联军队一开始领导不力，训练不足，大量武器落入芬兰人手中。

由于斯大林的偏见，参加冬季战争的苏联军队主要由南方的部队组成，他不信任当时在苏芬边界的部队，怕他们可能和芬兰人有亲戚关系或共同的文化历史，但南方的部队不适应芬兰的寒冷冬季和森林中的战斗。当时，绝大部分芬兰人还生活在农村，他们自己的御寒衣物已经足以使他们在严冬中战斗，当年的冬季是芬兰历史上有记录的最寒冷的3个冬天之一。

芬兰空军的规模远小于苏联空军，不过他们的训练扎实，要求标准很高，飞行员与其他国家之间的交流很普遍。芬兰空军在这个阶段已经开始使用4机编队作为他们空战的基本编制。这种编队和德国在西班牙内战时期发展出来的战术编组的基本概念是相似的。四架飞机当中以两架为小队进行战斗，通常是由较为资深的飞行员担任小队的长机，在战斗中居于主动的地位，另外一架由较为资浅的飞行员操作，负责掩护和伺机攻击敌机。这种战术编队到了第二次世界大战时期逐渐被各国采用，并且成为现代战斗机作战编队的基础。

苏联空军当时还是采用沿袭自第一次世界大战以来的3机编队战术，无论是在飞行员个别的训练、编队间的默契以及作战的经验上都远不如芬兰，有不少的报告指出3机编队中的僚机有的时候无论有没有目标，都会随着长机开火，形成浪费弹药的情况。负责支援的战斗机有的时候还会丢下同伴，脱离作战空域。

由于苏联空军训练差，使得苏联空军虽然数量大于芬兰空军，然而在作战效果上远不如芬兰空军的

▼苏联装甲部队

▲二战时苏联步枪

表现，导致苏联空军损失惨重，对芬兰境内目标的轰炸效果也非常有限。

国外支援

由于苏联的行为是明显的侵略，引起许多外国团体的不满，他们送来物资和药品援助芬兰，在美国和加拿大的芬兰移民，有许多回来参加战斗。在战斗期间共有1 010名丹麦志愿者、895位挪威志愿者、372名英国志愿者、346位芬兰在外国的移民和210位来自其他国家的志愿者参加了战斗。还有许多外国记者来芬兰报道。

瑞典当时还非中立国，只是声称为“不结盟国家”，但也支援芬兰军事物资和现金，有8 700位瑞典志愿者准备到芬兰参加战斗，其中包括1支空军部队，有12架战斗机、5架轰炸机和8架后勤飞机，还包括900位地勤工人和工程师占当时瑞典空军的1/3，他们放弃瑞典军衔，准备到芬兰战斗。

瑞典志愿军有8 402人在2月中旬参加了战斗，33人战死。

和平协议的迅速达成

1940年2月，同盟国决定援助芬兰，2月5日同盟国考虑3月20日在挪威北部登陆10万英国军队和35 000法国军队，穿过瑞典进入芬兰，但需要在芬兰政府要求的前提下。3月2日，英国正式向挪威和瑞典政府提出要求，希望这两个中立国加入同盟国一方。但1939年12月时，希特勒已经向瑞典政府照会，如果同盟国军队踏上瑞典国土一步，就意味着德国立即进攻瑞典。

▼芬兰军队在雪地里组织反击

当时瑞典和挪威政府都没有同意同盟国的要求，战后透露的文件证实，其实同盟国根本无意和苏联交火，只是想借此占领挪威北部的

▲战场上的掩体遗迹

铁矿，以阻断德国的战略物资来源。

瑞典拒绝了同盟国军队入境的要求，也拒绝了芬兰希望瑞典正规军参加战斗的要求，同时明确表示不能进一步对芬兰援助了。现在芬兰已经处于两难地步，同盟国希望战争继续拖下去，而瑞典希望尽快结束战争，害怕会殃及池鱼。德国也希望尽快结束战争。

当时各国都在敦促芬兰，英法答应送来2万人的部队，德国和瑞典希望答应和平条件，芬兰军队指挥官对战争局势的发展比较悲观，所以芬兰政府下决心在2月29日开始和平谈判。

听到芬兰准备谈判，英法又答应派来5万人部队，但实际只有6 000人准备援助芬兰，其余人准备夺取挪威铁矿和港口。这个情报到达苏联决策部门，也促使了和平协议的迅速达成。

不得不停战

冬季快结束时，德国敦促芬兰尽快和苏联谈判，苏联也损失惨重，又在国际社会中受到孤立。1940年2月12日，芬兰收到和平协议草案，不仅德国，瑞典也希望战争尽早结束以免受到波及，瑞典国王古斯塔夫五世公开宣称不再给予芬兰军事援助。

2月底，芬兰的军事物资几乎消耗殆尽，苏联也已经攻破曼诺海姆防线。2月29日，芬兰政府同意谈判，3月5日，苏联军队又挺进10～15公里，逼近维堡郊区，芬兰政府要求停战，但苏联军队一直到3月12日协定签字才停止军队进攻。

▼苏联为了获得卡累利阿不得不付出高昂的代价

这次战争中苏联红军损失惨重，4.8万人阵亡，27万人失踪。芬兰方面22 830人阵亡。芬兰老兵经常夸口说一名芬兰士兵倒下去，要换取10名苏联士兵的生命。此外苏联还丧失了2 000辆坦克。红军的将军说在这次战争中“我们获得了足够埋葬阵亡将士们的土地”。

这场战争中双方皆有损失，芬兰丧失了拉多加湖周围的土地，苏联为列宁格勒周围获得了一块缓冲地带，但丧失了国际舆论支持，并暴露了红军作战能力的缺陷，而为后来希特勒发动进攻苏联的战争增加了信心。

▲二战防御工事遗迹

苏芬和平协定

根据1940年3月12日苏芬和平协定，芬兰丧失了卡累利阿，包括芬兰第二大城市维堡，芬兰10%的耕地，1/5的工业产值。222 000居民，占芬兰总人口12%的人丧失了家园被遣送，只有极少量人口选择留下加入苏联籍。

芬兰还割让了巴伦支海上的里巴奇半岛，芬兰湾中4个岛屿，部分萨拉区域，并将汉科半岛租借给苏联作为海军基地，租借期30年。

这个协议对于芬兰来说是非常严酷的，仅仅过了1年，芬兰就又在德国支持下和苏联爆发了持续战争。

1940年3月12日的苏芬和平协议阻止了英法联军通过挪威向芬兰提供援助，也刺激了纳粹德国于当年4月9日进攻丹麦和挪威。

苏联红军在冬季战争中的表现，使斯大林领悟到运用政治手段控制军队无法加强军队的战斗力，战争过后，红军重新起用有能力的军事指挥官，并加强军队现代化。对后来抵抗纳粹德国起了很大的作用。

“莫洛托夫的面包篮”与“莫洛托夫鸡尾酒”

在冬季战争中，有两种武器被冠上了有苏联外交部长莫洛托夫之名。

苏联空军于开战首日即展开了针对芬兰首都赫尔辛基等城市的空袭，其中甚至包括了子母弹形式的燃烧弹，然而，面对芬兰对苏联轰炸行为的指责，莫洛托夫却辩称苏联空军并未轰炸芬兰，而是为都市内饥饿的工人空投“面包”；因此之故，在整个战争期间，芬兰人都将苏联空军的炸弹戏谑地称为“莫洛托夫的面包篮”。

另外，在冬季游击战期间，芬兰军大量使用发明于西班牙内战，以玻璃瓶等容器盛装石油、磷、助燃剂等物的燃烧瓶，对苏军阵地与车辆造成极大损害，由于多以酒瓶为容器，故有芬兰官兵将之称为“这是给莫洛托夫的鸡尾酒”，于是“莫洛托夫鸡尾酒”遂成为汽油弹的别称。

德国入侵法国

一个100多年来以自由、平等、博爱的文明著称的共和国，一个居世界第二位的殖民大帝国——法国，在短短46天内毁于一旦，落入了独裁者之手。

战火正在酝酿

德国为实现入侵西欧之目的，保障其侧翼安全，决定首先进攻北欧诸国。在占领丹麦并在挪威取得决定性的胜利后，德军认为实施“黄色方案”的时机已经成熟。到1940年5月初，德军已在北海至瑞士一线集结和展开了136个师，坦克3 000多辆，飞机4 500架，企图以“A”“B”“C”3个集团军群，一举吞并荷兰、比利时、卢森堡，继而攻占法国。

德国的魔爪准备伸向西欧之时，法国却认为德国打败波兰后，将东侵苏联，即使进攻法国，也需4～5年以后。荷、比、卢三国认为，只要严守中立，就可免遭战祸。因此，直到1940年3月，盟军才嗅出战争的气味，在法军总参谋长和英法盟军总司令甘末林主持下，仓促制订了代号为“D”的作战计划，准备抗击入侵之敌。

▲马其诺防线局部工事

1940年5月10日，德军在西线发动全面进攻，“奇怪战争”被迫中止。在德军发动全面攻势以前，法德双方的军事力量对比不相上下，都集结了几乎相等的约200万兵力：德国157个第一线的师中，有135个师在西线。而英法盟军方面，有96个法国师、10个英国师、加上22个比利时师、9个荷兰师，盟国还略占优势。法国与盟军一起，有可能利用战机，变被动为主动，转入进攻的局面。可是，他们错误地判断了德军的攻势，把主要兵力部署在战略上的次要地区。在面对瑞士、莱茵河以及马其诺防线一带，驻有32个师和相当于10个要塞师的兵力。他们视“马其诺”为固若金汤的防线。往北，则是森林绵亘、峰峦峻峭的阿登山脉，他们认为德军的现代化坦克无法通过。他们视宽阔的马斯河为“天然的防线”，认为只要依靠它，就万无一失。因此，在阿登—马斯河这道屏障后面，防守薄弱，装备不足。在中部95英里长的防线上，只驻有第二、第九2个军的16个步兵师和骑兵师，其中有4个是B级师；2个师没配备反坦克炮。第二军只有三个坦克营，第九军只拥有20架歼击机。然而，德军在同一防区却拥有13个坦克师，300架中型轰炸机、200架俯冲式轰炸机和200架歼击机。在法比交界的旷野，法国统帅部认为是德军进攻的战略重点，驻有第一集团军的39个师，其中3个摩托化师，3个轻机械化师。英军也保持23个师预备队和3个装甲师，只待比利时国王邀请，即可深入比、荷境内作战。当然，法国统帅部也并不是完全否认德军经过阿登进攻的可能性，但他们认为那只是德军在比利时被打败后，才有可能这样做。法军的战略就是建立在这一假设上的。

▲马其诺防线的外部碉堡

突破马其诺防线

1940年5月14日，德军部队快速通过阿登地区，强渡马斯河，重创了盟军，占领了法国的色当。16日，英国首相丘吉尔急忙飞往巴黎商讨对策。当他询问甘末林战略预备队在哪里时，这位盟军总司令耸了耸肩回答："没有。"

随后，德军继续向西挺进。德军攻占法国北部后，为不使退至松姆河、瓦兹河及埃

马其诺防线

马其诺防线始建于1929年，建成于1936年，以当时法国国防部部长安德烈·马其诺的名字命名。由北往南，依山傍河，长达700多公里。马其诺防线工程共建有大型要塞工事44个，开挖地下坑道100公里，大小碉堡则有1 533个之多。工程总土方量为1 200万立方米，工程总造价高达50亿法郎，相当于当时法国一年的财政预算总额。马其诺防线工事内部，指挥部、宿舍、食堂、炮塔、弹药房、修理厂、医院甚至专门的牙医诊所，应有尽有。它有重达好几吨的活动炮塔，可以上下自由升降和进行360度旋转。而这些，在一架庞大的机械设备的帮助下，只需一名女士手工就可轻易完成。每一个要塞里都建有一个大厅，平时用来放电影、演话剧。一旦遇上战事长时间无法出去，士兵们则可以到这里接受由高功率灯泡强光模拟的"阳光"照射。

▲马其诺防线的交叉火力点

纳河一线的法军设防固守，便趁其立足未稳之际，向法国腹地发起了攻击。占领法国首都巴黎，前出至马其诺防线的后方，再配合从正面攻击德军占领马其诺防线，围歼法军，结束战争。

6月3日，德军数百架飞机开始空袭法国机场及重要目标，法国失去了制空权，900余架飞机被摧毁。

5日拂晓，德军兵分两路在180公里的正面实施进攻。由于遭法军顽强抵抗，德军推进缓慢。为了增强突击力量，德军投入预备队22个师，于13日在瓦兹河和埃纳河之间，突破法军防线；于12日到达巴黎东北的马恩河后继续向纵深发展。迂回巴黎，到马其诺防线后方。

14日，德军“C”集团军群按计划在50公里宽的正面向马其诺防线发起进攻，法军腹背受敌，其防线很快被突破。同时，德军未经战斗便进入巴黎，埃菲尔铁塔上挂起了德国的纳粹军旗。

巴黎一片混乱

1940年6月9日，德军逼近巴黎，巴黎陷入了前所未有的大混乱，次日，法国总理雷诺在内忧外患之下不得不宣布政府撤离巴黎，国防部部长魏刚决定巴黎为不设防城市。整个浪漫之都在哭泣，开始了建城历史上最黑暗的岁月。总统逃了，总理带着内阁逃了，议长带着议员逃了，从法国北部向南逃的百姓就有200万之多。第三共和国也许不知道，这一走第三共和国就再也没能回到首都。

道路上挤满了难民，法军的调动开始受阻，本来就丧失信心的法军连最后一搏的勇气都逃没了，四处传来德军到来的消息，法军官兵们不是困在原地骂卖国贼，就是成了逃兵做了劫匪。几个德国人此时就可以轻而易举地占领一座人口上万的法国城镇，法军因为害怕被人们指责而不敢向德军开枪，南部甚至发生了整个城市的妇女出来阻止守城将军的炸桥行动，桥是保住了，可是通向法国的门户打开了！

法国的一些城市的市民自发地去迎接侵略军，法兰西的地方官们抓紧时间巴结新来的“友好军”……

贝当任总理，向德国投降

法国政府逃到了康热古古堡，但是在法国人民的“帮助”下德军迅速逼近他们的政府。英国首相丘吉尔不断地周旋于法国政府的总统、总理和部长之间。混入政府中的投降派早就决定了法国走向灭亡不可逆转的趋势。6月14日，政府被迫退到西南部的波尔多市。法军败绩，本应自责，可法军败军之将照旧骄横，公开对抗政府。灰心丧气的雷诺总理不得不在6月16日向总统勒伦布请辞。总统只能任命贝当为总理。

▲德军列队走过巴黎凯旋门

清一色投降派的贝当内阁迅速地开始向希特勒乞降，贝当在广播中要求全国军民“必须停止战斗”。一些爱国将军仍然坚持抗战，战斗到最后一个人，波尔多的男人们都情不自禁地流下了痛苦的眼泪，那是亡国的哭泣！在几番接触之后，6月21日，法国代表魏刚来到了停在贡比涅森林中的福煦的专列，1918年11月正是在这里，德国签署了投降书，如今，历史和法国人开了个玩笑，这位魏刚当年正是他奉福煦元帅之命，在这列火车上向德国人宣读了协约国的停战条件。6月25日，法德停战协定正式生效，法兰西沦于纳粹德国的铁蹄之下了，“新秩序”的建设者贝当把这一天定为法国哀悼日。法兰西这个世界上响当当的大国在短短46天里就投降了，使世界各国震惊！

▼德军进入巴黎

敦刻尔克大撤退

敦刻尔克大撤退是当时历史上最大规模的军事撤退行动，英国利用各种船只撤出大量的英法部队。这次大规模的撤退行动成功挽救了大量的人力，为后来的大反攻保存了有生力量。

历史背景

1939年9月1日凌晨，德国军队对波兰发动了进攻，第二次世界大战爆发。9月3日，英国和法国被迫对德国宣战，但实际上英法联军只是躲在马其诺防线后，没有对波兰进行有效的军事支援。9月27日，德军占领华沙，波兰完全沦陷。在此期间，英法两国只对德国在外交上予以谴责。

1940年5月10日清晨，德军136个师在3 000多辆坦克引导下，绕过马其诺防线以A、B两个集团军群进攻比利时、荷兰、法国、卢森堡等国。德军的主攻方向选在左翼的A集团军群，指挥强大的装甲部队，在马其诺防线的北端——曾被视为是坦克无法通过的崎岖而森林密布的阿登山区发动进攻。这让英法联军大失所料，仅10多天时间，德国装甲部队就横贯法国大陆，直插英吉利海峡岸边。北部的联军事实上已经被包围在法国北部的佛兰德地区。5月27日，比利时军队投降，40万英法联军开始全部集中向敦刻尔克撤退。西面的英吉利海峡成为联军绝处逢生的唯一希望。

▲敦刻尔克局部风景

撤退的原因

当时，德国军队从西、南、东3个方向敦刻尔克步步紧逼，德军最近的坦克离这个港口仅10英里。1940年5月24日，德军却接到了希特勒亲自下达的停止前进命令。希特勒的这一命令使德军坦克部队的将领们大惑不解，古德里安更是仰天长叹。敦刻尔克唾手可得，却被命令停止前进！而德军空军却在进攻。很多军事历史学家认为是希特勒独断专行干涉军事指挥的一个愚蠢的命令。实际上，希特勒下达这一命令是经过考虑的。首先，在法国北部的战事形势明朗后，德军需要为下一步作战行动保存装甲部队实力。而且，戈林向希特勒保证空军可以消灭敦刻尔克的联军。敦刻尔克地势低洼遍布沼

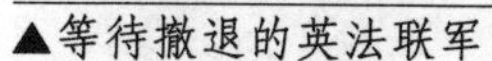

▲等待撤退的英法联军

▲敦刻尔克大撤退使用了各种船只

泽，不利于装甲部队前进，没有必要让装甲部队遭受损失。德军总司令部曾计划由B集团军群统一完成最后包围的作战。其次，联军零碎的反击虽然效果不大，但是加重了部分德军高级指挥官对装甲部队损耗的担心，因为快速突进的装甲部队使步兵部队落后很远。希特勒在走访了A集团军群司令部后，认为有必要让突前的装甲部队停止前进，阻挡敌军突围。此外，也有人认为希特勒有政治上的打算，让一部分英军撤回英国，政治上有助于与英国媾和。对这个命令包括前线装甲部队指挥官的一些人表示反对，他们认为应该继续前进。

这个命令执行的结果是，英法联军在德军B集团军群的压迫下向敦刻尔克撤退，而截断他们退路的A集团军群距离敦刻尔克更近，却在敦刻尔克以西的运河地区停止进攻，并没有集结兵力沿着海岸包抄，这给了英法联军一个机会。随后，联军加强了敦刻尔克周边的防御阵地。5月27日，德军装甲部队为阻止英法联军从敦刻尔克撤退恢复了攻势，但他们面临有组织的防线而无法突破。英法联军成功地延迟了德军进攻，为部队撤离敦刻尔克赢得了宝贵的时间。

“发电机”撤退行动

1940年5月20日，德军装甲部队切断了英法联军与其南翼法军的联系，英法联军3个集团军约40个师被包围在法、比边境的佛兰德地区。随后德军抵达英吉利海峡沿岸，联军被压缩在宽50公里的敦刻尔克周边滨海地区。

5月20日当天，英国远征军司令戈特勋爵开始提出撤退的可行性。英国开始准备从海上撤退，由海军制订组织撤退的计划，希望每

▼敦刻尔克撤军的情景

天能撤退1万人。5月26日英国海军下令代号为“发电机”的撤退行动。

▲在游往救援船途中

德国空军猛烈轰炸敦刻尔克，阻止联军撤退，英国海军军舰由于吃水深，无法靠近海滩，撤退速度较慢。到5月27日，只撤出了7 000多人。

5月28日，敦刻尔克地区恶劣的天气阻止了德军空袭，近1.7万人得以撤离。

英国政府呼吁平民提供任何可用的船只，调集了所有能抽调的军舰和民船，无数业余水手和私人船主也应召而来，他们驾着驳船、货轮、汽艇、渔船，甚至花花绿绿的游艇，还有内河船只。冒着德国飞机、潜艇和大炮的打击，往返穿梭于海峡之间，将一批批联军官兵送回到英国本土。英军使用地面、海上和空中的一切力量来支援这一后撤行动。英军竭尽全力地坚守其东、西侧战线，以保持向海峡沿岸撤退的通道，并加紧开展部队登船工作，各式各样的小船充当摆渡，还将卡车沉入海中，作为海滩延伸入海的登船栈桥。5月29日，撤出4.7万人。

5月30日，雾气导致能见度降低再次阻止了德军空袭，联军撤出5万多人。5月31日，撤退人数达到6.8万人。

敦刻尔克的包围圈逐步缩小，但德军无法阻止联军从海上撤走部队。英国空军为了掩护地面撤退，总共出动了2 739架次战斗机进行空中掩护，平均每天出动300架次，有力抗击了德军空袭。6月1日，6万多人撤出。

▼护卫撤退的军舰

由于德军空袭和逼近敦刻尔克海滩的炮火，从6月2日开始，撤退行动只能利用夜间进行。接下来的3天，联军利用黑夜的掩护每天将2.6万人撤往英国。

6月4日，德军攻克敦刻尔克。担任后卫任务来不及撤离的4万法国军队被俘。

撤退从5月26日开始，至6月4日结束，共历时9天。此次撤军共有33.8万人从敦刻尔克撤到英国，其中英军约21.5万人，法军约9万人，比利时军约3.3万人。英国、法国、比利时和荷兰同时动用各种舰船861艘，其中包括渔船、客轮、游艇和救生艇等小型船只。短短10天时间，这支前所未有的“敦刻尔克舰队”把近34万大军从死亡陷阱中拯救出来，为盟军日后的反攻保存了有生力量，创造了二战史上的一个奇迹。

损失惨重

英法联军士兵在撤退中，将重装备全部丢弃。撤回英国本地后，英法联军只剩步枪和数百挺机枪等轻武器。在敦刻尔克的海滩上，英法联军共丢弃了1 200门大炮、750门高射炮、500门反坦克炮、6.3万辆汽车、7.5万辆摩托车、700辆坦克、2.1万挺机枪、6 400支反坦克枪以及50万吨军用物资。英法联军有4万余人被俘，还有2.8万余人伤亡。在撤退过程中，共出动861艘各型船只，有226艘英国船和17艘法国船被德军炮火击沉。英国空军在掩护撤退过程中，损失飞机106架。

1艘名为“兰开斯特里亚号”豪华游轮，被征用为撤退军事运输船，被德军炸沉，死亡至少3 500名英军士兵。这次海难事故比“泰坦尼克号”死亡人数还多。英国政府事后一直封锁信息，近年才得以解密。

敦刻尔克撤退结束后，英国首相丘吉尔就在下议院发表演讲：我们必须极其小心，不要把这次撤退蒙上胜利的色彩，战争不是靠撤退来取胜的……德国人拼命想击沉海面上数千艘满载战士的船只，但他们被击退了，他们遭到了挫败，我们撤出了远征军！

▼伤亡士兵留下的装备

撤退孕育着胜利

敦刻尔克大撤退中，英军尽管失去了大量的装备和军需物资，但保留下一批经过战争考验的官兵，这是一批纪律严明，训练有素，作战英勇的精锐官兵，4年后在诺曼底登陆的英军中，这些人无疑是绝对的中坚骨干力量。如果英国远征军主力无法撤回英国，那抗击德国入侵的就只剩下童子军了（童子军是英国半军事化的少年组织），以后的战争发展也就难以预料。

敦刻尔克的伟大意义就在于，英国保留了继续坚持战争的最宝贵的有生力量。正如丘吉尔在6月4日向议会报告敦刻尔克撤退时所说：“我们挫败了德国消灭远征军的企图，这次撤退将孕育着胜利！”

不列颠空战

▲丘吉尔

在德国占领法国后，希特勒便着手对付海峡对面的英国。诱英妥协失败后，希特勒于1940年7月下达全面入侵英国的“海狮计划”。此次作战需要首先歼灭英国的空中力量，以保障登陆行动的顺利，夺取制空权，把占有优势的英国海军赶出英吉利海峡，给入侵扫清道路，并迫使英国屈服。

英国拒绝投降

在与英国隔海相望的西欧沿海各港口，趾高气扬的德军征集了4 000多艘船只，能运载50万军队，大有一气踏平海峡、征服不列颠的势头。面对气势汹汹的纳粹，从伦敦的重重迷雾中传来了新首相丘吉尔斩钉截铁的回答：“我们决不投降！”

当时的英国能够用于自卫的兵力只有26个师，而且几乎没有什么武器，英国陆军的武器装备差不多都已经丢在了敦刻尔克。英国本土的坦克只有217辆。空军也只有446架战斗机和491架轰炸机，很多飞机机组人员还不齐备。防空部队严重缺乏高射炮兵，装备的火炮只有编制的一半。唯一可以略感安慰的是，英国的海军比德国海军更加强大。

“海狮计划”

“海狮计划”总的战略意图是：在从拉姆斯格特到怀特岛以西的广阔战线上，进行一次突然的军事行动；以部署在挪威、荷兰、比利时和法国的3 000架飞机去摧毁英国的防御体系，在空战中消灭英国空军，并用火力压制住英国海军，夺取制空、制海权，然后派25到40个师登陆作战，一举占领英国。

▼英军坦克

“海狮计划”规定：1940年在8月5日前后开始对英国进行空中攻势，然后根据空中攻势的结果决定登陆日期。“海狮计划”成败的关键将取决于空中战役的结果。希特勒把全部希望寄托在空军司令戈林身上。

希特勒的“海狮作战”计划，是准备用39个师的兵力在宽广的正面上，以奇袭为基础实施登陆，一切的准备均应在8月中旬完成。“海狮作战”说起来容易，做起来难。如果单靠德国陆军的力量，他们能在一周内击溃英国软弱无力的陆军，但他们必须渡过由英国占优势的海军日夜守卫的英吉利海峡，且德国陆海军在两栖作战方面既无经验也没受过训练。事实上，除空军司令戈林外，希特勒及其陆海空三军将领们没有一个人对于“海狮作战”是有信心的。

“海狮计划”实施

1940年8月13日起，德国空军的目标主要是打击英国航空兵，攻击英国机场、指挥所和雷达站。8月15日，发生了一次大规模的空战。德国轰炸机出动了520架次，战斗机出动了1 270架次；英国空军也投入了创纪录的兵力，出动了22个航空中队，共计899架次。空战的结果是，德军损失了76架飞机，英军损失飞机34架。第二天，德军又派来了400架轰炸机和1 320架战斗机。到8月18日，德军共损失了367架飞机，而英军损失了213架。8月19～23日，英国上空云层厚密，战斗暂歇。8月24日至9月6日，天气转晴，德军每天出动约1 000架次，其中轰炸机出动250～400架次。但是，英国空军并没有像希特勒所希望的那样被歼灭，而是在继续顽强地抵抗。

8月23日，天气转好。当晚，德国出动大批飞机，飞过海峡，实施戈林所说的“夜袭”。但由于一个轰炸机中队迷航，将原准备投放到伦敦城外飞机制造厂和油库的炸弹，投到了伦敦市内，8名市民被炸死。英国认为这是德国空军故意干的。于是，英国也决定用同样的手段对德国进行报复。第二天晚上，英国派出3个中队的轰炸机夜袭柏林。

▼德国飞机猛烈轰炸后，不屈不挠的丘吉尔巡视考文垂教堂

▼英国皇家空军

▼英军将领商谈战事

▲在德国一个作战总部内，希特勒和一群将领研究战争地图

当英国轰炸机飞临柏林上空时，遭到德国的强烈对空炮击，英机只盲目地扔下一些炸弹就窜了回去。这次英国夜袭，虽然没给柏林造成多大损失，但给柏林市民带来了心理上的恐惧。3天后的夜晚，英机又两次夜袭柏林，炸死市民7人，炸伤29人。

8月28日夜晚，英国人为了振奋士气和民气，出动了所有能够出动的飞机对柏林进行轰炸，以出出几天来压在胸中的闷气，给德国人一点颜色看。这次英军炸死柏林市民10人，炸伤24人。连续7天，英国空军不间断地夜袭柏林，使柏林的损失逐渐增大，同时也使柏林人的复仇情绪迅速膨胀。希特勒终于被惹火了，他于9月4日下午在柏林体育馆发表演说，声言要对英国进行报复。他发誓“我们一定要把英国的城市夷为平地”！希特勒的讲话获得了柏林人的同声欢呼。9月6日，希特勒取消了不准轰炸英国城市和居民的禁令，命令德国空军对英国伦敦进行大规模的空袭。希特勒还认为：“对于伦敦的攻击，可能会具有决定性，因为若对伦敦作有系统的长时间轰炸，则可能使敌人改变其态度，海狮计划也许就可以完全不需要了。”

▼皇家空军编队

9月7日，戈林亲临英吉利海峡的小城德律奇，组织对英国的大规模空袭。不列颠之战进入第二阶段。当天，黑压压的德军机群飞往英国，疯狂地轰炸伦敦和英国的其他重要城市。仅在两天的轰炸中，就有842名伦敦市民被炸死。不少街区化为灰烬。英国的大部分兵工厂、发电厂和码头等重要工业设施，都处于瘫痪状态。但英国在遭受到重大的战争创伤后，仍没有屈服的迹象。于是希特勒再次发出“把英国的城市夷为平地”的命令，趁热打铁，决定在9月15日进行大规模的空袭。

希特勒把9月15日定为对英“大规模空袭”的时间后，英国又一次截获了这个“超级”机密。于是，丘吉尔当即召开了国防会议，重新调整了部署和计划，使英国处在了有准备的迎击中。在这段时间里，由于德国空军转而攻击英国城市，使英国空军得到了喘息之机，逐渐从溃败的边缘恢复过来，积蓄了迎击的能力。丘吉尔又向全国发表了广播讲话，进行全民动员。他要求英国人民“面对这种危险，我们必须行动起来，给敌人以沉痛打击”。他说：“毫无疑问，希特勒是在高速地消耗他的战斗机群。照这样下去，用不了多长时间，德国的空中力量就会自行削弱，其主要力量将丧失殆尽”。

9月15日下午，德空军大举出动，对已被炸得残破不堪的伦敦城实行大规模的空袭。但德机还没进入伦敦上空，数百架英战斗机就迎面扑来。英战斗机不顾德国战斗机的拦截，露出了少有的凶狠，对德轰炸机进行围攻。这些轰炸机在失去保护的情况下，被英战斗机一架一架地击落，只有少数仓皇逃窜。当德国的轰炸机逃去后，英战斗机又扑向德国战斗机。德国战斗机怕受到围攻，急忙掉头往回飞去，但英战斗机紧咬不放，在追击途中又击落了多架德战斗机。就在英国战斗机与德国空军死拼的同时，英国还出动了所有的轰炸机，对德国集结在海峡对岸的舰艇和地面部队、港口和码头实施了猛烈轰炸。这一天成为整个战役中战斗最为激烈紧张的一天，英国空军共击落德机185架，自已仅损失26架。

既然“恐怖攻势”吓不倒英国人，德军从11月14日起又将空中进攻的重点转向了英国的工业中心。11月15日深夜，飞机工业中心考文垂几乎被夷为平地。之后，一直到1941年2月中旬，德军又进行了31次大规模的轰炸，其中14次袭击港口、9次袭击内地工业城市、8次袭击伦敦。1941年4月下旬到5月初，德军又集中对伦敦进行了3次密集轰炸，投下了创纪录的爆破炸弹。然后，对英国的空袭就只是偶尔为之了。不列颠空战终于不了了之。期间，由于德国空军的袭击，英国死亡约4万人，受伤4.6万人，100多万栋住宅被炸毁。英国空军损失了915架飞机，而德国也损失了1 733架飞机。

▶美丽的英吉利海峡

击沉“俾斯麦”

1941年3月为了破坏英国人的海上命脉——大西洋航线，德国海军计划了被命名为“莱茵演习”的大规模海上袭击战。德国海军原计划分成两线出击，驻扎在法国布勒斯特港“沙恩霍斯特”号和“格耐森诺”号战列巡洋舰将先期出航破坏英国大西洋海上航运，同时吸引调动英国皇家海军舰队主力，之后，最新锐的“俾斯麦”号战列舰也将投入作战，将利用时机突入大西洋执行破交作战。但是“沙恩霍斯特”号与“格耐森诺”号先后因故障与受伤无法出击，1941年5月19日“俾斯麦”号战列舰与“欧根亲王”号重巡洋舰单独出航执行“莱茵演习”。

“俾斯麦”号的“一生”

1941年5月，“俾斯麦”号出航的情报被英国海军得到，英军加强了戒备。5月24日在丹麦海峡遭到英国海军“胡德”号战列巡洋舰和“威尔士亲王”号战列舰的拦截。在丹麦海峡海战中，双方交火6分钟后，“俾斯麦”号在15 000米的距离上击中了“胡德”号，“胡德”号弹药库发生爆炸沉没。随后5分钟“威尔士亲王”号受伤退出战斗，“俾斯麦”号则被“威尔士亲王”号击伤，导致一个锅炉舱进水航速下降为28节，燃油舱泄漏，水上飞机弹射装置损坏，被迫终止作战行动，驶往法国。英国海军决定调集主力不惜一切代价击沉“俾斯麦”号。当天夜间“胜利”号航空母舰上起飞的鱼雷轰炸机攻击了“俾斯麦”号，一枚鱼雷击中了“俾斯麦”号中部，但爆破威力被其TDS（鱼雷防御系统）完全吸收，没有造成内舱伤害。“俾斯麦”号曾一度甩掉了英国海军的跟踪，但26日重新被发现，遭到英国海军“皇家方舟”号航空母舰上起飞的“剑鱼”式鱼雷轰炸机攻击。一枚鱼雷击中了“俾斯麦”号尾部，方向舵被卡死，迫使“俾斯麦”号以螺旋桨速差来保持航向，航速降为7节，为英国舰队追击赢得了宝贵的时间。5月27日，以“乔治五世”号和“罗德尼”号为首的英国舰队追上了丧失了操控能力的“俾斯麦”号。经过数小时的激战，10时40分，“俾斯麦”号沉没于距法国布勒斯特港以西400海里的水域。在沉没前“俾斯麦”号抵挡住了90发左右英国战列舰主炮炮弹和310发左右其他炮弹的直接命中（只有4发击穿其主装甲带），同时承受了6～8枚各型鱼雷的打击。再加上自行打开通海阀两小时后沉没。其强大的威力和防护性能给英国人留下了深刻印象，被丘吉尔誉为“造舰史上的杰作”。

▼“俾斯麦”号巨舰

▲"俾斯麦"战列舰火力强大

"俾斯麦"号的基本数据

标准排水量：41 700吨／满载排水量：设计49 400吨／最大52 900吨。

尺度：长251米／宽36米／型深15米／设计满载吃水10.2米／实际最大吃水10.7米。

动力：12台高压锅炉，3台蒸汽轮机，设计最大功率138 000马力，实际稳定最大功率150～170马力，实际极速最大功率163 026马力。

航速：30.8节；载油7 400吨，续航力：8 525海里/19节，9 500海里/16节。

武备：8门双联装380毫米/52倍径（按英国标准是48倍口径）主炮；6座双联装150毫米/55倍径副炮；8座双联装105毫米高炮；8座双联装37毫米高炮；2座四联装、12座单管20毫米高炮（提尔皮茨号为18座四联装、6座单管20毫米高炮）。

装甲：主侧舷装甲320毫米；双层装甲甲板，上装甲甲板50～80毫米，主装甲甲板80～120毫米（布置在第三甲板位置，与主舷侧装甲一同重叠在弹道上）；主炮炮塔130～360毫米，炮座340毫米；指挥塔350毫米；防雷装甲45毫米。防雷系统设计要求抵御250千克TNT炸药，实际可抵御300千米德国hexanite烈性炸药。装甲总重17 450吨（不含炮塔旋转部分），舰体结构总重11 691吨。

建造材料：舰体结构，St52造船钢；立面装甲，KCn/A表面渗碳硬化钢；水平装甲，Wsh高强度匀质钢；防雷装甲，Ww高弹性匀质钢。

舰载飞机：4架阿拉多－196型水上飞机（用于侦察、校射与联络）。

舰员：1 927人。全体舰员编为12个分队，每个分队180～220人。

两艘巨舰伤亡比较

1941年5月27日，同仇敌忾的皇家海军向其追踪的目标——德国军舰"俾斯麦"号开炮。敌舰在英军的复仇的目光中，沉入大西洋底。皇家海军报了3天前的一箭之仇。3天前，"俾斯麦"号击毁了英国舰队的骄傲"胡德"号战舰，在这次海战中大约有1 300人丧生。

这两艘巨型军舰，最初是在位于冰岛和挪威之间的北大西洋海域相遇的。"胡德"号的弹药库遭到致命的一击。在"追上敌人，消灭敌人"的誓言鼓动下，皇家海军追击德舰队750英里，终于将其击沉。在这场无情的大炮轰击中，据说"俾斯麦"号舰上1 000多士兵大部分死于非命。这是战时纳粹海军最惨重的一次挫败。

▼"胡德"号官兵合影

莫斯科保卫战

▲莫斯科的教堂

莫斯科保卫战是第二次世界大战时苏联军队对德的第一次重大胜利，大大鼓舞了苏联军民，为后来的斯大林格勒保卫战的胜利起到了榜样作用。

希特勒企图称霸西欧大陆

1940年，苏联面对德国日益明显的敌意，派遣外长莫洛托夫前往柏林，寻求和解。苏德双方表面十分友好，但彼此互不信任，结果谈判毫无成果。

法国投降后，希特勒称霸西欧大陆。他认为实现他蓄谋已久的计划，即建立法西斯德国在欧洲和全世界霸权的时候已经来到，苏联成了他称霸欧洲和世界的主要障碍。因此，希特勒决定把其战略重心由西方转向东方，把侵略矛头指向苏联。

“巴巴罗萨”侵苏计划

1940年12月18日，希特勒发布第21号指令，正式下达了代号为“巴巴罗萨”的侵苏计划。

▼苏联领袖斯大林

面对德军咄咄逼人的气势，苏联并非毫无警觉。但是，考虑到自身应变措施还不够充分，苏联希望尽可能避免或延缓苏德关系的破裂，以便争取更多的时间进行战争准备。为此目的，苏联极力表白自己的和平诚意，继续遵照两国贸易协定交货，在报刊广播上驳斥那些预告苏德之间即将开战的预言。

希特勒见此情景，大为高兴，急忙祭出他的看家法宝——“闪电战”。1941年6月22日拂晓，德国动用190个师、3 500辆坦克、5 000多架飞机，在从波罗的海到黑海的1 800公里长的战线上，向苏联大举进攻。

按照希特勒的部署，德军分三路进攻。北

▲莫斯科建筑

▲莫斯科街道

路直指十月革命的发祥地——列宁格勒；中路的目标是苏联首都莫斯科；南路则扑向盛产粮食、煤炭和石油的基辅、哈尔科夫和顿巴斯。

斯大林坐镇指挥

莫斯科会战中，斯大林始终坐镇首都指挥。1941 年 11 月 7 日，是十月革命胜利 24 周年。莫斯科红场照例举行阅兵式。斯大林威严地站在列宁陵墓前，检阅了红军队伍，并发表了鼓舞人心的演说。这一壮举增强了苏联人民战胜德国法西斯的信心。

战争初期，苏联严重失利。1 个月内，被占领土相当于法国领土的两倍。在经历了短暂的心理震荡之后，苏联迅速采取了一系列有力的措施。1941 年 6 月 30 日成立了以斯大林为首的国防委员会，掌握全国政治、经济和军事指挥权；1941 年 8 月 8 日成立了以斯大林为最高统帅的武装部队最高统帅部。在苏联共产党和政府的领导下，苏联军民奋起抵抗法西斯的侵略，逐步摆脱了战争初期的被动局面。

在北方，德军利用优势兵力，于 8 月开始对列宁格勒展开猛烈的围攻。但是，无论是封锁、饥饿、炮击还是轰炸，都无法使列宁格勒人屈服。列宁格勒保卫战坚持了 900 天，以德军损失 30 万兵力、狼狈逃窜而宣告结束。

▼希特勒与纳粹官兵

在中路，苏军在通往莫斯科的要冲斯摩棱斯克会战。斯摩棱斯克于 1 个多月后失陷，但德军丧失了约 25 万人，从而为苏军在莫斯科方面组织防御和准备战略预备队赢得了时间。

在南方，1941 年 7 ~ 9 月的基辅保卫战和 1941 年 8 ~ 10 月的敖得萨保卫战，消耗了德军大量的有生力量。希特勒在苏军的沉重打击下只得把全面进攻改为重点进攻。他认为，攻占莫斯科就能瓦解苏联军民的斗志，取得对苏战争的完全胜利。

苏军在斯大林的指挥下采取积极防御的方针，不断进行猛烈的反击，消耗敌人的有生力量。到10月底，德军已疲惫不堪。

▲苏联的冬天。一个德国士兵把身体靠在马车上，抵御凛冽的寒风

德军对莫斯科的第一次大规模进攻

1941年10月2日，德军对莫斯科开始了第一次大规模的进攻。希特勒狂妄地宣称10天要攻下莫斯科。他的宣传部部长戈培尔竟令柏林各大报留下10月12日头版重要位置准备登载“特别重要消息”。苏联红军奋力抵抗，莫斯科市民紧急动员。45万人参加修筑首都周围防御工事320多公里，市民纷纷组织国民警卫营、摧毁坦克组、巷战班。10月12日，德军尚未接近市郊。10月14日，德军北面只攻占加里宁城，南面只逼近土拉，中路只攻占波罗的诺，但旋即受阻。

10月15日，苏联政府的部分机构和外国使节迁往古比雪夫。斯大林留在莫斯科，亲自指挥保卫城，10月19日，国防委员会宣布莫斯科戒严，号召首都人民誓死保卫莫斯科。3天之内，全市组织了25个工人营，12万人的民兵师，169个巷战小组。有45万人参加修筑防御工事，其中3/4是妇女。在首都和全国军民支援下，前线军民英勇抗敌，浴血奋战。到10月底，德军被阻止在加里宁—土耳基诺沃—沃洛克拉姆斯克—多罗霍沃—纳罗—佛敏斯克—谢尔普霍夫—阿列克辛一线。希特勒妄图在10月占领莫斯科的计划破产了。

▼苏军炮兵涉水前进

1941年11月7日，苏军在英勇保卫莫斯科的同时，红场依然进行着阅兵式。斯大林向全国军民发表振奋人心的演说：“我们的事业是

正义的，胜利一定属于我们！”

▲苏联军队进行反击

德军对莫斯科的第二次大规模进攻

1941年11月15日，德军向莫斯科发动第二次疯狂进攻。德军51个师展开新攻势，企图南北合围，中间突破。红军三个方面军顽强抵御，德军先头部队进至距莫斯科30公里处。

11月23日，德军占领克林，27日又占领了离莫斯科仅有24公里的伊斯特腊。莫斯科处于德军大炮射程之内，德军用望远镜几乎可以看到克里姆林宫的顶尖，在这千钧一发之际，莫斯科军民誓死保卫首都。

苏军第316步兵师（后改名为潘菲洛夫第8近卫师），表现了苏军大无畏的革命英雄气概，在阻击德军坦克通向莫斯科的杜波塞科沃要道上，持续战斗4个小时，击毁敌人18辆坦克，为保卫莫斯科，英雄们全部壮烈牺牲。

12月初，莫斯科地区已是寒冬，气温下降到零下20℃～30℃。希特勒对冬季作战毫无准备，德军无棉衣，无保暖设备，飞机和坦克的马达无法发动，枪栓拉不开，武器失灵。而苏军已穿戴上保暖棉衣、皮靴和护耳冬帽，枪炮套上了保暖套，涂上了防冻润滑油。12月6日，苏军从莫斯科南面和北面展开大反攻，不断突破德军防线。

莫斯科保卫战大获全胜

就在希特勒进退两难、一筹莫展之际，苏军以100个师的强大兵力发起反攻击。经过40天激烈的战斗，德军向西溃退了150～300公里，损失了50多万人。

1942年初，苏军击溃了进攻莫斯科的德军，毙伤16.8万人，把德军赶离莫斯科100～250公里，取得了莫斯科保卫战的胜利，在1941年德苏战场的整个冬季战役中，德军被击溃50个师，陆军伤亡83万多人，莫斯科保卫战大获全胜。

▼苏联军民在构筑工事

德军在莫斯科战役中的失败，标志着希特勒“闪电战”的彻底破产。这是德军在第二次世界大战中的第一次大失败。苏军的胜利，极大地鼓舞了苏联人民和全世界人民反法西斯战争的胜利信心。给希特勒的嚣张气焰以沉重打击，增强了苏联人民战胜德国法西斯的信心，强有力地促进了欧洲各国人民的反法西斯斗争，促进了世界反法西斯同盟的形成与发展。

珍珠港海战

1941 年 12 月 7 日清晨，日本帝国海军的航空母舰舰载飞机和微型潜艇突然袭击美国海军太平洋舰队在夏威夷的基地珍珠港以及美国陆军和海军在瓦胡岛上的飞机场。太平洋战争由此爆发。这次袭击最终将美国卷入第二次世界大战，它是继 19 世纪中墨西哥战争后第一次另一个国家对美国领土的攻击。这个事件也被称为珍珠港事件或奇袭珍珠港。

战争爆发的原因

日本从 1941 年中开始向东南亚的扩张引起了这个地区主要强国的不安，为了给日本一点颜色，美国冻结了对日本的经济贸易，其中重要的是高辛烷石油，没有石油日本的飞机无法升天，舰艇无法在海中行驶，日本就无法继续对外扩张。

日本储备的石油只能维持半年的时间，日本明白，要么从中国撤兵，停止对外扩张，外交上向美国靠拢。要么南下夺取战略资源，继续加强对外侵略。南洋有美国、英国和荷兰的殖民地，进军南洋就等于向美英两国宣战。

珍珠港是太平洋上的主要交通枢纽之一。夏威夷东距美国西海岸，西距日本，西南到诸岛群，北到阿拉斯加和白令海峡，都在 2 000～3 000 海里*之间，跨越太平洋南来北往的飞机，都以夏威夷为中转站。

▼珍珠港

* 海里为非法定计量单位，1 海里＝1.852 千米。

山本五十六

1916 年，山本五十六从海军大学毕业后，继嗣山本家，改姓“山本”，由“高野五十六”改名为“山本五十六”。1925 年，山本出任日本驻美国大使馆海军武官，1928 年，山本从美国归国，先后在“五十铃”号巡洋舰、“赤城”号航空母舰上担任舰长。在此期间，山本最感兴趣的是飞机，当年调到霞浦航空队第一次接触飞机后，山本即发现飞机对海军将有深刻的影响。山本出使欧洲时，据传说由于他赌技超群，赢钱太多，有的赌场经理禁止山本入场。1943 年 4 月 18 日，美军根据破译的日军密电，成功地击落日本联合舰队总司令山本五十六的座机，结束了他罪恶的一生。

▲山本五十六

日本认为先在太平洋上夺取制空制海权就意味着南下的道路畅通无阻，必须先摧毁珍珠港，于是日本策划了珍珠港突袭。

一个无耻的日子

1941 年夏，在一次由日本天皇亲自出席的御前会议上，这个行动正式被批准。11 月，在另一次天皇亲自出席的御前会议上，出兵太平洋的决定被批准。在 11 月的会议上还决定，只有在美国完全同意日本主要要求的情况下才会放弃这次行动。

袭击珍珠港的目的是（至少暂时）消灭美国海军在太平洋上的主力。袭击珍珠港计划的策划者认为一次成功的袭击只能带来 1 年左右的战略优势。从 1941 年 1 月，日本开始计划袭击珍珠港以取得战略优势，经过一些海军内部的讨论和争执后，从年中开始日本海军开始为这次行动进行严格的训练。

日本计划的一部分是在袭击前（而且必须在袭击前）中止与美国的协商。到 12 月 7 日为止，日本驻华盛顿大使中的外交官一直在与美国外务省进行很广泛的讨论，包括美国对日本在 1941 年夏入侵东南亚的反应。袭击前，日本大使从日本外交部获得了一封很长的电报，并受令在袭击前将它递交给美国。但大使馆人员未能及时解码和打印这篇很长的国书。最后这篇宣战书在袭击后才递交给美国。这个延迟增加了美国对这次袭击的愤怒，它是罗斯福总统将这天称为“一个无耻的日子”的主要原因。

偷袭珍珠港

夏威夷檀香山时间 1941 年 12 月 7 日，周日，早 4 时，一支庞大的舰队，向南驶去。6 艘航空母舰排成了两路纵队，在他们的四角有两艘高速战列舰和两艘重巡洋舰，最外

▲珍珠港内的美国航母战斗群

一圈是9艘驱逐舰，在这个钢铁花环最前面引导的是一艘轻巡洋舰和两艘潜艇。每一艘航空母舰的飞行甲板上，排满了双翼展开、引擎开动的战机。机腹下有的挂着重型炸弹，有的挂着鱼雷。

6时，舰队放慢了行进速度，“赤城”号的舰首缓缓地转向北方，也就是来风的方向，“赤城”号的舰身剧烈地摇晃着，如果在平时所有的训练就将取消。但渊田美津雄中佐知道，今天只要甲板还在水面上，就必须起飞。渊田扶了扶头上的千针带，将油门加到了最大，其97式攻击机顺利升空。而后的15分钟里的49架水平轰炸机、40架鱼雷机、51架俯冲轰炸机和43架零式战斗机共183架飞机从6艘航空母舰上全部升空。机群迅速完成编队，在舰队上空绕飞1周后，像离弦的箭一般扑向了珍珠港。

与此同时，华盛顿的日本大使馆中，野村大使正在接收一份东京发来的共14部分的电文，并奉命务必将这份电文在华盛顿时间13时（檀香山时间7时半，预计袭击时间之前半小时）前交给美国政府。电文的最后一部分说明“日本政府对不能通过进一步谈判达成协议而表示遗憾”。美日间最后的一点联系中断了。

进入20世纪40年代，美日都发现小小的太平洋已容不下2艘大船。在外交斡旋的同时，太平洋上已剑拔弩张。美国首先将太平洋舰队移师珍珠港，随后日本联合舰队司令山本五十六大将即制订出袭击珍珠港的计划。为此，日本帝国海军研制了微型潜艇，改装了浅水鱼雷和穿甲弹，精确地配置了进攻机群，在与珍珠港相近的鹿儿岛进行了严格的训练，采取了封锁式的保密措施，选择了最隐蔽的出击航线。最后，日本人终于忘记了为什么要发动这场战争，忘记自己的对手是谁，忘记是外交失败导致战争还是反之，他们只知道弓已拉满，箭必须发出。

渊田座机收话机中传出檀香山电台播放的爵士乐，音乐末了是天气预报，“云低高3 500英尺，能见度良好，北风10节”。听罢，渊田脸上露出一丝淡淡的微笑。

1941年12月7日7时02分，瓦胡岛最北面的雷达管制员发现有一大群飞机从北飞来，询问了值班的泰勒中尉后，得到的回答是，一定是从西海岸飞来的B-17机群。就这样，珍珠港错过了最后的一个机会。

▼美国舰队

▲被袭的美国舰船冒出滚滚浓烟

7时35分，渊田的飞机第一个到达珍珠港时，港中仍洋溢着周日早晨的平静。辽阔的港上空，云层稀疏，空中几架民航机在懒洋洋地盘旋着。舰队群在斜射的阳光下显得宁静而安祥。机场上的军用飞机整齐地排放着。

渊田打出了一发信号弹，命令机群按照奇袭队形开始展开。

按奇袭计划，将按鱼雷机、水平轰炸机和俯冲轰炸机的顺序进行攻击，首先将袭击舰只。由于云层遮挡，部分飞机没有看到信号，于是渊田又打了一发信号弹。俯冲轰炸机见共发出了两发信号弹，认为是强攻命令，这是针对敌人有所防范时的强攻战术。按制空队、俯冲轰炸机、水平轰炸机和鱼雷机进入。

7时55分，俯冲轰炸机首先攻击了瓦胡岛的3个机场，两分钟后，鱼雷机开始进行攻击。这一小小的失误并没有影响进攻的效果。第一架鱼雷机首先用机炮将排列在舰队最后“内华达”号上的舰旗撕碎，而后投下了鱼雷。

这不是演习

最初的几分钟内，太平洋舰队中没有人能意识到发生了什么事情，等逐渐清醒后，停在舰队最外侧的“西弗吉尼亚”号和“俄克拉何马”号已各中了2枚鱼雷，后者又中了5枚炸弹后，带着400多名官兵倾覆。前者由于及时打开注水阀，慢慢地沉入了水下。“亚利桑纳”号由穿甲弹在舱内爆炸引发了大火，“加利福尼亚”号中了两枚鱼雷后舰上重油库腾起烈焰，并且逐渐下沉。5分钟后，零星的高炮开始响起，但也是杯水车薪。随后，渊田率领水平轰炸机开始了进攻。他按了一下投弹按钮，入迷地看着他的4颗炸弹以极好的队形像魔鬼一样垂直落下，越来越小，他不知道在下面的人看着这东西越来越大是什么滋味。停在舰队内侧的“马里兰”号周围出现了丛丛的白烟。随后，“田纳西”号以及在船坞中修理的“宾夕法尼亚”号，也各吃了几颗炸弹。

突然，福特岛东侧战列舰队中发生了震天动地的大爆炸。一时浓烟滚滚，火柱高达1 000多米，这是火药和炸药爆炸不充分燃烧而特有的红黑相间的烟柱。这是“亚利桑纳”号大火导致弹药库发生了爆炸。在红黑烟雾以及零星的高射炮火中，轰炸机仍在上下翻飞，飘满油层的海面上，弃舰的官兵拼命地游向岸边。

一艘袖珍潜艇成功地潜入港口内，发射鱼雷没有击中目标，而后被“莫纳汉”号驱逐舰撞沉。

8时10分，另一封明码电报——“珍珠港遭空袭，这不是演习”转到美国海军部，海军部长诺克斯惊道：“这不是真的，这一定是指菲律宾。”国务卿赫尔得到这一消息时，衣冠楚楚的野村大使正在接待室中等待着将14部分电文交给赫尔。

▲日军飞机攻击美军军舰

8时25分，第一波攻击平息。渊田在空中继续转着圈，计算着战果。从西海岸飞来的12架B–17飞机在毁坏的机场上艰难地进行了着陆。

第二攻击波

8时40分，由78架俯冲轰炸机、54架水平轰炸机和35架战斗机组成的第二攻击波已在瓦胡岛上空展开完毕。8时42分，167架飞机冒着越来越猛的炮火开始了进攻。水平轰炸机负责攻击瓦胡岛的机场，俯冲轰炸机继续攻击舰只。两次空袭之间只有少数美国陆军的飞机得以起飞，又全部被零式战斗机战击落，继第一波攻击之后，日本零式战机继续保持着制空权。

这时珍珠港已经浓烟滚滚，严重妨碍了俯冲轰炸机寻找下面的舰只。99式俯冲轰炸机都采取了根据弹幕轰炸的方式，就是哪的高炮最猛烈，飞机向那里俯冲。有一架飞机俯冲下去后才发现目标是一座陆上炮塔，又连忙拉起。港内，停在战列舰队末尾的“内华达”号战列舰离开了泊位，它也是整个袭击过程中唯一开动的战列舰，但也因此多吃了不少炸弹。在第二次袭击的末尾，轰炸机队炸掉了靶船“犹他”号和其他几艘辅助舰只。

9时40分，第二攻击波大摇大摆地撤离后，渊田又在珍珠港上空盘旋，拍摄着他的胜利成果。而后飞往集结地率领机队返航。渊田的飞机最后一批降落。他强烈要求实施第三次空袭，轰炸油罐场和修理设施。南云认为基本任务已超额完成，不愿再冒更大的风险，而后舰队返航。

日本的战术胜利

珍珠港上空巨大的黑色烟幕，象征着日本的战术胜利和美国的悲剧，但死亡和毁坏并没有结束，美军官兵继续和大火进行着搏斗；小艇躲避着一片片的火海在半水半油的港中搜寻着幸存者；瓦胡岛军医院在奋力抢救数百名烧伤和肢体残缺的水兵；随倾覆的

珍珠港海战的两种说法

日本偷袭珍珠港存在两种说法，一是偷袭珍珠港事件是真正的偷袭。二是美国人的阴谋，是故意让偷袭成功的。第一种说法当然是公认的历史，第二种说法是在部分军事迷中流传的，特别是一些日本人始终坚持认为珍珠港事件完全是一桩特大的阴谋。为什么有这种说法，因为日军的突袭看似非常成功，但一些莫名其妙的巧合使日军的战略意图没有一件达到。

珍珠港事件是不是苦肉计，谁也不敢下定论，也许以后历史会告诉人们真相。

“俄克拉何马”号沉入港中400多名水手中，只有30多人得救。

不幸中的万幸也只能说是太平洋舰队的2艘航空母舰“企业”号和“列克星敦”号分别于11月28日和12月5日出海，向威克岛和中途岛运送飞机。另有9艘重型巡洋舰和附属舰只在港外演习。太平洋舰队的另一艘航母“萨拉托加”号在西海岸修理。

▲美国太平洋舰队遭到了灭顶之灾

“但不论在不在港内，我们每个人都将永远记住这一时刻。”1941年12月8日，美国总统罗斯福在国会发表了其历史性的演说，而后国会通过对日宣战。9日，与日本战斗了10年的中国正式对日宣战。英国、自由法国、澳大利亚、加拿大等国也先后对日宣战。11日，德国对美国宣战，美国完全投入了第二次世界大战，将其强大的国家机器转入了战时的轨道，第二次世界大战也进入一个新的阶段。

这次战争产生的影响

就其战略目的而言，对珍珠港的袭击从短期和中期的角度来看是一次胜利，它的结果远远超过了它的计划者最远的设想，在整个战争史上，这样的成果也是很罕见的。在此后的6个月中，美国海军在太平洋战场上无足轻重。没有美国太平洋舰队的威胁，日本对其他列强在东南亚的力量可以彻底忽略，此后它占领了整个东南亚、太平洋西南部，它的势力一直扩张到印度洋。

这次袭击彻底地将美国和它雄厚的工业和服务经济卷入了第二次世界大战，导致了轴心国在全世界的覆灭。此后盟军的胜利和美国在国际政治上的支配性地位都是由此及彼的。

▼现在的珍珠港恢复了平静

第三次长沙会战

▲蒋介石

1941年12月下旬至1942年1月中旬的第三次长沙会战（日方称为第二次长沙作战），是太平洋战争爆发以后，盟军方面获得的第一个胜利。就中国战场而言，此战是以武汉会战结束，至1945年5月中国方面获得的最大战役级别的胜利。日军投降前的湘西会战（又称雪峰山会战，日方称为芷江、老河口作战）都无法与之相比。虽是惨胜，但是第三次长沙会战，是8年抗战中，国民党军少数值得一提的会战。

战前双方态势

1940年6月枣宜会战（日方称为宜昌作战）的胜利，标志着日军在长江流域基本已经达到进攻顶点。

由于日军陆军中央部按照明治以来的传统，把战力的重点放在了对付北方的苏联，而观察时局、制定政策。因此，没有更多力量投入现实的主要战场即中国战线。在这个限制下，担负着解决中国事变的中国派遣军，一直由于强迫缩减兵力、限制作战地域、限制兵站等而感到苦恼。

1．日军的兵力和概略位置

第三次长沙会战距第二次长沙会战，仅2个多月，日军的兵力和位置，与第二次长沙会战前同，赣北、赣中仍是第34师团、独立第14旅团；鄂南、湘北仍是第3、第40师团等两个师团。

1941年11月下旬，据前方部队及派在日军后方的情报人员报称：赣北日军又有减少，并且缩小阵地，连西山车站地区都放弃了，在赣江以西及修水以南仅守生米街、牛行、西山、安义、靖安、滩溪等据点。旋又据报，湘北日军增加。最初，国民党军队对于这种情况颇为怀疑，认为第二次长沙会战后才2个月，难道日军又要进攻吗？至12月8日太平洋战事爆发，日本袭击了美国海军基地珍珠港。这时认为日本既袭击了珍珠港，与同盟国在太平洋、在亚洲的战争将不可避免，将由中国战场调出兵力。日本的兵力愈小，愈要以攻为守，将要调去的兵力集中起来再对我军“扫荡”一次，以消除中国然后进攻的威胁，是很有可能

▼中国军队沿河岸阻击日本军队

的。于是再通令各部队，迅速完成作战准备。

2. 国民党军会战开始前的部署

第19集团军：新编第3军在高安、奉新地区，与南昌以西及安义、靖安的日军对峙。所属新编第12师在锦江口、淞湖、高邮市（含）之线占领阵地，师部驻珠湖；第183师主力在大城、赤田、奉新、草坪、肖坊之线（在奉新西北）占领阵地，一部控制于奉新西北地区；师部驻肖坊（在故县西北），军部驻卢家圩（在高安西南）。康景濂纵队仍以九仙汤为根据地，在九岭山区活动。总司令部驻上高附近。

第30集团军：主力在澧溪地区，对东北占领阵地，与武宁方面的日军对峙；一部控制修水县城附近。总司令部驻渣津。

湘鄂赣边区总部所属各部队，以九宫山、大湖山为根据地，在幕阜山地区活动。第27集团军：第20军主力在南江桥地区占领阵地，与通城方面日军对峙；一部控制于平江以北地区；第58军主力在新墙河南岸占领阵地，与北岸日军对峙；一部在汨罗江口至新墙河口间担任洞庭湖东岸湖防。第37军一部警备长乐街、五公市、新市，主力控制瓮江、蒲塘、栗山巷。

第99军担任汨罗江口、营田、湘阴、临资口线洞庭湖东南倍湖防；主力控制于湘阴以东地区。王翦波、聂聘三、王作楫纵队在通城、崇阳、临湘间地区活动。总司令部驻平江附近。

第10军控制长沙、株洲地区。第73军当时驻宁乡、益阳地区为战区预备队。

▲被日军残杀的中国平民

作战计划的修正

根据第一次长沙会战、上高会战，尤其是第二次长沙会战的实际情况，对1939年春制订的作战计划做了一些修订。

敌情判断：敌人再次向本战区进犯时，仍有两种可能，一种可能是：以全力由湘北进犯，重点仍保持于其左翼，索取我军右翼包围攻击。另一种可能是：以主力由湘北进犯，其重点指向与上项同；各以一部分由南昌、武宁、通城进犯，策应湘北的作战。

作战方针：战区为诱敌深入后进行决战之目的，在敌进攻时，以一部兵力由第一线开始逐次抵抗，随时保持我军于外线；俟敌进入我预定决战地区时，以全力开始总反攻，包围敌军并歼灭之。

指导要领：

1. 敌以全力由湘北进攻时，预定在长沙外围与敌决战，重点防守长沙以东地区

▲中国军队在赶赴战场

（1）湘北守军于敌人进攻时，先应利用既设工事拒止敌人。继应，一面采取逐次抵抗，消耗和迟滞敌人（在逐次抵抗中，敌压迫我左翼时，可作适当的抵抗；敌压我右翼时，则主动先撤退左翼，再适时撤退右翼，防止陷入内线，招致失败）；一面在逐次抵抗中，适时作以下处置：以一部向梅仙、平江以东外线转移；以一部分别潜伏于汨罗江、捞刀河间各偏僻地区；以主力向相公市、沙市街以东外线转移。然后，各潜伏部队应俟敌大部队通过后，自动起来攻袭敌后，并阻止敌军撤退；并于总反攻时，待命以一部向西进攻，扼守汨罗江北岸，遮断敌军退路，以主力向捞刀河以北攻击，使围攻长沙之敌不得退过捞刀河北岸。

（2）赣中、赣北守军，在敌军进攻时，应以一部守备原阵地，以主力向浏阳以东地区前进；于总反攻时，待命由浏阳地区向长沙以东攻击。

（3）战区直辖各军：以一部及炮兵占领长沙岳麓山核心阵地，构筑坚固工事并确保之。直辖各军主力于总反攻时，待命由株洲、普迹地区向长沙以南攻击。

（4）湘北各挺进部队在敌军开始进攻时，于新墙河以北扰乱敌后；俟敌主力渡过汨罗江后，转移至新墙河以南地区活动；然后阻扰敌军的撤退。鄂南挺进部队于敌攻击开始后，集中力量向蒲圻、临湖线及崇阳、通城线不断攻袭破坏，扰敌后方。

2. 敌以主力由湘北进犯，同时亦各以一部由南昌、武宁、通城向我军进犯

（1）赣中、高安方面

南昌方面之敌沿湘赣公路进犯时，高安方面守军应利用现有阵地拒止敌人；继应保持袋形态势，向上高附近进行逐次抵抗，以消耗迟滞敌军；然后依该地区控制部队之参加，重点保持于上高东南，反攻敌军并歼灭之。赣北挺进部队于敌进攻开始后，应向德安—

▼中国军队在布置战场

▲汨罗江

南昌线，德安—安义线不断攻袭破坏。

（2）赣北修水方面

武宁方面之敌，经修水、铜鼓进犯时，修水方面守军应利用现有阵地拒止敌人；继应保持袋形态势，向铜鼓附近进行逐次抵抗，以消耗迟滞敌军；然后依该地区控制部队之参加，重点防守于铜鼓东南，反攻敌军而歼灭之。

（3）鄂南通城方面

通城崇阳方面日军，经白沙岭、长寿街进犯时，九湖山、幕阜山地区挺进部队应扼险阻止敌人；然后保持袋形态势，向嘉义附近进行逐次抵抗，以消耗迟滞敌军；南茶、九宫山地区全部挺进部队，应迅速向长寿街方向前进，由东向西进攻敌军左侧背。梅仙、平江以东部队，必要时应以一部由西向东进攻敌军右侧背。

兵团部署：

1. 第 19 集团军应以主力守备高安、奉新方面现阵地，以一部控制于上高附近

（1）敌全力由湘北进犯时，应抽一个师向浏阳以东前进，待命归第 30 集团军指挥，向长沙以东攻击。

（2）敌一部沿湘赣公路进犯时，第一线部队先应利用现阵地拒止敌人；继应进行逐次抵抗；然后依控制部队之参加，在上高附近与敌决战。康景濂纵队应向德安、南昌线，德安、安义线不断攻袭破坏。

2. 第 30 集团军主力应守备澧溪方面现有阵地，以有力一部控制于修水附近

（1）敌全力由湘北进犯时，以一部守备现阵地，主力向浏阳以东前进，并指挥第 19 集团军一个师，待命向长沙以东攻击。

（2）敌一部由武宁方面经修水、铜鼓进犯时，第一线部队先应利用现阵地拒止敌人，继应进行逐次抵抗，然后依控制部队之参加，在铜鼓附近与敌决战。

3. 湘鄂赣边区总部所属各挺进部队，应以九宫山、太湖山为根据，在幕阜山地区活动

（1）敌全力由湘北进犯时，应集

▼日军混编部队

中力量向蒲圻、临湘线，崇阳、通城线，不断攻袭破坏，策应湘北的作战。

(2)敌一部由崇阳、通城方面经白沙岭、长寿街进犯时，幕阜山、九湖山方面部队先行扼险阻止敌人；继应进行逐次抵抗；然后依南茶、九宫山方面部队之参加，在嘉义附近与敌决战。

4．第27集团军部署

(1)第20军应守备南江桥方面现阵地。敌全力或以主力由湘北进犯时，应先利用现有阵地拒止敌人；继应一面逐次抵抗，一面向梅仙、平江外线转移；然后待命向西进攻扼守汨罗江北岸断敌归路，或依情况派一部向窜至长寿街地区之敌攻击。

▲日军进犯国民党军某高地

(2)第58军应守备新墙河方面现有阵地。敌以全力（主力）由湘北进犯时，先应利用现有阵地拒止敌人；继应一面逐次抵抗，一面向长乐街至三眼桥、汨罗江南岸转移。

第99军应守备湘阴至临资口、营田现有阵地；第37军主力守备长乐街以西汨罗江南岸现有阵地。

敌向汨罗江进攻时，第58、第37军一方面由汨罗江继续逐次抵抗；一面以主力向相公市、沙市街以东外线转移，以一部潜伏于汨罗江、捞刀河间偏僻地区。俟敌大部队通过后，潜伏部队自动起来攻袭，并阻敌军的撤退。俟总反攻时，待命以主力向捞刀河以北攻击。

(3)第10军控制于长沙、株洲地区，加强长沙工事，准备固守长沙。

(4)由第七战区增援之第四军控制株洲、衡山地区，准备协同新增部队，向长沙以南或以东以南攻击；并依情况（敌单独由赣中或赣北进犯时）准备参加上高或铜鼓方面的决战。

▼日军官在战场上

这个计划除了上述敌情判断、作战方针、指导要领、兵团部署外，还考虑到了兵站设置及补给、交通、通信设施及破坏等项，附有各种要图，铅印了厚厚的一册，发给军长以上人员研究；并让各集团军按照计划规定的任务和行动，侦察地形，制订局部计划，报长官部备核。这个计划发下不过1个多月，就发生了第三次长沙会战。长官部及各部队对这个计划记忆犹新，所以一切指导和行动，全战区都是一致的，都能符合这个作战计划的要求，没有发生龃龉。

战役经过概况

1. 新墙河地区的战斗

12 月 15 日，日军第 11 军确定 12 月 22 日前后开始进攻，计划在汨水两岸击歼守军第 20 军和第 37 军后结束作战。预定作战时间为两星期左右。其进攻的方案为：以第 6、第 3、第 40 师团并列由岳阳以南地区的麻塘、龙湾、簟口一线强渡新墙河，击歼第 20 军后继续向汨水南岸攻击前进，击溃第 37 军后结束作战，返回驻地。

12 月 20 日，第 6 师团完成了从新墙镇向新墙河下游右岸地区的集结。该师团将主力集结在河岸附近。第 40 师团由 21 日起陆续进入托坝附近，准备发动攻势。第 3 师团集结稍晚，大约在 25 日集结在上述两师团之间，准备在 25 日晨发动攻势。该师团从武昌经铁路赶赴战场的一部，由于粤汉线火车事故，在 27 日赶到战场。独立步兵第 65 大队 24 日抵达岳州。

12 月 24 日，日军第 6 师团全部进至新墙河北岸，占领了渡河进攻出发地位。左翼第 40 师团首先发起进攻，在猛烈的炮火掩护下，于当日 14 时在簟口附近强渡新墙河。徒涉过河时遭到守军第 134 师的坚决抗击。

日军傍晚时渡过新墙河，突破守军阵地，向潼溪街攻击前进。

国民党军第 27 集团军急令第 58 军的新 11 师由黄崖市向杨林街前进，由东向西侧击敌人，策应第20军的作战。第134师右翼方山洞附近的部队亦向南撤退，与主力靠拢，参加战斗。

日军右翼第6师团于24日傍晚开始进攻，当夜强渡新墙河后突破守军第133师阵地，攻占了新墙、七步塘等据点。第 133 师除留置一部兵力守备纵深内各据点外，主力向南岳庙、洪桥以南转移；第 134 师退守十步桥东西之线。

25 日晨，日军第 3 师团随第 6 师团之后徒涉过新墙河，从右翼投入战斗，沿粤汉路东侧攻击前进。此时，守军第 58 军的新 11 师由杨林街附近向日军第 40 师团右侧后攻击，第 58 军的新 10 师亦进至胡少保附近。激战至晚，日军进至黄沙街、大荆街、三江口、关王桥以北一带。守卫傅家冲、洪桥两据点的第 398 团第 2、第 3 营依托工事顽强抗击，曾数次击退日军的冲击，但终因兵力悬殊，第 2 营营长王超奎和第 3 营副营长吕海群及所属官兵全部壮烈牺牲。

26 日，日军以一部兵力围攻第 20 军阵地纵深内的各据点，抗击第 58 军侧部。主力向汨罗江北岸地区突进，在攻占关王桥、三江口、大荆街及东沙街等主要据点后继续向南攻击前进。当日晚，日军右翼第 3 师团进至归义汨罗

▼日军逼近长沙城

▲中国军队检阅部队

江北岸，中路第6师团进至新市汨罗江北岸，左翼第40师团进至长乐街。

27日晨2时，薛岳令第37军加强汨罗江南岸的防守，阻止日军渡过汨罗江；令第20军、第58军向东南山区撤退，准备然后反击。此时留置日军后方防守据点的各部队已大多突围撤走，与主力会合。

2. 汨罗江以南地区的战斗

26日傍晚，日军第3师团得到“汨水左岸之敌，正逐次撤退”的情报，决定提前进入汨水左岸，规定该部必须在28日拂晓前推进到汨水左岸地区，攻击归义南方高地一线之地。

第九战区防守汨罗江防线的部队为第99军(2个师)及第37军。沿汨罗江南岸，由左至右为：第99军的第99师防守湘阴至营田以东之线，第92师防守归义东西之线，第37军的第95师防守新市、伍公市之线，第60师防守秀水、浯口、张家渡之线，第140师控制于金井地区，为军预备队。

12月27日，日军第3师团的骑兵联队于11时左右首先由归义附近渡过汨罗江，突破守军第92师阵地，进至栗桥以北，掩护其主力渡江。第6师团及第40师团在击破第37军在汨罗江北的前进阵地及据点后，其先头部队于傍晚先后在兰市河和长乐附近强渡汨罗江，占领了滩头阵地，但在第37军的坚强阻击下，未能进展。

12月28日，日军第3师团主力全部进至汨罗江南、沿粤汉铁路两侧，向南突进，18时前后进至、金鸡山、大娘桥等地。守军第99师等退至牌楼一带。日军第6师团及第40师团遭到纵深阵地内依托既设工事和据点顽强防守的第37军的阻击，进展缓慢。

由于日军第3师团已经深入，左翼形势严峻，薛岳令第37军预备队第140师向铁路方面增援，归第99军指挥，阻击日军第3师团；令第37军军长率指挥所向前推进至米公源，就近直接指挥第95师和第60师的战斗；令位于陈家桥、三江口地区的第20军和位于长湖、新寨地区的第58军向长乐街、大荆街方向攻击日军的侧背，以牵制日军第6师团及第40师团主力，阻其南渡汨罗江。

阿南惟畿企图包围、歼灭汨罗江南岸的第37军，于28日晚令第3师团向左回旋，迂回至第37军后方的福临铺。该师团遂由大娘桥附近连夜兼程东进。

12月29日，日军第3师团于凌晨进至

▼日军在我国平民面前耀武扬威

新开市附近，向退至新开市的第99师发起攻击。此时守军第140师亦已到达附近，薛岳遂令第140师接替第99师防守新开市附近阵地，令第99师退守湘阴和营田。日军第3师团及第40师团主力当晚已全部进至汨罗江南，与守军第37军相持于沿江一线。

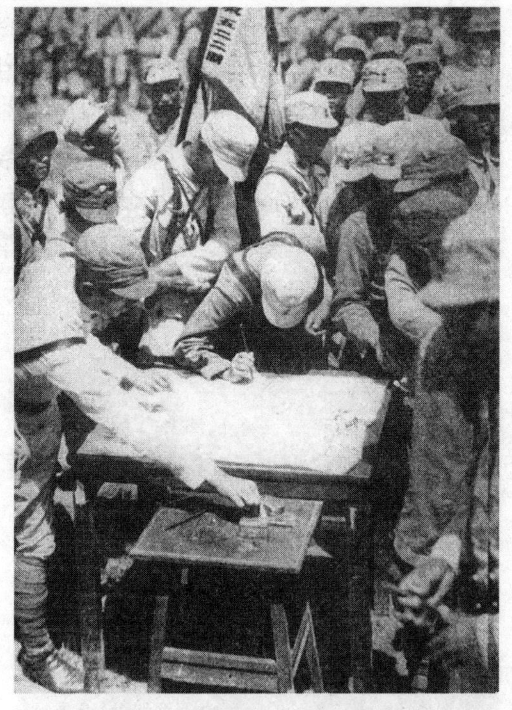

▲中国热血男儿踊跃报名参军

12月30日，日军在航空兵及炮火掩护下全线发动猛攻。日军第3师团除留一部兵力仍在铁路附近继续攻击守军各据点外，主力在攻占新开市后向东南急进，当晚进至福临铺，先头进至麻林附近。日军第6师团及第40师团亦在攻占长岭、浯口等地后，于当晚分别进至福临铺和金井一带。

留于新墙河以南地区的第20军之一部，于30日夜突袭驻于新墙东南长胡镇的日军辎重兵第40联队，给予歼灭性打击，并将其联队长森川启宇击毙。

当薛岳得知日军第3师团已突进至第37军后方的情况后，立即令第37军向金井以东的山区撤退，转至外线待机实施反击。至此，汨罗江以南地区的战斗告一段落。

▲战场一角

3. 长沙地区的战斗

日军第11军发动这次进攻的战役企图本为策应其第23军攻占香港和南方军的作战，以牵制中国第九战区的兵力，不使其南下，所以原定的作战计划是进至汨罗江以南地区，给予守军第37军以重创后即撤回原防地，并无攻占长沙的目的。但阿南惟畿在作战之初即有乘势攻占长沙的意图，第3师团师团长亦有相同的想法，曾两次提出建议。当日军渡过新墙河、迅速进至汨罗江北岸时，阿南惟畿认为进攻开始以来进展顺利，又得到长沙守军暂编第2军南下、现市区兵力薄弱的情报，遂准备渡过汨罗江后继续南下，攻占长沙。军部参谋们认为本次作战目的主要在于策应香港作战，现香港已为日军占领(25日攻占香港)，应按原计划撤回原防，进攻长沙必须慎重。阿南惟畿没有采纳参谋们的意见，向“中国派遣军”发去请求进攻长沙的电报。27日、28日均未收到“中国派遣军”的批复。29日，阿南接到航空兵的侦察报告，说“中国军已向长沙退却”，认为正是乘势攻占长沙的良好战机，遂独断决定改变原作战计划，向长沙追击，并分别向“中国派遣军”总司令部和大本营陆军部申诉理由，请求认批。当晚下达了进攻长沙的命令。

由于第11军计划的长沙作战从计划到开始作战过于仓促，开战时日军官兵只能用出动时紧急携带的120发步枪子弹作战。战斗开始几天情况还好，但是随着战事的拖延，这一点严重限制了日军战斗力的发挥。此外，11军也没有足够的力量修补新墙河以南被破坏的道路。于是日军又提出了开辟东部丘陵地带。日军工兵一边砍树，一边束柴铺垫，迂回前进。就这么连续工作干了5天，到29日才把兵站路从新墙修到了大荆街，保障运输都还是个问题。

▲日军残忍杀害平民

日军第3师团接到进攻长沙的命令后立即发起追击，昼夜兼程前进。30日夜到达枫林港，留骑兵联队向北警戒，主力渡过捞刀河，经碑楼铺，渡过浏阳河，经东山向长沙东南郊前进。第6师团在航空兵支援下担任警戒，并作为第二梯队。第40师团进至金井一带，牵制东面山区的中国军队，掩护第3、第6师团的后方。独立混成第9旅团29日到达岳阳，立即向关王桥前进，以保障进攻主力的侧背安全。

12月30日晚，薛岳向蒋介石报告日军当前的动态，并说“我军已按照既定计划围歼此敌”。蒋介石为防止过早使用第二线部队，致电薛岳：“敌似有沿铁道线逐步推进攻占长沙之企图。该战区在长沙附近决战时，为防敌以一部向长沙牵制，先以主力强迫我第二线兵团决战，然后围攻长沙，我应以第二线兵团距离于战场较远地区，保持外线有利态势，以确保机动之自由，使敌先攻长沙，乘其攻击顿挫，同时集聚各方全力，一举向敌围击。以主动地位把握决战为要。”

对日军来说，尽管第3师团一路狂奔赶到了长沙城下，但是进攻的最佳机会已经失去。就在31日夜间，中国军队第10军调整了部署，补上了防御上最薄弱的一环。在第三次长沙会战的第一阶段，日军的进攻总体来说是顺利的。如果硬要找出这丢失的12小时来，那只有湘北滚滚的汨罗江。由于大雨而暴涨的汨罗江，将日军阻挡了12小时以上。

第40师团于31日2时40分占领鸟石尖和牙尖后，与驮马部队会合。31日黎明，该师团以步兵第236联队为前卫，进入栗山港。同时命令步兵第234联队第2大队确保鸟石尖、磨刀尖一线，对涪口方面掩护军侧背，并将骑兵队留在检市厂附近。师团于31日19时进入天王庙附近，并得到了与国民党军大部队隔山并行南下的情报。元旦当日，

▲日军在我国内地横行霸道

该师团抵达金井，留下一部确保金井东侧。此时该师团的补给已经断绝，当地坚壁清野又做得很出色，整个师团一个早上仅仅找到两个白薯而已。

1942年1月1日凌晨，日军已经杀到了9战区布置的“天炉”炉底，而中国军队也在向日军侧背挺进。第9战区于当日命令各部队，于1月1日零时开始攻击前进，对长沙外围之敌进行反包围，并限定在1月4日夜间，进至第一次攻击到达线。此时双方都希望长沙方向的日军尽快结束进攻。日军是希望捞一把就走，况且日军的后勤和重武器也不能支持长期作战，而中国军队则担心炉底被凿穿。

1942年1月1日8时，日军第3师团于梨市南的磨盘洲附近全部渡过浏阳河，以第18联队和第68联队并列向长沙城东南郊区前进，11时许，向阿弥岭南北之线的预第10师阵地发起进攻。激战到16时，阵地被日军突破，预第10师退守半边山、左家塘一带的既设阵地。18时左右，阵地再被突破，守军第29团第1营伤亡殆尽。日军继续进攻，遭到守军坚决抵抗，被阻于军储库、邬家山阵地前。

此时，日军第11军情报部门破译了薛岳令各集团军向长沙附近集结、准备围歼日军的电报，阿南惟畿急令第3师团加紧进攻，企图在第九战区形成包围以前攻占长沙。第3师团当即将师团直属的第6联队第2大队由第68联队左翼投入战斗。日军增强力量后，于21时攻占军储库、邬家山附近阵地，第2大队大队长加藤素一率一部兵力乘势突入至白沙岭。

22时，中国军队预第10师在岳麓山重炮兵支援下组织反冲击，收复了军储库、邬家山阵地，并包围了白沙岭日军第2大队。

1月1日元旦当天，白沙岭的加藤大队全部被消灭是第三次长沙会战中极为重要的事件。加藤素一少佐带领副官3名，于2日2时左右与中国军队遭遇，当即被一枪击穿腹部，不久毙命。其余军官相继战死，只有池田至兵长杀出一条血路告急。日军随即发动了几次冲锋企图救出加藤，然而在守军的猛烈阻击下，日军几次攻击都劳而无功。战至2日夜间，被包围的加藤大队这一部全部消灭。

▼日军残忍杀害中国同胞

对日军来说，加藤的死不仅仅是损失了一名大队长而已。从加藤的尸体上，中国军队得到了日军出动以来的各种计划和命令等文件，得知了当面之敌为第3师团，第6师团现位于榔梨市，第40师团位于金井。更重要的是，了解到日军弹药缺乏这一重要情报。预第 10 师缴获的文件被迅速送到了九战区司令长官部。薛岳看到后一方面将情况通报各部，一方面命令各集团军按照预定计划快速向长沙外围合拢、围歼敌军；同时命令第 10 军进行反击。

1 月 2 日，日军第 3 师团继续组织进攻，将攻击重点由南门方向移向东门，集中炮火，并令工兵第 3 联队逐次爆破守军的堡垒群，猛攻第 190 师四方塘、南元宫一线阵地。守军顽强抗击（有些阵地曾多次反复争夺），以手榴弹和刺刀进行白刃格斗，日军的多次进攻被击退。守备南门外修械所高地的预第 10 师葛先才团（第 28 团），战至仅剩 58 人，终于保住了阵地。第 30 团还以一部兵力秘密机动至南门外侧击日军第 68 联队，将其第 7 中队击歼大半，中队长丸山信一以下所有军官全被打死。

此时，中国军队第 4 军已由广东火车运到达株洲，第 19、第 27、第 30 集团军亦按照计划正向长沙合围中。2 日晚，蒋介石致电第 10 军："此次长沙会战之成败，全视我第 10 军之能否长期固守长沙，以待友军围歼敌人……敌人悬军深入，后方断绝，同时我主力正向敌人四面围击，我第 10 军如能抱定与长沙共存亡之决心，必能摧破强敌，获得无上光荣。"用以鼓励士气。

▲侵华日军的高级将领准备召开会议

阿南惟畿见第 3 师团攻击顿挫，而第九战区外线兵团正向长沙地区逼近，形势严峻，但仍企图在守军外线兵团到达前攻下长沙，遂于 2 日夜令在榔梨市的第 6 师团从第 3 师团右翼投入战斗，同时令在金井地区的第 40 师团迅速进至春华山一带，对东部山区警戒，保障进攻两师团的后方安全。第 6 师团留第 45 联队守备榔梨市及附近渡口，其余连夜进至长沙东北郊。

1 月 3 日拂晓，日军第 6 师团及第 3 师团同时发动攻击，第 6 师团进攻北门至东门间阵地，第 3 师团进攻东门至南门间阵地。激战终日，日军除第 6 师团第 23 联队的第 12 中队曾一度由城北向西突至湘江岸边外，其余部队全被击退。第 3 师团第 68 联队的第 2 大队在向东瓜山阵地冲击时遭到守军预 10 师的密集火力和以手榴弹和白刃战进行的反击，在 6 时 30 分前后该大队被击退，大队长横田庄三郎以下被打死、打伤百余人。当日晚，薛岳为加强长沙防守和反击力量，令第 73 军的暂第 5 师接替第 77 师荣湾市一带的防务，而令第 77 师渡过湘江至长沙城内，归李玉堂指挥，为第 10 军的预备队，控制于南门口附近。

数日的争夺，尽管日军取得了一定的进展，然而，此时一个更严峻的情况已经摆在面前：他们的弹药已经告罄，部分日军已经被迫用刺刀作战。另一方面，至当夜，第 3 师团的伤亡已经达到 700 人。当日晚间第 6 师团一部进袭第 190 师第 569 团阵地，被守军击退。此时日军虽将全部兵力投至一线，但已无力组织强有力的攻击，被迫改为守势作战。

鉴于长沙守军日益艰难的战况以及中国军队增援部队陆续开到的现实，当晚 20 时，

▲日军在不断开进

▲战前的长沙郊外

薛岳下令第73军以暂5师接替第77师的防务，第77师交防后立即渡江归第10军指挥，为该军总预备队。第10军下令该师以一团占领湘春街东西大街，对北及江岸严密警戒，主力位置于南门口附近。当日傍晚，第4军抵达长沙附近，先头部队在日军步兵第68联队背后开始修筑阵地。第79军也在向第3师团浏阳河渡河点东山迫近，一举占领了桥梁。

围攻长沙城的日军第11军部队粮弹将尽，攻势屡遭顿挫，且处于被中国军队包围状态下。在不得已的情况下，于3日夜间决定撤退。

日军撤退，中国军队追击

日军第6师团因有第45联队留守椰梨市及渡口，所以撤退较为顺利，5日凌晨即退至椰梨市。第3师团开始向东山撤退时，第79军已进至东山附近浏阳河东岸，并将渡桥炸毁。5日凌晨2时，第3师团到达东山时遭到第79军的阻击。此时第4军一部亦由长沙城南向椰梨市迂回，遂从侧面向日军第3师团实施侧击。在第79军和第4军的夹击下，日军第3师团陷于混乱，死伤甚众，被迫沿浏阳河南岸向磨盘洲退却，企图仍从来时渡河点徒涉过河，但遭到北岸第79军密集火力的堵击，死伤及溺死者达500余人，因而再次改向第6师团所在的椰梨市退却。6日凌晨退至浏阳河北岸，与第6师团会合。此时，第4军、第79军及第26军也跟踪追至椰梨市附近，向日军发起进攻。日军两个师团并列向北退却，中国军队紧紧追击。该两军于7日凌晨退到捞刀河北岸、枫林港地区。

▼日军坦克部队

日军第40师团由金井

▲日军进犯我国领土

向春华山前进时，沿途遭到第37军的多次阻击与侧击，其第236联队伤亡惨重，第2大队长水泽辉雄、第5中队长三宅善识及第6中队长关田生吉等均被打死。到达春华山地区时，又遭到第78军的攻击。7日夜退出与第78军的战斗，经罗家冲向学士桥退却。

1月8日，日军第3、第6师团由捞刀河北岸继续北退，沿途不断遭中国军队截击、侧击。进至青山市、福临铺、影珠山地区时，遭到第73、第20、第58、第37军的拦截阻击和第4、第26、第78军的追击，第3、第6师团被包围于该地区。

为了接应第3、第6师团的撤退，阿南惟畿令独立混成第9旅团南下解围。8日晚，该旅团对影珠山发动进攻。在该地担任堵击的第20军第58军立即进行反击。经彻夜激战，将该旅团击溃，并将其1个大队包围于影珠山附近。战斗至9日10时，该大队除1名军官逃脱外，大队长山崎茂以下全部官兵被歼。

1月10日，第6师团企图向北突围，其第13联队被第20军和第58军分割包围，遭到猛烈的围攻。虽然第1飞行团出动全部飞机支援，第13联队仍无法突出重围。联队长友成敏唯恐被歼后文件落入中国军队之手，下令将文件全部焚毁。

阿南惟畿得到第6师团被分割包围的报告后，立即令第3师团、第40师团及第9旅团分别从麻林市东、象鼻桥和影珠山以北向福临铺和其以北地区推进，一方面解第6师团之围，一方面集中兵力向北突围撤退。

1月11日，日军第6师团及第3师团陆续突出拦截线，第40师团亦从春华山东侧北撤。第99军、第37军再在麻石山、麻峰嘴等地进行截击。日军一面抵抗、一面撤退。至12日，日军退至汨罗江北岸才得以收容、整顿。第20军、第58军、第73军、第4军、第37军和第78军尾追至汨罗江南岸后，第78军于13日从浯口渡过汨罗江，向长乐街以北实施超越追击。

1月15日，日军退至新墙河北原防地，第20军、第58军、第78军等中国军队一面寻歼汨罗江以南的残留日军，一面向新墙河以北日军阵地实施袭击。至16日，基本上恢复了会战开始前的态势。日军第11军指挥所也撤回汉口。

战后，中国军队声称打退了日军进犯长沙的企图，取得了第三次长沙会战的胜利；日军则称实现了战前的目标，削弱了9战区的实力，有力援助了香港方面作战，是这次会战的真正胜利者。

结论

会战开始至28日，这一阶段日军的进攻非常成功，实现了11军在战役开始时的计划。24日下午投入战斗，26日夜间就杀到了汨罗河边，48小时内就突破了国民党军的防线，前进了大约25公里。从这段来看，早有部署的中国军队在准备不足的日军面前没有显示任何优势，20军血战15日的计划完全泡汤。至28日准备围歼37军95师时，开战前日军的计划：打残20军、围歼37军、牵制9战区南下的目的已经基本达成。此时罗卓英还在准备在长沙附近决战的反击计划，完全没有掌握日军的动向。

▲集结的部队

27日开始阿南惟畿和丰岛师团长先后发疯，在缺乏补给的情况下，意图扩大战果，开始了向长沙的冒险。这一冒险最终导致了孤军深入的日军被包围在长沙城下，最后被迫后撤。

总体来说在战役层面中国军队、日本军队各打了半段胜仗。中国军队死伤失踪3万人但是长沙未失；日军消耗中国军队有生力量的目的也已经达到，但为此付出了6 000伤亡的代价。以策应香港作战为目的的战役损失竟然是香港作战的2.5倍，则属于代价过重。

第三次长沙会战，中国军队已经打出了非常好的成绩，而日军则本有机会获得更为彻底的胜利，却未能实现。

会战后外国记者的采访

外国记者由军令部派员和中央通讯社及各大报记者陪同前来长沙，先由薛岳接见，然后由赵子立向他们作报告。报告内容中关于会战经过部分是真的，关于战果部分，如日军伤亡、我军所获战利品等则有所夸大。报告后，把作战计划拿给记者们看，有个美国记者问："你们墙上挂的《会战经过要图》怎么和这计划中的《作战指导要图》一样，你们这个本子是不是打过仗才印的？"报告人反问："要是打过仗才印的，是不是还可以叫作'作战计划'呢？"那个记者摇着头说："怎么这样巧呀，神话！神话！"报告人说："先生认为是神话吗？不是神话，是现实，任何一个战争，如果没有一点越前思想，根本就不能打胜仗；凡是打胜仗，或多或少地总得有些越前思想表现在计划上。你们国家作战也得是这样。"接着，那个记者又要看俘虏，也还有个别外国记者附和他。报告人老实地对他们说："有几个重伤、重病的俘虏，已经死了，无俘虏可看。"那个记者又问："你们打了胜仗，为啥不捉俘虏？"报告人说："中国是被侵略的国家，中国作战的目的，是要把日军从中国领土上一步一步地赶出去，中国作战的目的不是捉俘虏。你认为没有捉俘虏，就不能算是打退了日本人吗？"大多数记者态度是好的，不赞同个别的人以怀疑、挑剔的态度来发问，对赠给他们日本战刀、望远镜、大衣、军毯、太阳旗等战利品很高兴。

珊瑚海海战

1942年春，日军占领东南亚广大地区后，决定向西南太平洋推进，夺取新几内亚岛的莫尔兹比港和所罗门群岛的图拉吉岛，以掌握该地区制海制空权，切断美国通往澳大利亚的海上交通线。

舰队进驻珊瑚海

1942年初，太平洋对于盟军是一片黯淡的景象，但还是有对于战争进程有重要意义的事情。1942年1月20日，日本伊124号在达尔文港布雷时被击沉。美军随后用潜水作业船从伊124号上捞出了密码本。之后的几个月中，随着情报的积累，尤其是空袭东京后，日本帝国作出了过分的反应，几乎把联合舰队都派了出去，珍珠港的情报处开始逐渐破译日本的电码，并用分散的情报逐渐绘制出联合舰队的进攻矛头。这一天机是在太平洋战争初期美国海军能够与联合舰队周旋的最为重要的基础。

尽管通过破译密码，已知日军即将对莫尔兹比港实施登陆，同时其先遣队将先占领图拉吉，并基本掌握了日方投入的兵力。尼米兹已决心阻止日军登陆莫尔兹比的行动，这并不是一个能够轻易作出的决定，因为对盟军来说，集结必要的兵力对付来敌并不容易。“萨拉托加”号被日潜艇击伤，在西海岸修理，“企业”号和“大黄蜂”号在袭击东京的返航途中，可供使用的就是第8特混舰队“列克星敦”号和第17特混舰队“约克城”号航母，另有8艘巡洋舰和13艘驱逐舰。由弗莱彻统一指挥，两支舰队5月1日进驻珊瑚海。

两军交战

第一场战斗在5月3日开始，当弗莱彻海军接到日军正在图拉吉登陆的消息时，他的“约克城”号仍然在巴特卡普角以西100多英里的海面上。“这是我们等了一个月的消息”，他写道。他立即中断加油，命令以每小时26海里的速度，向北驶往所罗门群岛中部。5月4日拂晓，“约克城”号航空母舰到达瓜达卡纳尔岛西南约一百英里的海面，航空母舰战斗机驾驶员看了旧的《全国地理》杂志的介绍，向图拉吉附近海面上的敌人部队发动了一系列袭击，摧毁了水上飞机，发回了有多少敌舰被击沉的夸大的报告，弗莱彻兴高采烈地向珍珠港报

▼美丽的珊瑚海

▲海岛上的日军

告了胜利喜讯，随后美舰队也向西莫尔兹比港进发。尼米兹后来对所谓的图拉吉战斗重新作了评价：“从消耗的弹药和取得的战果来比，这场战斗肯定是令人失望的。”这一袭击的另一失误是暴露了美军的实力，珊瑚海战役前，美国占有情报先机，袭击图拉吉后，双方的情报就扯平了。

5月6日，在密云的掩护下，弗莱彻同格雷斯海军上将的重型巡洋舰和“列克星敦”号会合，一同加了油。珍珠港的最新情报表明，用两艘航空母舰提供空中掩护的入侵莫尔兹比港的部队，将于第二天穿过卢伊西亚德群岛。弗莱彻于是向西直驶珊瑚海。弗莱彻并不知道他在那天下午已被一架到处搜索的日本水上飞机发现了。得知两艘美军航空母舰正前往截击入侵莫尔兹比港的日本船队的消息后，在拉包尔的井上海军中将司令部里几乎引起了恐慌。司令部紧急命令运输船停止前进。高木少将率领的以“翔鹤”号和“瑞鹤”号为主力的机动部队收到警报时正在瓜达卡纳尔以南加油，等到他准备好将距离缩小到可以发动空袭的时候，舰队碰到了厚厚的云雾。于是，他决定继续加油，待黎明再去追逐。

5月7日4时许，由于已基本得知美舰队的方位，日机动编队派出12架舰载机分为6组，在180度至270度方位之间，250海里距离内搜索敌人。5时45分，向南搜索的日机报告：“发现敌航空母舰、巡洋舰各1艘”。6时至6时15分，先后从“瑞鹤”号起飞零式战斗机9架、轰炸机17架、鱼雷机11架，从“翔鹤”号起飞零式战斗机9架、轰炸机19架、鱼雷机13架。共78架日机，向所发现的目标飞去。但到达目标上空才发现并不是美军的航母编队，而是6日下午与弗莱彻本队分手的“尼奥肖”号油船和“西姆斯”号驱逐舰，两舰各放大一圈，肯定像一艘航母和一艘巡洋舰。日突击机群飞临该队上空，发现不是航空母舰，于附近海面反复

▼珊瑚岛日出

▲美军航空母舰

搜索2个小时，仍未找到其他目标。其中的鱼雷机未进行攻击，9时15分开始返航，而36架俯冲轰炸机则于9时26分至40分间才很不情愿地对最初发现的目标进行了攻击。牛刀杀鸡就是这种感觉，“西姆斯”号被3颗250千克的炸弹击中，其中有2颗在机舱爆炸，不到60秒钟就沉没了。“尼奥肖”号被7颗炸弹击中，载着大火在海上漂了几天后沉没。

这时弗莱彻的美航母主力与油船分手后正在向西行驶，以期拦截日军的登陆舰队，但美舰队犯了同样的错误：没有发现日舰。黎明之后2个小时，“列克星敦”号上的一架巡逻机发回报告“发现了2艘航母和4艘重巡洋舰”。弗莱彻以为这是日军的航母舰队，则决定以其全力实施攻击。由“列克星敦”号派出俯冲轰炸机28架、鱼雷机12架、战斗机10架，由“约克城”号派出俯冲轰炸机25架、鱼雷机10架、战斗机8架，共计93架舰载机先后飞向目标。飞到目标后，才发现是2艘轻巡洋舰和两艘炮艇，这是日军登陆的掩护部队，由于密码错误，

▼在美国航空母舰“黄蜂”号的飞行甲板上，一架B—25型轰炸机刚升空飞往日本

被夸大成一支突击部队。但美军终于发现了被夸大了的舰队中值得攻击的目标："祥凤"号航母。93架美国战斗机和轰炸机经过半个小时的轮番进攻，"祥凤"号已中了13颗炸弹和7条鱼雷。日军被迫弃舰。几分钟后，"祥凤"号沉没，海面上只有一团黑烟和一片油污在珊瑚海扩散开来，标志着日本帝国海军在这里丧失了第一艘大型舰只。

5月7日上午，美日双方攻击舰队刚好处于相互攻击范围的边缘，但双方由于技术原因而都没有发现对方，相互错过了先发制人的时机。美军犯的错误更为危险，因为其出击的舰载机偏离了目标90度以上，但美军取得的战果也更大——敲掉了一艘航母；联合舰队犯的错误很可惜，因为他们至少知道他们的主要目标大致位置。待第五航空战队想纠正错误的时候，就面临一个时间的问题：14时起飞，18时才能返航，这在1942年并不是一个容易做的决定，但第五航空战队原忠一中将还是派12架轰炸机和15架鱼雷机14时15分离舰，向预想的目标飞去，黄昏时分，这些飞机实际上是从美舰队上空飞过的，但由于天气原因并没有发现目标，等到返航时才发现美舰队，但这些战机已抛掉了炸弹，并遭到美野猫战斗机的拦截。在暮色中，几架迷失方向的日本飞行员错误地试图在"约克城"号上降落。但由于识别信号不对，被高炮手发现并将其中的一架击落入海，另外几架慌忙逃入黑夜中。这使弗莱切也意识到，日海军航母就在附近，而决定这场海战结果的航空母舰之间的决斗必定在第二天进行。

决战时刻

5月8日日出前1个小时里，珊瑚海200海里内4艘航母上完成着同样的准备工作，唯一不同的或许是为美国飞行员发的是巧克力，而日本飞行员发的是米糕。侦察机都在日出前出发了。命运注定搜索的飞机几乎将同时发现彼此的目标。8时15分，美军飞行在最北边的侦察机发回报告：敌人的航空母舰特遣舰队在"列克星敦"号东北约175英里的海面上以每小时25海里的速度向南行驶。仅仅几分钟以后，美国航空母舰的无线电台收到了日本人兴高采烈的报告，显然表明他

▼夜幕降临时珊瑚岛美景

们自己也被发现了。随后“约克城”号和“列克星敦”号共起飞15架战斗机、46架轰炸机和21架鱼雷机共82架飞机扑向日本舰队。1小时45分以后，美突击机队发现“翔鹤”号和“瑞鹤”号正向东南方向行驶，两艘航空母舰之间相距八英里，各有两艘重型巡洋舰和驱逐舰护航。正当美国人利用宝贵的几分钟，在团团积云里组织进攻的时候，“翔鹤”号趁机出动了更多的战斗机，“瑞鹤”号则躲进下着暴雨的附近海面。向着防卫严密的敌人航空母舰发起首次进攻的美国飞行员，面对真正的强敌时还是乱了阵脚。鱼雷机和俯冲轰炸机被零式战斗机冲散，且缺乏配合，鱼雷射进海里，偏离目标很远，轰炸是盲目的。只有两颗炸弹击中“翔鹤”号，“翔鹤”号飞行甲板上因燃油泄漏而起火。10多分钟以后，列克星敦号上的飞机赶来了，但难以发现厚厚的云层底下的敌舰。使进攻受到进一步的挫折。只有15架轰炸机好不容易发现了一个目标，但它们只有6架野猫式战斗机保护，很容易被零式战斗机冲散，鱼雷进攻再次失败，轰炸机又只投中一枚炸弹。然而，美国飞行员的报告却不是这样。泰勒上尉在第一次攻击之后乐观地说：“左舷首尾约50至100英尺、从吃水线到飞行甲板是一片火海……在发动进攻之后约15分钟，最后看到这艘航空母舰时，火烧得很猛烈。它受到了非常严重的破坏，最后沉掉了。”

▼航空母舰“列克星敦”号发生爆炸后的情形

所剩的43架美军飞机返航时，却发现日本对手能够发动更有效的进攻。由于有雷达，“列克星敦”号的战斗机指挥官在敌机尚在东北方向70多英里时就能知道它

▲美国军舰效果图

们的到来，并起飞战斗机进行截击。但第5航空战队的69架舰载机在尚未受拦截之前已经分成了3个攻击队。日鱼雷机队首先飞临美舰“约克城”号。由于该舰灵活地进行规避，日机的攻击未见成效。但是，在环形警戒序列中的2艘航空母舰都自行进行规避的结果，使这2舰之间的距离迅速拉大、警戒舰只也只好随之一分为二，从而削弱了对空防御，给日机以可乘之隙。日机对“约克城”号左舷投射8条鱼雷，均被该舰避开。在随后轰炸机队开始对约克城号俯冲投弹。该舰舰桥附近的飞行甲板被一颗800磅的炸弹击中，但仍能继续战斗。日鱼雷机队攻击“列克星敦”号时，运用了夹击战术，从该舰舰首的两舷、15～70米高度、1 000～1 500米距离投射鱼雷。“列克星敦”号由于吨位较大，回转半径较大，转弯不灵活，日机投射的13条鱼雷中有2条击中该舰左舷，使其锅炉舱有三处进水。“列克星敦”号正在拼命规避鱼雷时，日轰炸机队又开始对其进行攻击，又有2颗炸弹命中目标。这场遭遇战只持续13分钟，日本人飞走的时候，兴高采烈地报告他们替前一天“祥凤”号的失败报了仇，毫不含糊地击沉了一艘“大型航空母舰”和一艘“中型航空母舰”。

实际上，“列克星敦”号尽管由于被鱼雷和炸弹击中，产生7度横倾，但该舰调整燃油之后，恢复了平衡，继续接纳返航的飞机着舰。同时为战斗机加油加强制空。但由于燃油泄漏，“列克星敦”号舰内突然发生爆炸，并引起大火，火势迅速蔓延，以至无法控制。15时左右，舰长下令全体舰员离舰。17时许，“费尔普斯”号驱逐舰奉命对其发射5条鱼雷，“列克星敦”号于17时56分沉没。已经降落到该舰的36架飞机也随之沉入大海。美第17特混舰队“约克城”号上虽然尚有轰炸机和鱼雷机27架、战斗机12架，但已入夜，弗莱切无意再战，遂率队撤离战场。第二天，“瑞鹤”号的飞行员为追击美舰再次进行侦察巡逻时，海上只有“列克星敦”号的残骸了。

此次海战是战争史上航空母舰编队在目视距离之外的远距离以舰载机首次交锋，也是日本海军在太平洋战争中第一次受挫。从战术得失来看，日本海军取得了珊瑚海海战的战术上的胜利。日本海军由于损失的飞机和飞行员无法立即得到补充，日军的武力扩张第一次遭到遏制，被迫中止对莫尔比兹港的进攻。日本海军第五航空战队的这两艘航母原本要参加中途岛计划，由于“翔鹤”号受损、“瑞鹤”号严重减员，削弱了日军在即将举行的中途岛海战中的实力。

决战中途岛

▲中途岛鸟瞰图

中途岛海战于1942年6月4日展开，是第二次世界大战的一场重要战役。美国海军不仅在此战役中成功地击退了日本海军对中途环礁的攻击，还因此得到了太平洋战区的主动权，所以这场仗可说是太平洋战争的转折点。

战争概况

日本在珊瑚海海战之后的仅仅1个月就已经把中途岛拟定为下一个攻击目标。这不但能为美国空军空袭东京报仇，还能敞开夏威夷群岛的大门，防止美军从夏威夷方面出动并攻击日本。日本海军想借此机会将美国太平洋舰队残余的军舰引到中途岛一举歼灭。为达到该目的，日本海军几乎倾巢而出，投入大半兵力，舰队规模甚至超越后来史上最大海战莱特湾海战时的联合舰队。这次海战是日本海军在二战中最大的战略进攻，然而由于珊瑚海海战的牵制，使联合舰队少派遣了两艘航空母舰——即受伤的“祥鹤”“瑞鹤”号，这对作战造成极严重的影响。

战役背景

日本自1941年12月7日偷袭珍珠港开始，发动了太平洋战争，以后在3个多月的时间里便占领了东自威克岛、马绍尔群岛，西至马来半岛、安达曼和尼科巴各岛，南至俾斯麦群岛地区，几乎完全控制了整个西太平洋。

在这几个月里，日本军队每取得一次胜利，被战争狂热煽动起来的东京市民就排着长队，挥舞着纸制太阳旗，涌到皇宫门前举行祝捷大会。然而，在这些热闹欢腾的背后，

中途岛

中途岛，面积只有4.7平方公里，其特殊的地理位置决定了它战略地位的重要性。该岛距美国旧金山和日本横滨均相距2 800海里，处于亚洲和北美之间的太平洋航线的中途，故名中途岛。它距珍珠港1 135海里，是美国在中太平洋地区的重要军事基地和交通枢纽，也是美军在夏威夷的门户和前哨阵地。中途岛一旦失守，唇亡齿寒，美太平洋舰队的大本营珍珠港也将不保。

▲日本航母

有一个人总显得心事重重。此人便是日本海军联合舰队司令山本五十六大将。日军偷袭珍珠港成功后，他就曾冷静而清醒地指出：我们只是唤醒了一个巨人，必须在巨人尚未起身之前，完成袭击珍珠港未竟之事业，彻底击毁美太平洋舰队。因此，山本竭力赞成联合舰队参谋长宇垣少将提出的进攻中途岛的计划，认为若能占领该岛，则既可将该岛作为日机空中巡逻的前进基地，威逼夏威夷，又可诱出美舰队，在决战中予以歼灭。

珍珠港事件后，罗斯福总统决定由切斯特·尼米兹接替金梅尔出任美太平洋舰队司令，他对尼米兹说："到珍珠港去收拾败局，然后留在那里，直到战争胜利"。受命于危难之际的尼米兹到任后，很快组织了只有4艘航空母舰及其护航舰的舰队。这支舰队袭击了在中太平洋岛屿上的日军，紧接着实施一项令人震惊的作战计划——轰炸东京。

1942年4月18日，从"大黄蜂"号航空母舰上起飞的16架B–25式轰炸机飞临东京上空，投下炸弹和燃烧弹后顺风直飞中国。这次空袭震动了日本朝野，也刺激了山本，使他更加坚定了要进攻中途岛的决心。4月28日，山本在其旗舰"大和"号巨型战列舰上召开海军高级将领会议，确定了进攻中途岛的具体作战计划：先派遣一支舰队进攻阿留申群岛，在该群岛的阿图岛、基斯卡岛登陆，以此为诱饵，将美军舰队的注意力引到北面去，然后主力舰队趁机夺占中途岛。作战日期初步定在6月初，5月5日，日本海军军令部发

▼日军战列舰

布了《大本营海军部第18号命令》，正式批准中途岛作战计划，并被命名为“米号作战”。

正当山本谋划此次行动时，1942年5月7日，珊瑚海战斗爆发，这是人类历史上航空母舰的首次大规模交锋。日本舰队在实施其占领澳大利亚的第一个步骤——进攻莫尔兹比（新几内亚首都）港口，途中遭遇弗兰克·弗莱彻少将率领的两艘美国航空母舰“约克城”号及“列克星敦”号，这两艘航母由7艘巡洋舰护卫。美国海军击沉了日本航空母舰“祥凤”号，严重损伤“翔鹤”号，但失去了“列克星敦”号。珊瑚海战斗对于阻止日本入侵澳大利亚起到了决定性作用，但也增强了山本征服中途岛的决心，他欲在那里建立一个飞机场，作为打击所有来自美国船只的基地。山本从各个角度分析了他的战略战术。首先，对远离阿拉斯加、由美国控制的阿留申群岛进行了牵制性进攻，希望以此分散美国整个舰队对中途岛的注意力。但美国设法截获了日本高级指挥官之间的通信信息，发现了山本的计划，因此，尼米兹决定对阿留申群岛不采取任何行动，而将3艘航空母舰及8艘巡洋舰派往中途岛。

中途岛展开激战

1942年6月4日（东京时间6月5日），日、美海空军在中途岛展开激战。

中途岛6月4日凌晨，日本第一攻击波机群36架俯冲轰炸机、36架水平轰炸机和

▼中途岛的激战场面

36 架零式战斗机开始从 4 艘航空母舰上同时起飞，108 架舰载机在永友文市海军大尉的率领下出发攻击中途岛。南云中将命令侦察机搜索东、南方向海域，第二攻击波飞机提到飞行甲板上，准备迎击美国舰队。但是重巡洋舰“利根”号的 2 架侦察机因为弹射器故障，起飞时间耽误了半个小时，“筑摩”号的 1 架侦察机引擎又发生故障中途返航（这架飞机本应该正好搜索美国特混舰队上空），给日本舰队埋下祸根。

▲日军补给舰

6 月 4 日拂晓，中途岛派出的“卡塔林娜”式侦察机发回发现日军航空母舰的报告，斯普鲁恩斯少将立即做出反应，准备攻击日军航母（其实法兰克 · 弗莱彻海军少将是这次行动的总指挥，但是斯普鲁恩斯首先发动空袭）。美国舰队因为已经破解了日本海军“JN−25”的通讯密码，而对敌人的计划了如指掌。

6 月 4 日清晨，日本舰载机向中途岛发动了猛烈的攻击。驻扎在中途岛的美军战斗机也全部升空，迎击来犯的日本战机。美军的轰炸机，包括 B−17 型轰炸机也向日本舰队发动还击。

7 时整，友永文市大尉率第一攻击波机群准备开始返航，并向南云中将发出了需要进行第二次攻击的电报。

7 时 06 分，由战斗机、鱼雷机、俯冲轰炸机所组成的 117 架战机编队，从斯普鲁恩斯少将所率领的第 16 特混舰队“大黄蜂”号及“企业”号升空，奔向 200 海里外的南云舰队。8 时 40 分，15 海里以外的弗莱彻少将率领的第 17 特混舰队从“约克镇”号起飞了 35 架战机。

7 时 10 分，首批从中途岛起飞的 10 架美军鱼雷轰炸机出现在南云舰队的上空。美军飞机排成单行，扑向日航空母舰。在日军战斗机的截杀和日舰猛烈的炮火下，很快就被击落了 7 架。友永的报告和美机的攻击，使南云中将相信中途岛的防御力量还很强，于是决定把原来准备用于对付美舰的飞机改为对中途岛进行第二次轰炸。此时，他仍然没有发现美军舰队。

中途岛 7 时 15 分，南云下令“赤城”号和“加贺”号将在甲板上已经装好鱼雷的飞机送下机库，卸下鱼雷换装对地攻击的高爆炸弹。

7 时 30 分，南云接到“利根”号推迟半小时起飞的一架侦察机发来的电报，距中途岛约 240 海里的海面发现 10 艘美国军舰。南云命该侦察机继续查明敌人舰队是否拥有航空母舰，同时命令暂停对鱼雷机的换弹。就在南云等待侦察机的侦察结果时，空中再次响起了警报。40 余架从中途岛起飞的美军 B−17 轰炸机和俯冲轰炸机扑向南云的舰队。由于美军的轰炸机没有战斗机护航，结果很快就被南云派出的零式战斗机击退。

8 时 15 分，南云终于接到了侦察机传来的报告：美军舰队里确实有航母的存在。南云下令各舰停止装炸弹，飞机再次送回机库重新改装鱼雷，日本航空母舰的甲板上一

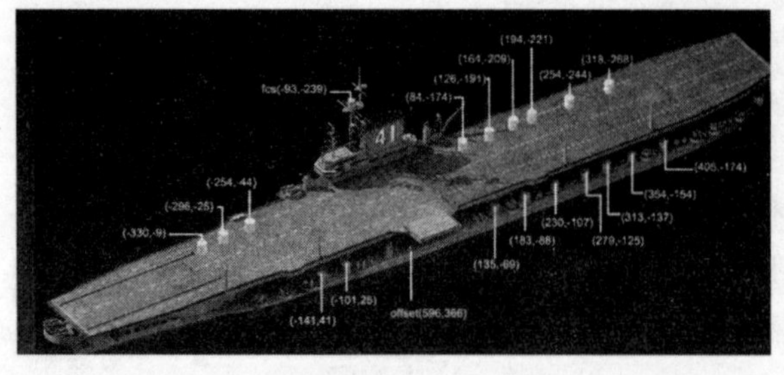

▲日军中途岛级航母示意图

片混乱，为了争取时间，卸下的炸弹，都堆放在甲板上。

8时30分，空袭中途岛的第一攻击波机群返航飞抵日本舰队的上空。还有那些保护航空母舰的战斗机也需要降落加油。南云处于进退维谷的境地。第二航空母舰战队司令山口海军少将向南云建议“立即命令攻击部队起飞”。第二批突击飞机换装鱼雷还没有完成，如果马上发动进攻，也没有战斗机护航。而且舰上的跑道被起飞的飞机占用，那么油箱空空的第一攻击波机群会掉进海里。南云决定把攻击时间推迟，首先收回空袭中途岛和拦截美军轰炸机的飞机，然后重新组织部队进攻美军特混舰队。

8时37分，返航的飞机开始相继降落在四艘航空母舰飞行甲板上。

9时18分，全部飞机的作业完毕。南云命令舰队以30节的航速向北航行，以避开再来攻击的美机，准备全力进攻美军特混舰队。

9时20分，掩护日本舰队的战斗机开始起飞。

9时25分，一队由“大黄蜂”号起飞的15架“复仇者”式鱼雷轰炸机组成的编队发现了南云舰队。不幸的是，他们的燃油即将耗尽，而且没有战斗机护航。在自杀式攻击中，被零式战斗机和高射炮火全部击落，30名飞行员除1人生还外全部遇难。

9时30分，从“企业”号、“约克镇”号起飞的28架美军战机陆续尾随而来，向“苍龙”号和“飞龙”号展开攻击。然而在攻击南云舰队的时候遭到重创，损失了20架鱼雷轰炸机，美机所投鱼雷竟无一命中。

中途岛10时20分，由102架飞机组成的日军舰载机攻击队此时也已排列就绪。正当日军战斗机在低空忙着驱赶美军鱼雷机时，南云舰队的上空出现了33架由克拉伦斯麦克拉斯基少校率领从“企业”号起飞的无畏式俯冲轰炸机。此时，日舰正在掉头转到迎风的方向，处于极易受攻击的境地，甲板上到处是鱼雷、炸弹及刚加好油的飞机，这正是美军求之不得的有利时机。

▼美军航母

10时24分，第一架日本战斗机飞离飞行甲板时。“企业”号的33架“无畏”式俯冲轰炸机，分成2个中队分别攻击“赤城”号航空母舰和“加贺”号航空母舰，接踵而来的是17架从“约克镇”号航空母舰上起飞的“无畏”式俯冲轰炸机则专门攻击“苍龙”号航空母舰。日军的3艘航空母舰刹那间变成了3团火球，堆放在甲板上的等待起飞的飞机以及燃料和弹药引起大爆炸，火光直冲云霄，短短的5分钟，日本3艘航空母舰被彻底炸毁了。

10时40分，接替指挥空中作战的日第2航空战队司令官山口多闻少将发动反击，18架由“九九”式俯冲轰炸机和6架零式战斗机组成的攻击编队从“飞龙”号航空母舰起飞。飞向目标途中，发现了一批正在返航的美军轰炸机，便悄悄地尾随。就因如此，日机找到了“约克镇”号，并立即发动攻击。3颗炸弹命中“约克镇”号，虽然遭到破坏，但是在美军船员的极力抢修下，恢复了航行功能。

11点30分，南云中将及其幕僚转移到了“长良”号巡洋舰，开始集合残余的舰队。

13时40分，10架日军“九七”式鱼雷攻击机和6架零式战斗机又从“飞龙”号飞来，对受伤的“约克镇”号发起了第二次攻击。“约克镇”号这次就没那么幸运，被两枚鱼雷击中，左舷附近掀开两个大洞，并把舰舵给轧住了。弗莱彻少将被迫转移到巡洋舰，将指挥权移交给斯普鲁恩斯少将。

▲美军飞机与日舰激战

14时45分，美军侦察机发现日军“飞龙”号航空母舰，斯普鲁恩斯立即命令“企业”号、“大黄蜂”号航空母舰的30架“无畏”式俯冲轰炸机起飞，去攻击“飞龙”号。

15时00分，美军“约克镇”号的舰长巴克马斯特被迫下令弃舰。然而，它却并没有沉没，于是美军又回到该舰上，试图由拖船拖向珍珠港。

16时45分，美军“企业”号航空母舰的俯冲轰炸机成功地攻击了日军剩下的“飞龙”号。“飞龙”号当即命中4弹，船上一片火海。山口司令官和舰长加来止男随舰葬身大海。

中途岛6月4日19时，已经被摧毁的日军“苍龙”号、“加贺”号航空母舰先后沉没。

6月5日2时55分，日本联合舰队司令山本五十六大将否决了其首席参谋黑岛大佐提出的集中全部舰只在白天轰炸并登陆中途岛的挽回败局的方案，下令：“取消中途岛的占领行动。”并表示“所有责任由我一个人来担当，我回去向天皇陛下请罪。”他

▲美军战机在进攻

把自己关进会客室，一连3天拒绝会见部下。6月5日夜间，日军两艘重巡洋舰“最上”号和“三隈”号在浓雾中转向时互撞，“最上”号重创，“三偎”号留下陪伴左右。

3时50分，被摧毁的“赤城”号航空母舰被日军驱逐舰发射的鱼雷击沉。

5时10分，无法挽救的“飞龙”号航空母舰被日军驱逐舰发射的鱼雷击沉。

6月5日天亮，美军飞机一波又一波地轰炸负伤的日军巡洋舰“三偎”号、“最上”号。“三偎”号葬身海底，而重伤的“最上”号反而逃过大难，挣扎着回到特鲁克的基地。攻击结束以后，美军特混舰队随即撤离战场。

13时00分，日军I-168号潜艇发现了“约克镇”号，随即发射4发鱼雷，2发命中“约克镇”号，1发命中护航的“哈曼”号(DD-142 USS Hammann)驱逐舰，两舰相继沉没。

至此，中途岛之战宣告结束。

战役结果及意义

中途岛战役美军只损失一艘航空母舰、1艘驱逐舰和147架飞机，阵亡307人；而日本却损失了4艘大型航空母舰、1艘巡洋舰、330架飞机，还有几百名经验丰富的飞行员和3 700名舰员。日本海军从此走向了失败。为了掩盖自己的惨败，避免挫伤部队的士气，6月10日，日本电台播放了响亮的海军曲，并宣称日本已“成为太平洋上的最强国”。当惨败的舰队疲惫不堪地回到驻地时，东京竟举行灯笼游行以庆祝胜利。美国海军首脑事后评价道：“中途岛战斗是日本海军350年以来的第一次决定性的败仗。

它结束了日本的长期攻势，恢复了太平洋海军力量的均势”。同时，此战还给日军高层造成了难以愈合的创伤，这一痛苦的回忆直到第二次世界大战结束后一直挥之不去，使他们再也无法对战局做出清晰的判断。

▲被击中的战斗机

美国著名海军历史学家塞缪尔·莫里森把美国海军在中途岛海战中的胜利称之为“情报的胜利”。美国海军提前发觉日本海军的计划，是日本海军失利的唯一最主要的原因。但许多军事家认为：日本海军坚持以战列舰作为海战决战的决定性力量，把航空母舰当作辅助性力量使用，忽略了航空兵力的作用是导致失败的最终结果。

日本海军计划最明显的失误是分散部署兵力，联合舰队各部队在相隔很远的距离上单独作战，而美国海军最大限度地集中部署兵力。联合舰队的优势被削弱了。日军计划另一个失误是，进攻中途岛本来是诱使敌舰队决战，可却给航空母舰套上支持占领中途岛的任务，并一相情愿的认为在中途岛受到攻击以前，敌舰队不会离开其基地。日军侦察搜索计划同样不利，最后导致南云遇到进退维谷的难题和来回换装鱼雷、炸弹的尴尬局面。

中途岛海战改变了太平洋地区日美航空母舰实力对比。日军仅剩大型航空母舰2艘、轻型航空母舰4艘。从此，日本在太平洋战场开始丧失战略主动权，战局出现有利于盟军的转折。

◀中途岛战役

瓜达尔卡纳尔岛战役

日本军队于1942年1月攻占所罗门群岛，试图以此为基地向南进攻澳大利亚。8月，美国军队在瓜达尔卡纳尔登陆，两军进行了一场也许是第二次世界大战中最惨烈的瓜达尔卡纳尔战役。瓜达尔卡纳尔战役是太平洋战争中的一场重要战役。

战役背景

1941年12月7日珍珠港事件后，日本迅速在太平洋中扩充势力，并计划在1942年5月上旬实行莫尔比兹港作战，6月上旬实行中途岛作战，7月实施旨在切断美澳交通线的攻占新喀里多尼亚、斐济、萨摩亚群岛的作战（FS作战）。中途岛作战失败后，FS作战于1942年7月11日取消，同时制订一个新的作战，计划在新几内亚北部登陆，翻过欧文斯坦利山脉，攻占莫尔比兹港。为了掩护行动的侧翼，日军在6月16日起在瓜达尔卡纳尔岛兴建机场，到7月中旬基本完成。

同时，美国参谋长联席会议下达了“瞭望台作战”计划，希望夺取圣克鲁斯岛，图拉吉岛及其附近的要地，最终夺取新不列颠岛、新爱尔兰岛及新几内亚。尼米兹得悉日军修建机场后，便于7月10日决定先攻占图吉拉岛及瓜达尔卡纳尔岛。

▼瓜达尔卡纳尔岛风景

美军登陆瓜达尔卡纳尔岛

1942年8月6日傍晚，在南太平洋舰队的护送下，美国海军陆战队第1师乘坐23艘运输船朝瓜达尔卡纳尔岛急进。为登陆部队护航的有8艘巡洋舰及一个驱逐舰警戒群，由英国皇家海军克拉加利少将指挥。空中支援编队是“萨拉托加号”“黄蜂”号及“企业”号3艘航空母舰、战列舰“北卡罗来纳”号

瓜达尔卡纳尔岛

瓜达尔卡纳尔岛是所罗门群岛的主岛，所罗门群岛于3万年前已被来自新几内亚的美拉尼西亚人占据。1568年，西班牙航海家佩德罗·萨米恩托和门达尼亚·德发现了圣经所载的所罗门王的宝藏，于是将该群岛命名为所罗门群岛。1885年，德国占领了所罗门群岛的北部；1893年，英国占领了所罗门群岛南部余下的岛屿，并把首府设在图拉吉岛。1900年，英德双方达成协议，英国放弃在萨摩亚的权利，以换取除布干维尔岛之外的全部所罗门群岛，是为今日所罗门群岛的版图全部。

▲参与海战的日战列舰

及重巡洋舰5艘、轻巡洋舰一艘、驱逐舰16艘、油轮3艘组成，由美国海军诺依斯少将指挥。以上兵力由弗莱彻中将任战术战挥，戈姆利中将任战略战挥。其中4艘运输舰和4艘驱逐舰开往图拉吉岛。由于乌云密布，日军侦察机未能观察海面。

8月7日上午6时40分，3艘重巡洋舰和4艘驱逐舰同时向瓜岛登陆地点“蓝滩”和图拉吉岛的“红滩”开火。30分钟内，所有运输船进入阵地，开始登陆。8时50分，指挥官发出信号登陆成功。同日下午、盟军占领瓜岛机场。

同时，日本得悉盟军的行动后，决定在当夜派出第25航空战队及由三川中将的第8舰队司令支援瓜岛上的日军。

瓜达尔卡纳尔岛海战

8月9日上午1时，美军弗莱彻中将决定撤离航母编队，同时日军第8舰队正扑向瓜岛，双方于萨沃岛附近交战。基于盟军的种种失误，以及没有航母舰队保护，盟军南区舰队顿时失去战斗力。1小时后，盟军北区舰队亦失去战斗力。日军第8舰队亦因为有战舰损毁而撤退。这场海战，盟军有4艘巡洋舰及数艘驱逐舰被击沉，1 270人死亡。

日军撤退

为了夺回瓜达尔卡纳尔岛及替岛上士兵补给，山本五十六决定在离瓜达尔卡纳尔岛不远的蒙达岛修建机场。12月3日，美军发现日军行动，于6日、8日、13～20日，美军对该机场实施空袭，成效不大。美军遂于1943年1月5日凌晨以第67特混编队进行炮击，机场被摧毁，日军无法得到补给。岛上盟军攻占奥斯腾山后亦只进行防守。1943年1月，日军决定撤退。期间，日军组织了3次撤退，共撤走陆军9 800人，海军830人。1943年2月9日16时25分，盟军完成占领瓜达尔卡纳尔岛的任务。

影响

日军战败后退出了新几内亚东北海岸的布纳及戈纳，放弃占领莫尔比兹港的企图。随着瓜岛战役的失败，日军损失的不仅仅是瓜岛，舰艇和飞机的惨重损失，此战还大大削弱了日军的战略防御力量，对战争的发展进程有着巨大的影响。从此盟军由战略防御转变为战略进攻，日军由战略进攻转变为战略防御，战略主动权已完全掌握在盟军手中。

▼蒙达岛海景

斯大林格勒战役

斯大林格勒战役，又称斯大林格勒会战，是第二次世界大战中苏联伟大卫国战争的主要转折点，也是人类历史上最为血腥和规模最大的战役之一。参战主要军队为苏联和纳粹德国。这次会战从 1942 年 7 月 17 日开始，1943 年 2 月 2 日结束，历时 6 个半月。战役以参战双方伤亡惨重及对平民牺牲的漠视而成为人类战争史上的著名战役。

▲斯大林

战役背景

1941 年 6 月 22 日，纳粹德国及其轴心国盟军发动“巴巴罗萨计划”，悍然入侵苏联，苏德战争爆发。德军闪电般地占领了苏联西部大片领土。在 1941 年夏秋季遭受了一连串打击的苏军在当年 12 月进行的莫斯科保卫战中取得了首次胜利。过度消耗的德军由于缺乏应付冬季的战争装备和稳定的供应线，在莫斯科城下遭受了严重打击，并在部分地区遭到反攻。

1942 年春天，漫长的苏德战线相对稳定了下来，但双方都在厉兵秣马，准备更大规模的战役，以争夺战略主动权。鉴于德军已无力发动全线进攻，德军最高统帅部希望攻击苏联意想不到的战略方向以求获得快速的成效。陆军总参谋长哈尔德将军建议，如果再要发动攻势，就应针对莫斯科。然而希特勒认为攻击莫斯科目标过于明显，并且中央集团军群已经受到了很大削弱，德军应放弃再次进攻莫斯科的计划。德国开始筹划集中兵力在北部和南部战线发动新一轮局部攻势。由于美国在遭到珍珠港偷袭之后对日本宣战，德国意识到时间颇为紧迫。希特勒希望能够在美军有机会加入欧洲战场之前结束东线战争或尽可能削弱苏联。由于苏联南部地区有支撑苏联战争机器的高加索油田，联系中亚地区的伏尔加河以及大片农田，因此德国希望能够挺进这个区域，尽可能地削弱苏联的经济和战争潜力。

▼战前斯大林格勒近郊图

向斯大林格勒前进

1942年4月5日，希特勒发布战争密令。目标是最终歼灭苏军残存的有生力量，尽可能多地夺取它的最重要的战争经济资源。为此，应投入德国国防军和盟军的一切可供使用的力量。但同时，无论如何应保障欧洲西部和北部占领区海岸的安全。

▲1945年5月，朱可夫视察被苏军攻克后的柏林

为实施上述战略意图，德国对南线兵力进行了重组，撤销了原南方集团军群番号，新组建了A、B两个集团军群。A集团军群由利斯特元帅指挥，下辖克莱斯特上将的第1装甲集团军和鲁夫上将的第17集团军，由空军第4航空队进行空中支援，其任务是攻占高加索地区；B集团军群由包克元帅指挥，下辖霍特上将的第4装甲集团军、魏克斯上将的第2集团军和保卢斯上将的第6集团军，由空军顿河地区航空队进行空中支援，其任务是攻占斯大林格勒，掩护A集团军群的北翼。在A、B两个集团军群的后方，又有第二线兵力，由匈牙利第2集团军、意大利第8集团军和罗马尼亚第3集团军组成。此外，在克里米亚地区，还有曼施泰因上将的第11集团军和罗马尼亚第4集团军。总兵力计60个德国师，其中10个装甲师、6个摩托化师，另外还有43个师的附庸国部队。

按照希特勒的要求，德军最高统帅部拟定了1942年夏季南方作战计划，代号“蓝色行动”。其主要内容是：利斯特A集团军群以克莱斯特第1装甲集团军为左翼，鲁夫第17集团军为右翼，分别从哈尔可夫南面和塔甘罗格北面向东和东南方向进攻，占领顿河下游的罗斯托夫，向南进军以控制高加索地区的油田；包克B集团军群以霍特第4装甲集团军和魏克斯第2集团军为左翼，保卢斯第6集团军为右翼，分别从库尔斯克南面和哈尔可夫北面向东和东南方向突击，占领顿河上游的沃罗涅日，向斯大林格勒前进。

▼战场上的苏军

苏军最高统帅部同样也在加紧准备1942年夏季战役。斯大林及苏军最高统帅部判断，1942年夏季，德军可能在莫斯科方向和南方发动大规模的进攻，并以莫斯科为主要突击目标。因此，苏军最高统帅部决定将预备队的大部分兵力集中在莫斯科方向。苏军的战略意图是：近期进行积极的战略防御，但同时必须在克里米亚、哈尔科夫地区、利戈夫—库尔斯克方向，斯摩棱斯克方向以及列宁格勒和杰米扬斯克地域实施一系列进攻战役。在讨论具体作战计划时，斯大林对西南方向总司令铁木辛哥元帅提出的西南方向进攻计划很感兴趣也全力支持。苏军总参谋长沙波什尼科夫元帅却表示总参谋部不同意这一计划，并说大本营不能，也没有足够的预备队提供给西南方向。斯大林立即打断了他的话，说："我们岂能坐等德寇首先突击！必须在宽大的正面上先敌实施一系列的突击，这样才能摸清敌人的准备情况。我看，朱可夫提出的在西方方向上展开进攻，而在其他方向上实施防御，我认为这是个不彻底的治标办法。"最后，斯大林批准了铁木辛哥以西南方向兵力先敌实施哈尔可夫进攻战役的计划。该计划规定，从沃尔昌斯克地区和巴尔文科实施向心突击，一举夺取哈尔可夫并为解放顿巴斯创造条件。

▲德军战地小分队

德军对苏联南部城市斯大林格勒的大规模轰炸行动

1942 年 5 月 8 日，德军首先在克里米亚发起了攻势，1 周后占领了刻赤半岛，俘虏苏军 17 万人。7 月 4 日，守卫塞瓦斯托波尔要塞的近 10 万苏军被迫向德军投降，德军占领了整个克里米亚。5 月 12 日，当刻赤半岛正在激战之际，苏联分别从哈尔可夫的东北和东南两面向哈尔可夫发起进攻。进攻开始时发展顺利，突破了德军防御，并在 3 昼夜内前进了 25 ~ 50 公里。斯大林很高兴，并据此谴责总参谋部，说险些因为总参谋的固执己见而取消了一次如此顺利的战役。但斯大林没能高兴多久。5 月 17 日，德军从哈尔可夫南面向苏军侧翼发起反攻，并于 5 月 23 日合围了苏南方方面军、西南方面军和博布金战役集群。至 5 月 29 日，被围苏军大部被歼。第二次哈尔可夫战役拉开了斯大林格勒会战的序幕。德军旗开得胜，希特勒信心倍增；苏军损失惨重，斯大林懊悔莫及。

1942 年 6 月 28 日，包克 B 集团军群左翼霍特第 4 装甲集团军和魏克斯第 2 集团军突然从库尔斯克东北向东攻击，直指顿河上游的沃罗涅日。6 月 30 日，右翼保卢斯第 6 集团军也从哈尔科夫东北发起了进攻，向东南挺进，以斯大林格勒为目标。7 月 2 日，霍特第 4 装甲集团军的前锋已逼近沃罗涅日。但希特勒突然改变了计划，决定不占领该城，他命令霍特在获得第 2 集团军的接替后，迅速转向南面沿顿河向斯大林格勒前进。包克元帅却想占领沃罗涅日，以彻底歼灭该地域内的苏布良斯克方面军主力，这使希特勒大为恼怒，当即撤销了包克老元帅的 B 集团军群司令之职，由第 2 集团军司令魏克斯上将接任，第 2 集团军司令则由萨姆斯将军继任。南面高加索方向，利斯特 A 集团军群于 7 月 9 日发起进攻。其左翼克莱斯特第 1 装甲集团军从哈尔可夫南面向顿涅兹河北岸进击。

鲁夫第 17 集团军则从塔甘罗格北面向伏罗希洛夫格勒进攻。同时，匈牙利第二军团和第四装甲军团也对佛罗尼斯发动了突袭，并在 7 月 5 日攻陷该城。

▲苏军官兵在组织反击

德军的进攻非常成功，苏联军队在空旷的大草原上很难进行有效的抵抗，虽然苏军曾试图巩固防线，但由于刚在哈尔可夫之战中吃过德军合围的亏，苏军的许多部队生怕再陷入包围，仓皇向东后撤了 100 ~ 300 公里，德军侵入顿河大弯曲部。哈尔德在 7 月 16 日的日记中写道："在第 1 装甲集团军从西面，第 4 装甲集团军从北面的夹攻之下，敌军分成了几个集团，分别向各个方向逃窜，此时，在这个混战地区之东，大德意志和第 24 两个装甲师，正在向顿河赛跑，一路都不曾受到敌人的严重抵抗。"

然而，第 6 集团军在战役初期就取得令人满意的战果使希特勒再次改变了计划。他认为攻占斯大林格勒无须那么多兵力，遂于 17 日命令霍特第 4 装甲集团军从斯大林格勒方向南下，转隶 A 集团军群，以支援克莱斯特第 1 装甲集团军强渡顿河下游。这样，斯大林格勒方向的进攻部队就只剩下了保卢斯的第 6 集团军，而第 6 集团军的机动力量却又有赖于第 4 装甲集团军的合作。由于当地公路狭窄并且数量不多，导致了第 4 装甲军团与第 6 集团军陷入了交通的阻塞。两个军团为了疏导路面数以千计的车辆，不得不陷入停滞。这次迟延造成了很大的损失，使进攻至少推迟了 1 个星期，未能一举突入斯大林格勒。对此，英国军事史学家富勒写道："和 1941 年一样，因为分散了兵力，希特勒自己毁灭了他的战役。1941 年，他因为调动古德里安的装甲兵团去参加基辅会战，才使他未能攻下莫斯科。这一次又是因为调动了霍特的装甲集团军，从顿河中游到下游去，结果遂使他未能攻克斯大林格勒。"利德尔·哈特也在其《战略论》中写道："假使朝斯大林格勒方向进攻的第 4 装甲集团军，不分兵向南，以协助第 1 装甲集团军在攻向高加索的路程上，作渡过下顿河的企图，那么在 7 月间，德军也许早已轻松地攻占了斯大林格勒……而等到第 4 装甲集团军再回转过头向北进攻的时候，俄国人在斯大林格勒已集中兵力，严阵以待了。"

▼战场上的德军士兵

保卢斯的第 6 集团军继续向斯大林格勒前进。该集团军辖有 6 个军，其中两个装甲军，计 14 个师约 27 万人，近 500 辆坦克，3 000 门火炮和迫击炮，由第 4 航空队 1 200 架作战飞机进行支援。

斯大林格勒原名察里津，1918

年后改称斯大林格勒。它位于伏尔加河下游西岸，距顿河大弯曲部约60公里。伏尔加河与顿河成“儿”字形，左边一画是顿河，向西南注入亚速海，右边一画是伏尔加河，向东南注入里海。斯大林格勒是苏联南部的政治、经济、文化中心，水陆交通的中转站，也是来自高加索的石油转运站和重要的军事工业基地，具有重要的战略意义。另外，因为它叫斯大林格勒，所以斯大林决心要守住这个城市。

苏军最高统帅部开始逐渐明确德军的意图，决心在斯大林格勒组织坚守。为此，苏军于7月12日在西南方面军原有基础上组建了由铁木辛哥元帅为司令员（7月23日起改由戈尔多夫中将接替）的斯大林格勒方面军，担负斯大林格勒方向的防御任务。其编成内有从苏军战略预备队调来的第62、第63、第64集团军和原西南方面军的第21、第28、第38、第57集团军残部，第13、第22、第23坦克军，以及空军第8集团军、海军伏尔加河区舰队。斯大林格勒方面军实际的力量计12个师，约16万人、2 200门火炮和迫击炮、近400辆坦克、飞机454架。其任务是固守巴甫洛夫斯克至库尔莫亚尔斯卡亚的长约530公里、纵深为120公里的防御地带。

德军攻入市区

1942年7月17日，苏德双方在斯大林格勒接近地展开了激烈的交战，会战正式开始。德军第6集团军在保卢斯上将的指挥下，以第8步兵军和第14装甲军为北突击集团，以第51步兵军和第24装甲军为南突击集团，对苏军62集团军实施包围，并向卡拉奇方向发展进攻。同时，以部分兵力向苏军第64集团军发起佯攻，以吸引苏军的注意力。7月23日，德军突破苏军第62集团军右翼防线，合围了该集团军的2个师，前出到斯大林格勒西面的顿河河岸。7月25日，德军对由苏军第64集团军的右翼阵地发起攻击，企图在卡拉奇附近强渡顿河。次日，苏64集团军被迫退过顿河。斯大林再也按捺不住对年迈的铁木辛哥元帅的失望，撤销了他斯大林格勒方面军司令员的职务，由第64集团军司令戈尔多夫中将接任，并派总参谋长华西列夫斯基上将作为最高统帅部代表前往斯大林格勒协助指挥战事。斯大林还决定将预备队的坦克第1和第4集团军火速调往斯大林格勒地域，又从远东调来10个师加强斯大林格勒的防御。随后，为了增强斯大林格

▼斯大林格勒被德军轰炸

▲斯大林格勒郊外美景

勒守军的斗志，斯大林于7月28日发布了第227号命令，凡是不服从命令而离开战斗岗位或者撤退的军人都将被枪毙，并严厉要求苏军部队“绝对不许后退一步！”7月25、27日，苏军以刚开来的坦克第1和第4集团军进行反突击。德第6集团军由于缺少装甲兵力的支援，被迫转入防御态势。

7月30日，希特勒又作了一个影响命运的决定。他宣布：“因为高加索的命运是将要在斯大林格勒决定，所以由于这个会战的重要性，遂有从A集团军群抽调兵力以增强B集团军群之必要。”于是，霍特的第4装甲集团军又归还给B集团军群，并于8月1日奉命沿科捷尔尼科沃—斯大林格勒铁路向东北方向进击，当天迅速突破了苏第51集团军的防线，占领了蒙特纳亚。8月3日，霍特攻占了科捷尔尼科沃，接着又于5日突破了苏第64集团军的防御，前出到阿勃加涅罗沃地域，但之后遭到了苏军越来越顽强的抵抗和反击，霍特只好放弃了独立攻占斯大林格勒的想法，于8月9日转入守势。

8月5日，苏军最高统帅部决定将斯大林格勒方面军改组为东南、斯大林格勒两个方面军，由华西列夫斯基上将统一指挥。东南方面军由叶廖缅科上将指挥，编成内有第64、第57、第51集团军，以及坦克第1集团军、坦克第13军和空军第8集团军。斯大林格勒方面军仍由戈尔多夫中将指挥，编成内有第21、第62、第63集团军，以及坦克第4集团军、坦克第28军和空军第16集团军。

8月19日，保卢斯和霍特重新发起了进攻。保卢斯第6集团军从斯大林格勒西北面的特列赫奥斯特罗夫卡亚向东南攻击，22日突破苏第62集团军在韦尔加奇和彼斯科瓦特卡地段的防线，强渡顿河，占领了卡拉奇，23日第14装甲军推进到斯大林格勒北郊的叶尔佐夫卡地域，前出到伏尔加河，将苏第62集团军与斯大林格勒方面军主力分割开来。霍特第4装甲集团军从南面的阿勃加涅罗沃地区向北进攻，突破了苏第64集团军的防御，29日进至城南的加夫里洛夫卡地域，其前锋已前出到京古塔车站。9月2日，保卢斯第6集团军右翼与霍特第4装甲集团军左翼在旧罗加奇克地区取得了联系。与此同时，德军第4航空队出动飞机几百架，入夜又出动2 000架次飞机对斯大林格勒进行狂轰滥

▼这位勇士是千万名为保卫斯大林格勒而浴血奋战的战士之一

炸，战后英国出版的《第二次世界大战史》一书对此评述道：“这是一次纯粹的恐怖袭击，其目的是尽可能多地屠杀和平居民，压垮苏军，瓦解士气，散布恐慌气氛”。

鉴于斯大林格勒异常严峻的形势，斯大林决定给朱可夫一个副最高统帅的头衔，赶到斯大林格勒前线坐镇指挥，并决定立即调拨第24、第66集团军和近卫第1集团军开赴斯大林格勒。8月29日，朱可夫飞到斯大林格勒，立即着手组织第24、第66集团军和近卫第1集团军的反击行动。9月3日，斯大林致电朱可夫：“斯大林格勒的形势恶化了。敌人距斯大林格勒3俄里*。如果北部集团部队不立即援助，斯大林格勒就有可能在今天或明天被攻占。应要求位于斯大林格勒以北和西北的各部队司令员立即突击敌人和援助斯大林格勒的军民。不得有任何迟缓。现在迟延就等于犯罪。应将全部飞机用于援助斯大林格勒。斯大林格勒剩下的飞机很少了。”

9月5日拂晓，朱可夫将3个新锐集团军投入反击。激烈的战斗持续到傍晚，苏近卫第1集团军才前进了2～4公里，而第24集团军几乎仍停留在原阵地。当晚，斯大林以强硬的口气命令朱可夫：“继续冲击，你们的主要任务是把尽可能多的敌人调离斯大林格勒。”

9月6日，苏军再次发起冲击，但是，这次冲击又一次被德军击退了。9月10日，苏军试图从北面实施突击，恢复同第62集团军的联系，又遭到失败。

9月12日，苏军撤至市区围廓，外围防御地带已全部丧失。斯大林召集朱可夫和华西列夫斯基开会，讨论斯大林格勒的局势，一致认为：“必须寻求另一种解决办法。”

在高加索方向，利斯特A集团军群以高速前进。8月9日，克莱斯特第1装甲集团军占领了梅柯普油田。8月22日，克莱斯特的士兵在海拔18 526英尺的厄尔鲁斯山峰上升起了第三帝国的万字旗。8月25日，克莱斯特部又攻占了莫兹多克，距格罗兹尼四周的苏联最大产油中心只有50英里，距里海也只有100英里。8月31日，希特勒要求A集团军群司令利斯特元帅倾其所有的力量向格罗兹尼作最后进攻，尽快拿下油田。但德军冲击力迅速下降，进展缓慢。9月9日，希特勒免去了利斯特元帅的A集团军群司令的职务，由第1装甲集团军司令克莱斯特上将接任，第1装甲集团军司令则由麦肯森将军继任。克莱斯特上任后，虽然竭尽全力，也无法再前进一步。因为冲击力丧失的主要原因是缺乏燃油。克莱斯特说：“因为黑海航路相当不安全，所以我们的补给大部分是必须从罗斯托夫‘瓶’用铁路运来，有一

▼苏军在组织反击

*俄里为非法定计量单位，1俄里＝1.06千米。

▲斯大林格勒战役巷战效果图

部分是靠空运，但其总量还是不足以维持前进的动量。”

9 月 12 日，希特勒从东普鲁士飞抵乌克兰的文尼察，召见了 B 集团军群司令魏克斯上将和第 6 集团军司令保卢斯上将，命令他们于 9 月 13 日对斯大林格勒发起新的进攻，并决定从高加索方向抽调 9 个师加强给第 6 集团军。希特勒强调：“要尽快把那座城市拿到自己手里，不要让它变成人们长期瞩目的焦点，更不能让它牵扯我们更多的精力。要知道，德国要做的事情还多着呢。”

城内的激烈巷战

9 月 13 日，德军开始攻城。保卢斯第 6 集团军担当主力，从城北实施猛烈突击。霍特第 4 装甲集团军则从城南推进，策应保卢斯在城北的主攻。苏军崔可夫中将指挥的第 62 集团军和舒米洛夫少将指挥的第 64 集团军受领了保卫斯大林格勒市区的任务。14 日，德军从城北突入市区，与苏第 62 集团军展开了激烈的巷战，双方逐街逐楼逐屋反复争夺。斯大林格勒变成了一片瓦砾场，城中 80% 的居住区被摧毁。在满是瓦砾和废墟的城中，苏联第 62 集团军顽强抵抗，在城中的每条街道，每座楼房，每家工厂内都发生了激烈的枪战。攻入城中的德军死伤人数不断增加。尽管德军对伏尔加河东岸进行频繁的轰炸，但是苏军还是从那里不断得到的补给和支持。刚刚赶赴城中的红军战士的平均存活时间不超过 24 个小时。德军的主要战术是各兵种联合作战，非常重视步兵、工程部队、炮兵和空军的地面轰炸的协调。为了对抗这种战术，苏军指挥官采取了贴身紧逼的策略，尽量将己方的前线与德军贴近。这样导致了德军的炮兵部队无法发挥远程攻击的优势。

9月15日，德军对名为马马耶夫高的地实施重点突击。该高地是斯大林格勒城中的制高点，从这里可以俯瞰和控制全城，崔可夫中将的第62集团军司令部即设在这里。经过一天最为残酷的战斗，德军占领了马马耶夫高地，但在16日，苏近卫第13师渡过伏尔加河进入斯大林格勒，突然向德军发起反冲击，又夺回了该高地。9月25日，德军占领了市中心，27日冲进了北部工厂区，并重新占领了马马耶夫高地，但在29日又被苏军夺回。以后的战斗更加激烈，两方军队不断地交替占领这片高地。苏军在一次反攻中，竟然在一天之内牺牲了1万名士兵。德第6集团军的一位叫汉斯·德尔的军官在《进军斯大林格勒》一书中写道："敌我双方为争夺每一座房屋、车间、水塔、铁路路基，甚至为争夺一堵墙、一个地下室和每一堆瓦砾都展开了激烈的战斗。其激烈程度是前所未有的，甚至第一次世界大战也不能相比。我们早晨攻占了20米，可是一到晚上，俄国人又夺了回去。"

两军对火车站反复争夺达13次之多。在一个大粮食仓库里，两军的士兵非常接近，甚至能够听到对方的呼吸声，经过数个星期的苦战，德军不得不从这个仓库撤走。在城中的另一个部分，由扬科夫·巴甫洛夫指挥的一个小分队（共计6人）占据了城中心的一座公寓楼，并顽强地进行抵抗。士兵们在大楼附近埋设了大量地雷，并在窗口安设了机枪，还将地下室的隔墙打通以便通信。这座顽强的堡垒后来被苏联人骄傲地称为"巴甫洛夫大楼"（最后仅剩一堵墙还留到现在，上面雕刻着士兵抵抗的画面，右上角刻着58以表明他们6人坚守了58天）。

▲德军进入被轰炸后的市区

由于德军无法看到战斗结束的迹象，便开始调遣包括600毫米迫击炮等重装甲部队开入城内。然而在伏尔加格东岸的苏联火炮部队将德军置于其炮火笼罩之下。而城中的红军防御部队仍然利用废墟进行战斗。由于城内布满了高达数米的瓦砾堆和废弃建筑，德国的坦克部队毫无用武之地，而且即使坦克能够前进，也会遭遇在楼顶的苏军反坦克武器。此外，苏联的狙击手非常成功地利用废墟作为掩体，给德军造成了极大伤亡。最为成功的一名狙击手到11月20日为止已经击毙了224个敌人，另外一名狙击手也创造毙敌149人的纪录。

对于斯大林和希特勒来说，斯大林格勒战役都是事关成败的关键一战。苏军指挥部将战略重点从莫斯科转移到了伏尔加河地区，并且调动了全国所有的空中力量支持斯大林格勒。两方部队的指挥官都承受着巨大的压力。德军的指挥官保卢斯得了眼部肌肉痉挛的疾病，而崔可夫也在不见日光的地下室司令部忍受着湿疹的折磨，以至于不得不将自己双手完全包扎起来。

此时，德军在苏联南部的战线是从库尔斯克和沃罗涅日起，通过斯大林格勒到莫兹多克，长达 1 250 英里以上。再加上从库尔斯克到列宁格勒之间的 800 英里，德军在苏联的战线全长已在 2 000 英里以上，而以德国的兵力和资源，根本就不足以维持如此长的战线。特别危险的是，从斯大林格勒沿顿河上溯至沃罗涅日共长 350 英里，竟毫无兵力。德国自己腾不出兵力来填补这个缺口，只得在这一线部署了附庸国的 3 个集团军：匈牙利第 2 集团军在沃罗涅日南面；意大利第 8 集团军在东南面更远一些的位置；罗马尼亚第 3 集团军在斯大林格勒正西、顿河湾曲部的右侧。这使得战线拉得非常狭长，甚至在有些地段，只有一个野战排来防守整整 1 ～ 2 公里的防线。而苏军在伏尔加河南岸保留了几个攻击点，这对德军构成了潜在的威胁。希特勒并非不知道这些装备和战斗力都极差的附庸国部队是不足以担负这个任务的，但他却深信只要能迅速攻克斯大林格勒，则即可抽出足够的兵力。德国陆军参谋总长弗朗兹 · 哈尔德表示了忧虑和异议，认为斯大林格勒是不可陷入的，力主放弃这个作战，并向西撤退。希特勒当然不肯听从。结果，希特勒在 9 月底免去了哈尔德陆军总参谋长的职务，任命原驻法国的德军总司令库尔特 · 蔡茨勒上将为新一任陆军总参谋长。

▲苏军士兵逐屋争夺，将德军赶出斯大林格勒

9 月 28 日，苏军最高统帅部决定将斯大林格勒方面军改称顿河方面军，司令员为罗科索夫斯基中将；东南方面军改称斯大林格勒方面军，司令员为叶廖缅科上将；近卫第 1 集团军扩建为西南方面军，司令员图瓦京中将。副最高统帅朱可夫大将和总参谋长华西列夫斯基上将奉命秘密拟制反攻计划。

10 月份一个月中，斯大林格勒一直进行着激烈的巷战。苏军又有 6 个以上的满员师经伏尔加河进入斯大林格勒。德军逐屋战斗，从地面和地下的废墟中找路前进，所以也被称为“老鼠战争”，甚至开玩笑说“即使我们占领了厨房，仍然需要在客厅进行战斗。”这场会战已经变成了一个面子问题。对斯大林来说，是决不能让这座以自己名字命名的城市落入德军之手的。他亲自下令叶廖缅科上将，要求在任何情况下都要坚守该城。每一座房屋，只要有苏联军人，哪怕只有一个人，也要成为敌人攻不破的堡垒。而对希特勒来说，斯大林

▼苏军在打扫战场

▲德军官兵在市郊休整

格勒的精神价值已超过了其战略价值，非要攻陷它不可。当新任陆军总参谋长蔡茨勒将军小心地向他指出第6集团军北翼漫长的顿河战线面临着危险，建议将第6集团军撤到顿河河曲。希特勒严厉地回答说：“德国士兵到了哪里，就要守到哪里！”

经过3个月血腥的战斗至11月初，德军终于缓慢地推进到了伏尔加河岸，并且占领了整座城市80%的地区，将留守的苏联军队分割成两个狭长的口袋状，德军始终未能完全占领斯大林格勒。此外，伏尔加河开始结冰，导致苏联不能再通过船运送补给品给城中守军。尽管如此，马马耶夫高地附近的战斗和北部城区的工厂地带的战斗依然非常激烈。其中，红色十月工厂、拖拉机厂和街垒工厂的战斗为全世界所知晓。当苏联士兵与德军进行枪战的同时，工厂内的工人就在侧旁修复损坏的坦克和其他武器，有的时候甚至就直接在战场上修理武器。坦克由工厂的工人志愿兵驾驶。这些坦克往往直接从兵工厂的生产线上开到了战斗前线，甚至来不及涂上油漆和安装射击瞄准镜。德第6集团军司令官保卢斯的副官在这一天的战地日记中写道：“苏军在斯大林格勒市民的支援下实施反攻击。市民们也拿起了武器，表现得非常英勇。在战场上可以看到被打死的身穿工作服的工人，他们那已僵硬的手还握着步枪和手枪。在被击毁的战车驾驶舱里，坐着被打死的工人。类似这样的情况，我们从未见过”。眼看天气又要冷下来，希特勒要求几乎没有多少越冬物资储备的保卢斯在冬天来临之前拿下斯大林格勒。11月11日，保卢斯在斯大林格勒城区内，向苏军据守的阵地发动了最后一次大规模进攻。德军以5个步兵师、2个装甲师和2个工兵营在宽5公里的正面上发起强攻。战斗队形高度密集。一天之内，苏德两军为争夺每寸土地、每一座房屋，都进行了异常激烈的战斗，双方伤亡惨重。德军虽然在街垒工厂以南冲到了伏尔加河岸，但部队已疲惫不堪，其攻势已成强弩之末，保卢斯被迫于次日停止了进攻，休整部队。而几天后，苏军就发起了全线大反攻。

苏军红军反攻的“铁钳攻势”

苏军最高统帅部自9月底开始准备大反攻，负责斯大林格勒地区总体战略的红军统帅朱可夫开始向斯大林格勒秘密大规模集结兵力。至11月中旬，在斯大林格勒地域城外的南北两侧的苏军计3个方面军143个师110.6万人，计15 500门火炮和迫击炮，1 463辆坦克和强击火炮，1 350架飞机。

朱可夫的策略是将德军继续牵制在城内，然后通过打击德军虚弱的外侧来将德军包围在斯大林格勒市区。11月13日，斯大林批准了朱可夫和华西列夫斯基拟制的反攻计划，并亲自给这个计划取代号为“天王星行动”，这与针对德军中央军群的“火星行动”相呼应。该计划规定：西南方面军由图瓦京中将指挥，其任务是从顿河西岸的谢拉莫菲维奇和克利茨卡亚地域桥头阵地实施主攻，突破罗马尼亚第3集团军防御，直插顿河东岸的卡拉奇；斯大林格勒方面军由叶廖缅科上将指挥，其任务是从斯大林格勒南面向西北突击，突破罗马尼亚第4集团军防御，与西南方面军在卡拉奇会师，完成对德第6集团军的合围；顿河方面军由罗科索夫斯基中将指挥，其任务是从斯大林格勒西北面向东南实施辅助性突击，掩护西南方面军的主攻。反攻日期定为：西南方面军和顿河方面军为11月19日，斯大林格勒方面军为11月20日。

▲德军准备空袭物资

1942年11月19日，苏联红军开始实施天王星行动。图瓦京的西南方面军和罗科索夫斯基的顿河的方面军在纷飞的大雪中发起了反攻，瓦图京中将指挥的主攻部队包括整整3个军团（第1近卫军团，第5坦克军团和第21军团），一共由18个步兵师，8个坦克旅，2个摩托旅，6个骑兵师和1个反坦克旅组成。在进攻的前夕，罗马尼亚部队似乎已有所察觉，不断向总部要求增援，但是遭到德军总部拒绝。负责防卫德军第6军团侧翼安全的罗马尼亚第3军团，由于在数量上处于绝对劣势并且缺乏精良装备，仅仅在战斗发起一天之后，阵地便被苏军突破。很快，苏军向前推进了20多公里。

11月20日，叶廖缅科的斯大林格勒方面军也在南部转入反攻，突破了防卫该地区的罗马尼亚第4集团军的防线，主要由骑兵组成的罗马尼亚人迅速被歼灭。此后苏军迅速向北直趋卡拉奇。22日，西南方面军开始分批渡过顿河。23日，西南方面军和斯大林格勒方面军在卡拉奇会师，从而切断了德第6集团军的后方交通线，完成了对斯大林格勒的包围。至30日，苏军3个方面军将德第6集团军的第4、第8、第11、第51步兵军和第14装甲军计5个军22个师，罗马尼亚和意大利部队以及部分克罗地亚军队共约27万人合围在斯大林格勒1 500平方公里的地域内，第6集团军只有约5万人的部队被分割在包围圈之外。

▼朱可夫

当德军最高统帅部接到苏军发起反攻的消息后，陆军总参谋长蔡茨勒将军力劝希特勒下令保卢斯撤出斯大林格勒，他几乎已经把元首说服了。然而，空军司令戈林元帅却向希特勒保证说，他可以保证空军有能力通过“空中桥梁”为第6集团军的补给，要多少有多少。一年前在迭扬斯克包围圈中的成功空运纪录使得德军将领依然幻想通过强大的空军运输力量来维持第 6 集团军的战斗力。然而两次空投的最大区别就在于规模的不同。第 6 集团军几乎相当于普通德国集团军的两倍，另外，同时被包围的还有第 4 装甲集团军的一部分。事实证明德国空军根本没有提供如此大规模部队的供给的运输能力。在克里特岛战役后，德国空军的实力一直未能得到恢复，而且其每天 300 吨的运输上限也无法满足每天 700 吨的需求。但希特勒仍然支持了戈林的计划，希特勒遂下令保卢斯坚守阵地，第 6 集团军必须留在斯大林格勒，并命令他这个集团军今后改称“斯大林堡垒”集团军。空投计划很快就遭受失败。严酷的天气条件和苏军强大的防空炮火使得德军的“空中桥梁”无法得以维系。据统计，德军只得到 10% 左右的所需物资，而且这些运输飞机还要从包围圈中运送伤病员回到后方。第 6 集团军渐渐感受到饥饿的威胁。而在另一面，苏军在不断加强对斯大林格勒的包围圈，而且开始缩小包围圈的行动。

11 月 21 日，希特勒下令将曼施泰因元帅的第 11 集团军扩建为顿河集团军群，由曼施泰因元帅任司令，并把保卢斯第 6 集团军、霍特第 4 装甲集团军和罗马尼亚第 3、第 4 集团军交与他指挥。希特勒在命令中指示：“顿河集团军群当前的任务，就是使敌军的攻势停顿，并夺回原已失去的阵地。”这实际上是一个不可能完成的任务。曼施泰因认为，德军唯一成功的机会在于第 6 集团军从斯大林格勒向西南突围，霍特第 4 装甲集团军则从斯大林格勒以南的科捷尔尼科沃向东北进攻，夹击叶廖缅科的斯大林格勒方面军，然后再旋转过来攻击图瓦京的西南方面军的右翼。但 11 月 30 日，希特勒在一次公开演说中表示决不会从斯大林格勒撤退，并且再次强调被围困的部队决不能投降，而曼施泰因必须杀开一条血路，打到斯大林格勒。

▲战场上伤亡的军民

12 月 12 日，曼施泰因元帅怀着沉重的心情，发起了代号为“冬季风暴”的反攻。德军以霍特第 4 装甲集团军为先导，于 12 月 16 日突破了苏军第 51 集团军在阿克赛河上的防线。至 12 月 19 日，第 4 装甲集团军所属的第 57 装甲军已突进到离南面包围圈 30 英里以内的地方。此时，曼施泰因发现自己也有被数倍于己的苏军包围的危险。于是，他决定不顾希特勒的命令，下令保卢斯立即向南突围与第 4 装甲集团军会合。然而保卢斯在没有接到希特勒的直接命令之前，没有突围的意图，他以燃料不足为由拒绝了曼施泰因的命令，放弃了这最后一次机会。12 月 27 日，苏军发动强大反击将霍特第 4 装甲集团军击退 150 ~ 200 公里，终于使其退回了原来的阵地，迫使德军统帅部最后放弃解救被围集团的企图。曼施泰因的“冬季风暴”宣告失败。

俄罗斯严酷的冬季开始展现其恐怖的威力，天气更为恶劣，温度已降到零下 45 摄氏度。伏尔加河面的冰层逐渐变厚，因此苏军可以更加便利地补给己方部队。而包围圈中的德第 6 集团军的空运补给越来越少。它每日需 700 吨的补给量，而戈林实运到的，平均每天不到 100 吨。德第 6 集团军濒于弹尽粮绝的境地。口粮的分配已减到了能够维持生活的标准之下；炮兵的弹药开始感到缺乏；医药品和燃料都已经用尽；数千人患上伤寒和痢疾，而冻伤的人就更多，每天都有数千名士兵死于饥饿、严寒和营养失调。一些军官试图说服保卢斯不顾希特勒的命令而迅速突围。但是保卢斯害怕背上违抗军令的罪名，因此坚持按兵不动。12 月 29 日，保卢斯派第 14 军军长胡比中将飞出包围圈去晋见希特勒，把第 6 集团军的情况当面向元首汇报。但希特勒还是命令第 6 集团军死守斯大林格勒，直到明年春天为止。同日，由于蔡茨勒的一再要求，希特勒终于同意把 A 集团军群从高加索撤出。

▲苏军俘虏的德军

苏联红军合围

1943 年 1 月，苏联红军发起了又一轮攻势，代号为“木星行动”，试图突破顿河地区的意大利军防线，并攻取罗斯托夫。如果这次行动成功，德军南部集团军的余部将被完全围困在高加索地区。苏军虽然始终未能接近罗斯托夫，但是这次行动迫使德军与斯大林格勒包围圈内的德军相隔 250 公里以上的距离。事实上，第 6 集团军已经完全失去了增援。

1 月 8 日，苏顿河方面军司令员罗科索夫斯基中将向德第 6 集团军司令保卢斯上将发出最后通牒，敦促其投降。保卢斯电告希特勒，要求准予他相机行事，但希特勒驳回了他的请求。10 日，罗科索夫斯基的顿河方面军向被围的德第 6 集团军发起了代号为“指环”的进攻，深陷重围的德军开始从斯大林格勒郊区向城区收缩防守。1 月 22 日，苏军占领了古门拉克机场（Gumrak），第 6 集团军的空运补给运输和伤员撤退行动的彻底中断了。德军的食物和弹药都极度匮乏。尽管如此，德军仍然顽强抵抗，因为他们相信苏联人会处死投降的军人。在斯大林格勒城中再次爆发了激烈的巷战。相反，苏联人也因包围圈中的德军庞大的数量感到惊讶，因此继续巩固包围圈。保卢斯向希特勒报告说：“部队已不能支持了，继续抵抗已毫无意义，请准允我们投降。”他得到的答复是：“投降是不可能的，第 6 集团军应在斯大林格勒尽到其英勇的责任，直到最后一人为止。”曼施泰因力劝希特勒批准第 6 集团军残部投降，他说：“是该结束这个英勇战斗的时候了，我的元首！我认为第 6 集团军为了

▼苏军组织反击

▲德军第6集团军司令保卢斯率残部向苏军投降

牵制俄军已经尽了最后的努力，继续抵抗已经没有意义了。”而希特勒向曼施泰因解释说，“不允许投降，一是因为即使包围圈中的德军分成几个较小的单位，也还可以抵抗相当长的时间；其次，俄国人根本不会遵守对第6集团军投降后所许下的诺言。”

1月30日，希特勒授予保卢斯德国陆军元帅节杖，以鼓励其继续抵抗下去。他对约德尔说：“在德国历史上，还从来没有元帅被生俘的。”希特勒也希望保卢斯能够战斗到底或自杀殉国。1月31日，保卢斯向总部发出最后一份电报：“第6集团军忠于自己的誓言并认识到自己所负的极为重大的使命，为了元首和祖国，已坚守自己的岗位，打到最后一兵一卒，一枪一弹。”但是，当苏军攻入德军设在百货商场内的司令部时，保卢斯选择了投降。同日，苏军第64集团军的第38摩步旅打到了保卢斯的司令部，“第6集团军无线电台即将关闭！俄军已经攻占！打垮布尔什维克万岁，天佑德意志！”1943年2月1日，被包围的第6集团军司令部发报员自己决定向柏林发出了最后一封感动德国人的著名电报，最后用国际电码写上“CL”，表示“本台停止发报”。苏军在地下室外叫第6集团军司令部人员投降，第6集团军参谋长施密特将军接受了要求。施密特问保卢斯：“请问陆军元帅，还有什么话要说吗？”保卢斯无话可说，只好投降。1943年2月2日，被围困在斯大林格勒城北的第11军残部也宣布投降。至此，斯大林格勒会战结束。德第6集团军司令保卢斯元帅，步兵第4军军长普费费尔中将、第51军军长库尔茨巴赫中将、第295师师长科尔费斯少将等23位将官，2 000名校级以下军官和91 000名极度饥饿劳累的德军士兵被俘，约14万人死亡，只有3万余伤患者事先陆续空运撤出。

让苏军大为惊喜并同时让德军极为失望的是，战俘中包括22名将军。希特勒对这位新陆军元帅极为失望，并公开说“保卢斯差一步就要跨入光荣的殿堂，但是他还是选择了退却。”而被俘的9万多人也大部分死于苏军战俘营，能活到战后的，不过几千人

英雄城的来历

为了纪念斯大林格勒战役中可歌可泣的英雄事迹，这座城市在1945年被命名为“英雄城”。60年代，苏联在城外的山丘马马耶夫岗，竖起了高达52米的“俄罗斯母亲纪念碑”。塑像中就包括当时战斗时被炸毁的废墟。大谷物仓库和巴甫洛夫大楼等见证了非常激烈的战斗的场所，至今仍接待后人的参观。

▲苏军欢庆胜利油画

而已。由于苏联于 1946 年发生严重自然灾害，导致了大面积农业减产，致使战俘食物不足，大量的日德战俘被饿死，相传当时的战俘营中，战俘和负责看管的红军战士每日仅配给 3 个马铃薯，目前没有明确的证据表明日德战俘受到严重的虐待导致大面积死亡。但是，据统计投降的 91 000 名战俘中，只有 6 000 名得以生还，并回到了故土。由于大多数士兵本身已经营养不良，缺乏医治，加上红军将他们发配到苏联各地的战俘营中进行强制劳动，使得大多数人死于过度劳累和营养不良。十几位高级军官被带往莫斯科，用作苏联的政治宣传工具。包括保卢斯在内的军官们发表了反希特勒宣言，并向德军部队大肆宣传。

尽管在战役结束前数星期，德国的官方媒体已经停止报道相关的消息，但德国民众还是直到 1943 年 1 月底，才了解到在斯大林格勒发生的悲剧。这并不是德军遭受的第一次打击，但是这次失败无论在规模还是在战略意义上，都是其他战役不可比拟的。2 月 18 日，德国宣传部部长约瑟夫 · 戈培尔在柏林发表了著名的演说，鼓动德国国民接受总体战的理念，即利用全国的一切资源和力量来战斗到底。

会战结果

无论从什么角度评论，斯大林格勒战役都是第二次世界大战中甚至人类战争史上最为惨烈的战役之一，整个战役持续 199 天。由于战役规模太大，伤亡者人数始终无法得到准确统计。在战役最后阶段，德军仍然对苏军造成了沉重的打击，同时，苏军也几乎消灭了德军的精锐之师第 6 军团的全部和第 4 装甲军团部分。许多学者估计轴心国军队在这场战役中共伤亡 60 万人，其中包括：30 万德国军队，15 万罗马尼亚军队，7 万意大利军队，5 万匈牙利军队和 5 万左右的苏联投降部队。德军伤亡人数中阵亡和俘获的比例非常之高。同时，苏联也付出了沉重的代价，苏军具体伤亡人数为 :474 871 人死亡，974 734 人受伤。在德军攻入城区的短短 1 星期内，超过 4 万苏联市民被杀，而在整个战役中牺牲的平民人数没有准确的统计，但可以说远远超过这个数字。

对苏联一方而言，这场战役的胜利标志着收复沦陷领土的开始，并最终迎来了 1945 年 5 月对纳粹德国的最后胜利。

▼朱可夫塑像

阿拉曼战役

▲隆美尔在阿拉曼

阿拉曼战役是第二次世界大战中的著名战役。1942 年 10 月 23 日，在埃及阿拉曼地区，英国第 8 集团军在蒙哥马利指挥下对隆美尔统率的德、意联军“非洲军团”发起攻击，两军激战 12 天，英军获胜，德、意军被迫退到突尼斯边境。

闯入

1940 年 7 月，意大利乘英法在西欧失败之机从埃塞俄比亚进犯东非英军。1941 年 1 月，英军对意军发动进攻，收复了东非的失地，并在北非重创意军，俘敌 13 万。2 月，德国隆美尔将军率德国非洲军团进入北非地区增援意大利军队。在德意联军的攻势下，英军开始从利比亚败退。1942 年 7 月，德意联军自利比亚突入埃及，进抵距开罗只有 350 公里的阿拉曼地区。但由于盟军控制了地中海的制空、制海权，驻北非德军因兵力及装备补给不足而无力继续向前推进，被迫转入战略防御。

▼蒙哥马利将军在阿拉曼

▲隆美尔在指挥德军战斗

▲阿拉曼战场

反击

同时，英国在美国的支援下不断加强其在北非的军事力量，积极备战。经过周密的准备，英军第 8 集团军司令蒙哥马利决定于 10 月下旬发动代号为“捷足”的反攻，在突破德意军的防御地域后，迅速向西挺进，占领利比亚昔兰尼加和的黎波里塔尼亚全境，配合即将在北非登陆的英美联军，将德意军全部逐出北非。

1942 年 10 月，德意军队在北非共驻军 12 个师，10 万余人。他们防守在阿拉曼西南从地中海沿岸至卡塔拉盆地之间的地带。而英军此时在北非已拥有 11 个师和 4 个独立旅，总兵力达 23 万。

突破

10 月 23 日夜，英军向德意军阵地南北两翼发起进攻。25 日，英军在战线北部突破敌军防御阵地。28 日，英军调集主力在北部战线继续猛攻，迫使南线德军增援。德军北上增援后，英军立即集中兵力于 11 月 2 日凌晨在南线发动了代号为“增压”的战斗，攻击德意军结合部，并突破敌方防区，向西挺进。11 月 4 日，隆美尔在战局不利的情况命令向西撤退，4 个师的意大利军队随即向英军投降。

至此，阿拉曼战役以英军的胜利宣告结束。在这场战役中，双方都付出了巨大的代价。英军阵亡将士达 7 000 多人，而德意军伤亡及被俘人数近 6 万。

这次战役以英军的胜利告终，扭转了北非战争的格局，也扭转了北非战场的形势。盟军在阿拉曼的胜利使纳粹德国占领埃及，控制苏伊士运河和中东油田的希望破灭了。这次战役结束了非洲军团的攻势，此后，德意法西斯军队开始在北非地区节节败退，直至 1943 年 5 月被完全逐出非洲，成为法西斯军队在北非覆灭的开端。

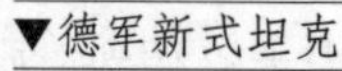

▼德军新式坦克

库尔斯克会战

德军在斯大林格勒会战失败后，为摆脱困境，防止轴心国集团土崩瓦解，决定在苏德战场发动大规模夏季进攻，以夺回战略主动权。

德军的准备

在 1942 年 7 月至 1943 年 2 月的斯大林格勒战役中，德军损失惨重。为了挽回败局，振作士气，夺回战略主动权，德军统帅部决定在苏德战场发动大规模夏季攻势。由于苏军在库尔斯克的突出部虎踞，给德军的防线造成了很大的威胁，于是，希特勒决定拔掉这颗眼中钉、肉中刺。德军力图通过库尔斯克创造一个“德国的斯大林格勒战役”，进而占领顿河、伏尔加河流域，攻占莫斯科，完成其 1942 年未竟之业。

▲苏军在维护战斗机

▼苏军在运送坦克

为了取得战役的胜利，德军统帅部从 1943 年 4 月起就开始了大规模的准备，并制订了代号为“堡垒”的作战计划。同年 7 月，德军在库尔斯克地区的南北两侧，即别尔哥罗德地段和奥廖尔区域，以“中央集团军群”和“南方集团军群”为主，共集结了 17 个坦克师、3 个摩托化师和 18 个步兵师，配有 2 700 辆坦克、2 050 架作战飞机，约 1 万门火炮和迫击炮，总兵力达 90 余万人。此外，德军还大量装备了当时最为先进的武器——“虎”式、“豹”式坦克和“斐迪南”式强击火炮。“虎”式坦克装有 88 毫米的大口径火炮，火力十分猛烈，同时，由于其前装甲厚达 100 毫米，具备较强的防护能力。显然，同苏军的 T–34 坦克相比，德军坦克占据了相当的优势。

德军的战略意图是摆出“钳”型攻势，从南北双方同时夹攻库尔斯克。在战区南线，由德军第 4 装甲师和肯布夫集团组成的南方集团军 16 个师的兵力，在曼施泰因元帅的指挥下，由南向北进攻；在北线，克卢格元帅指挥中央集团军 15 个师的兵力，由北向南进攻。此外，德军还准备了 20 个师为战略预备部队。按照其作战计划，两支部队将在库尔斯克以东会合，完成合围。

面对德军的强大兵力，苏军最高统帅部决定以牙还牙，倾全力与敌人对抗。苏军的战略部署是：由罗科索夫斯基大将率领中央方面军6个集团军防守北线；巴什钦大将率领沃罗涅什方面军6个集团军防守南线；以草原方面军为战略预备队。苏军投入的总兵力为133.6万人，配备3 600辆坦克和强击火炮，2万门大炮和3 130架飞机，总指挥由朱可夫元帅担任。

▲苏军装甲部队在视察战况

两军鏖战

7月5日凌晨2时20分，苏联沃罗涅日方面军抢先实施了炮火和航空兵的反准备。霎时，隆隆的炮声，飞机的轰鸣声，各种炸弹的爆炸声打破了深夜的宁静。人类战争史上著名的库尔斯克大会战开始了。

本来，苏军是防御性作战战略，但这提前的反准备炮火却使德军前沿阵地的官兵以为是苏军要向他们进攻了。苏军的炮火先行摧毁了德军部分炮兵阵地，打乱了德军前沿阵地的通信指挥系统。

7月5日清晨6时左右，德军终于开始发起进攻。在北面奥廖尔方向上，莫德尔投入了第9集团军的3个装甲师及4个步兵师，共约500辆坦克及自行强击炮，以25英里宽的正面，向苏中央方面军第13集团军的左翼进攻。德军坦克梯队大都排成一个楔形，冲在前端是10～15辆装甲最厚的虎式坦克和斐迪南式自行强击炮。斐迪南式自行强击炮是当时德军装甲最厚的突击炮，可以在1 800米的距离击毁T−34坦克。虽然它靠厚重的装甲突破了苏军阵地，但由于在设计上没有配备机关枪，不能摧毁苏军火力点，因而使步兵无法跟进，结果在失去步兵掩护的情况下，很快就被苏军击毁。第9集团军整个白天的5次突击进攻都被击退。只是到了傍晚，莫德尔再次投入兵力，才勉强楔入苏第13集团军的阵地。即使这样，最大纵深也只有6公里，更多的是2～3公里。

同日，南方集团军群从南面的别尔哥罗德发起进攻，曼施泰因在不足50公里的正面展开了3个装甲军，由左至右分别是第48装甲军、第2SS党卫装甲军（属霍特的第4装甲集团军）及第3装甲军（属肯夫兵团），进攻兵力共8个装甲师、1个机械化师及5个步兵师，坦克共约700辆。当天，霍特的楔形坦克队在空军及炮兵的强力支援下，突破苏军近卫第6集团军的阵地。

▼德军装甲部队向前开进

傍晚的一场雨使得攻势暂时停了下来，肯夫的部队也在近卫第7集团军的阵地前受挫。

7月6日清晨，德军再次发起进攻，各部队的正面全都是激烈的血战。莫德尔的第9集团军在伤亡惨重及弹药大量消耗下不得不放弃了前进。2天以来，第9集团军仅仅前进了6～9公里而已，然而却付出了死伤25 000人、200辆坦克和自行火炮以及200架飞机的代价。在南面，南方集团军群的3个装甲军在损失了近200辆坦克后，继续向奥博扬方向缓慢逼近。

7月7日，莫德尔投入了预备队，但他发起的5次攻势都没能获得多大的进展。南面霍特的攻势则比较顺利，第48装甲军顺利地突破了几个据点，击退了苏军第3机械化集团军。

7月8日，莫德尔集结了300辆坦克再度发动了猛烈的攻势。首当其冲的是苏军第3反坦克旅。苏军炮兵直到650～750码的距离才开火，并且大都能坚守炮位。其中一个营在摧毁17辆坦克后，全营只剩3人存活。第3反坦克旅也几乎全军覆没。在南面，苏第3机械化集团军以40辆T−34对德军第48装甲军展开反击，结果以大败收场。

战至7月10日，莫德尔已经用完了所有的预备队，并且损失了全军将近2/3的坦克。罗科索夫斯基的中央方面军渐渐对德第9集团军展开反击，莫德尔只得转攻为守。在南面，霍特前进到了战略要地奥博扬附近，严重威胁到库尔斯克的南面。其间主力“大德意志”师的豹式坦克频频发生机械故障，但是该师仍然能够发挥相当的战力。位于攻击正面中央的第2SS党卫装甲军，与第48装甲军联手击退了苏军第1坦克集团军及近卫第2、第5坦克军，迫使苏军后退并重整防线。同时肯夫兵团也打通一条进路，巩固了第4装甲集团军的右侧翼。

到7月11日为止，北面中央集团军群的第9集团军大约突破了20公里，不过似乎已经无法再前进了。南面南方集团军则前进了30多公里，3个装甲军都突进到了奥博扬以及交通要地普罗霍罗夫卡的前方。

▼死亡的德国士兵

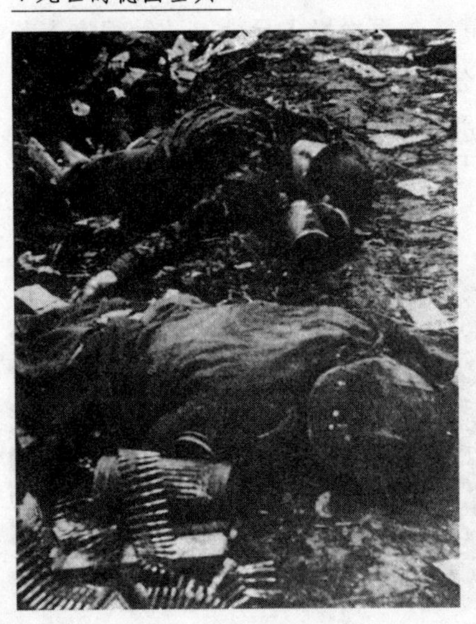

12日，在普罗霍罗夫卡地域发生了第二次世界大战中规模最大的坦克遭遇交战。以SS装甲军为核心的德军在普罗赫洛夫卡附近同赶来增援的苏草原方面军的第5坦克近卫集团军和第5近卫集团军展开了一场史无前例的坦克遭遇战。这一天，苏军出动约850辆坦克，德军则投入了约650辆坦克，双方在15平方公里的战场上进行了一场坦克“肉搏战”。德军SS装甲军的3个师齐头并进，“虎”式重型坦克在前，马克—5型坦克在后，以每平方公里150辆坦克的密度向苏军展开了冲锋。尽管“虎”式坦克攻击力极强，但其行驶速度每小时不过20公里，加之德军战线狭长，500～700辆德军坦克拥挤在一起，难以发挥优势。苏军抓住这一机会，

▲德军装甲部队在进攻

决定以快制慢。战斗一开始，苏军坦克就开足马力冲入敌阵，利用其T—34坦克的灵活性，以近战消灭“虎”式坦克。这一大胆的战略令德军始料不及，顿时阵脚大乱。最终，在一片混乱中，德SS装甲军遭到重创，在尸横遍野的战场上扔下了大约400辆东倒西歪的坦克残骸，其中包括70～100辆“虎”式坦克。这次战斗彻底摧毁了德SS装甲军的战斗力，完全扭转了库尔斯克南线的战局，使南线德军的进攻计划以失败告终。德军在突出部正面南方最远推进仅35公里，然后其基本兵力被迫转入防御。

攻击战略遭到彻底破产

苏军击退德军后,以6个方面军计31个集团军实施了两次进攻战役。一次是代号为“库图佐夫”的奥廖尔战役。7月12日，苏联西方方面军（司令索科洛夫斯基上将）左翼和布良斯克方面军（司令波波夫上将），在空军支援下对防守奥廖尔地域的德国第2装甲集团军和第9集团军突然发起进攻。15日，中央方面军右翼转入反攻，向德军奥廖尔集团南翼实施突击。为粉碎德军改变兵力劣势的企图，苏联最高统帅部命令战略预备队进入交战。29日，苏军收复博尔霍夫，8月5日解放奥廖尔，18日前出到布良斯克东郊，战线向西推进150公里。另一次是代号为“鲁缅采夫统帅”的别尔哥罗德—哈尔科夫战役。8月3日拂晓,沃罗涅日方面军和草原方面军由别尔哥罗德西北地域向博戈杜堆夫、瓦尔基、新沃多拉加方向并肩实施分割突击，在托马罗夫卡、鲍里索夫卡重创德军，5日解放别尔哥罗德。11日，沃罗涅日方面军右翼向博罗姆利亚、阿赫特尔卡、科捷利瓦方向发展进攻，左翼则切断铁路线，包围哈尔科夫。同日，草原方面军亦进抵该市外围。22日中午，该市守军被迫退却。23日12时，草原方面军在沃罗涅日方面军和西南方面军（司令马利诺夫斯基大将）协同下收复哈尔科夫。战线向南和西南推进140公里。

在库尔斯克会战中，双方投入兵力共400余万人，火炮和迫击炮6.9万余门、坦克和自行火炮1.3万余辆、作战飞机1.2万架。德军损失官兵约50万人，坦克1 500辆、飞机3 700余架、火炮和迫击炮3 000门，其进攻战略遭到彻底破产。此次会战标志着苏德战争进程完成了根本性转折。德军从此完全丧失战略进攻能力，全线转入防御，战略主动权完全转入苏军手中。

▼苏军在维修坦克

进军意大利

第二次世界大战中，盟军为迫使意大利退出战争并牵制德军以配合苏军实施战略反攻，于1943年7月至1945年5月采取了一系列作战行动。

▲意大利守军

意大利登陆

1943年1月，英美在卡萨布兰卡会议上决定占领西西里岛，以确保地中海航线畅通。5月在华盛顿会议上确定，盟军在地中海战区的战略目标是迫使意大利退出战争。7～8月，盟军地中海战区（总司令为D.D.艾森豪威尔）第15集团军群（司令为H.亚历山大）实施西西里岛登陆战役。7月25日，B.墨索里尼垮台，随后以P.巴多里奥为首的新政府开始与盟军就投降事宜秘密接触。盟军随即决定在意大利本土登陆。

意大利南部战役

9月3日，盟军发起意大利南部战役，英国第8集团军越过墨西拿海峡在雷焦卡拉布里亚登陆；意政府与盟国在西西里岛签署秘密停战协定。8日协定公布后，德军南方战线（总司令为A.凯塞林元帅）驻意部队实施“轴心”方案，开始解除意军武装。9日，美第5集团军在萨莱诺登陆，英第1空降师乘船在塔兰托登陆。10日，德军占领罗马；意海、空军转移至马耳他向盟军投降。12日，德军伞兵营救出被拘押在阿布鲁齐山大萨索峰顶的墨索里尼。23日，墨索里尼在意北部的萨洛成立“意大利社会共和国”，由R.格拉齐亚尼元帅任国防部部长。27日，英军占领福贾。29日，巴多里奥政府正式签署投降书，并于10月13日对德宣战。10月1日，美第5集团军占领那不勒斯。在盟军追击下，德西南战线（原南方战线，11月21日改称“C”集团军群）驻意南部的第10集团军于10月中旬退守以卡西诺为枢纽的古斯塔夫防线，与盟军第15集团军群（辖美第5集团军、英第8集团军）对峙。

▼盟军战斗机

意大利中部战役

1944年1月17日，盟军发起意大利中部战役。美第5集团军率先从正面发起进攻，进展甚微。22日凌晨，所属第6军在安齐奥登陆，但未迅速向纵深推进。德军乘机向安齐奥发起反击，盟军被迫转入防御，与德军对峙。1～3月，美第5集团军向卡西诺发起三次进攻，未果。5月11日起，盟军再次向古斯塔夫防线发起攻击，形成突破，占领卡西诺。23日，第6军从安齐奥发起进攻，25日与集团军主力会师。6月4日，盟军占领罗马。德军退守比萨至里米尼的阿尔诺防线和哥特防线。9月，盟军向哥特防线发起进攻，先后于2日和21日占领比萨和里米尼，突破德军防御。10月再次发起进攻，由于人员、弹药不足，进展缓慢。11月，亚历山大调任地中海战区最高司令，盟军第15集团军群司令由美第5集团军司令M.W.克拉克接任。1945年1月，盟军进抵科马基奥湖、韦尔加托、维亚雷焦一线并转入防御。

▲现代意大利军队装备

意大利北部战役

同年4月9日，盟军第15集团军群发起意大利北部战役，企图消灭德军“C”集团军群（司令为H.菲廷霍夫），解放意大利全境，结束意大利战局。18日，盟军突破德军防御。20日，德军奉命撤退。23日，盟军围歼德军主力于波河以南地区。25日，意大利北部人民举行总起义。27日，墨索里尼从米兰逃往德国途中被游击队俘获，次日被处决。5月2日，德军“C”集团军群投降。

在意大利战局中，盟军牵制德军大量兵力，并利用意大利境内机场轰炸德国及其占领下的南欧地区目标，从而支援了南斯拉夫人民的反法西斯斗争，配合了苏军在东线的作战行动。盟军在意大利战局中伤亡、失踪32万余人，德军损失近66万人。

▼一连美国黑人士兵用迫击炮猛轰敌人

西西里登陆

第二次世界大战期间，美英盟军于1943年7～8月在意大利西西里岛进行的一次大规模登陆作战。目的是攻占西西里岛，保证同盟国地中海航线畅通，并迫使意大利投降。

攻占西西里岛时双方情况

盟军战役最高司令为D.D. 艾森豪威尔，总兵力为47.8万人，舰艇约2 600艘（运输舰艇约2 100艘，其他战斗舰艇约500艘），飞机约4 000架。德、意守岛部队共12个师（含2个德军装甲师），约26万人，意军战斗力很差；水面舰艇未参战，有16艘潜艇在地中海中部活动；西西里岛及其附近机场约有德、意飞机1 400架；由于对情况判断错误，守军主力大部部署在岛的西端；防御工事薄弱。战役计划规定，美、英军分别在西西里岛南部和东南部实施登陆和空降，夺取重要港口和机场，然后攻占全岛。

盟军在登陆前近2个月内，轰炸了西西里岛、撒丁岛和意大利本土的空军基地、港口等军事设施，登陆前1周内轰炸最为猛烈，攻占潘泰莱里亚岛，获得了前进机场，夺得了制空权。此外，还派出大型水面军舰和潜艇进行战役掩护，以防意大利水面舰艇编队的袭击。登陆编队在航渡中不是从北非沿岸直接驶向登陆地域，而是绕过邦角转向南再向东行驶，造成进攻西西里以东某处的假象；对登陆地域不进行预先火力准备等。

▼西西里岛风景

西西里岛

西西里岛是地中海最大的岛屿，是意大利的属地，整个岛屿呈三角形，全岛面积为25 700平方公里，人口约400万。全岛东西长300公里，南北最宽为200公里，地形以山地、丘陵为主，高处是埃德纳火山。岛上西北角为巴勒莫港，东北角为墨西拿港，距意大利本土的卡拉布里亚市只有一条狭窄的墨西拿海峡相隔，东南角有锡腊库扎港，整个岛屿易守难攻。

▲在西西里岛登陆的英军士兵

“爱斯基摩人”登陆作战计划

1943 年 1 月，在卡萨布兰卡会议上，美英首脑便决定在突尼斯战役结束后立即实施西西里岛登陆战，以扫除地中海交通线上的主要障碍，迫使意大利退出战争。1943 年夏，盟军在北非沿海港口集中了大量军队，准备执行代号为“爱斯基摩人”的西西里岛登陆作战计划。负责实施该计划的是亚历山大将军指挥的第 15 集团军群，下辖英军第 8 集团军和美军第 7 集团军，共 13 个师（包括 10 个步兵师、1 个装甲师和两个空降师）又 3 个独立旅，总兵力达 47.8 万人，作战飞机 4 000 余架，战斗舰艇和辅助船只约 3 200 艘。英第 8 集团军由蒙哥马利指挥，其任务是在岛东南的锡腊库扎到帕基诺地段登陆，向墨西拿前进；美军第 7 集团军由巴顿指挥，其任务是在岛西南的杰拉到利卡塔地段登陆，通过该岛中央把敌军切成两半，并肃清岛西北角的敌军。登陆时间定在 1943 年 7 月 10 日。

▼ 1943 年 1 月卡萨布兰卡会议上的情景

做好登陆准备

盟军在实施登陆前，实施了代号为“肉馅”的欺敌计划。一具看起来像是盟军参谋军官的尸体携带有关攻打撒丁岛和希腊的文件漂浮在西班牙海岸。希特勒接到德军情报部门送来的情报后，对盟军可能登陆的地点作了

▲西西里岛战场上的坦克

错误的判断，把德军主力调往撒丁岛和希腊。但德南线总司令凯塞林元帅依然意识到盟军极有可能进攻西西里岛，于是将德军戈林装甲师和第15装甲步兵师派往西西里岛，增强了该岛的防御力量。1943年6月，防御西西里岛的意大利第6集团军已辖有9个意大利师和2个德国装甲师，兵力共约25.5万人，由意军将领古佐尼指挥。

1943年6月11日，为了取得进攻西西里岛的前进基地，盟军在西西里岛和北非之间的班泰雷利亚岛登陆，俘虏意军1.1万多人。揭开了西西里岛战役的序幕。2天后，邻近2个小岛的意军也放下了武器。

盟军在登陆前对西西里岛和卡拉布里亚实施了战略轰炸，盟军共出动4 000架飞机在登陆前的3周对西西里岛上的机场和设施进行了昼夜轰炸。7月1日，盟军取得了西西里岛及意大利南部的制空权，德意空军的1 400架飞机撤到意大利南中部和撒丁岛。

7月5日，盟军攻击舰队从北非的奥兰、阿尔及尔等6个港口出发，载送部队前往马耳他岛会合。同时，英国海军出动“无敌”号和“无畏”号航空母舰、6艘战列舰等大型战舰掩护攻击舰队。航空母舰还向希腊方向佯动，迷惑敌人。

7月9日，盟军舰队在马耳他岛东西两侧集结，准备登陆时天气骤变，狂风怒号，恶浪滔天，德意军因此放松了警惕。10日凌晨2时40分，空降部队首先发动攻击，美军第82空降师和英第1空降师的5 400名官兵搭乘366架运输机和滑翔机从突尼斯出发，飞向西西里岛。10日凌晨3时45分，巴顿和蒙哥马利指挥的16万美英登陆大军分乘3 200艘军舰和运输船，在1 000架飞机掩护下，在西西里岛的西南部和东南部实施登陆。海岸意军士气低落，仅进行了微弱抵抗。至中午时分，巴顿

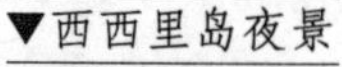

▼西西里岛夜景

和蒙哥马利的部队顺利地登上了各自的目标滩头，并保持着攻击态势。

▲盟军在进行攻击

意军反击

德意飞机给盟军滩头部队造成巨大混乱，其装甲部队则差点儿把美军赶回大海。德军“戈林”师准备在上午9时向美军杰拉滩头发起攻击，但因盟军突袭被迫推迟。14时，德军发动冲击。坚守滩头的是布莱德雷将军指挥的美国第2军第1师、第45师和第82空降师、第504师。德军有最新型的“虎式”坦克，而美国第2军的重武器还未全部上岸，伞兵则根本没有重武器。“戈林”师的“虎式”坦克碾过第45师的一个营，俘虏了营长。所幸的是，德国坦克兵不熟悉这种新式坦克，结果坦克的机械故障不断，德军未能冲过遍布西西里的橄榄树和葡萄藤，把美军赶回大海。次日(7月11日)清晨6时，“戈林”师又发起进攻。装备简陋的美军不畏强敌，奋起迎敌。美国伞兵从背后攻击德军，第505团团长加文用“巴祖卡”反坦克火箭筒在不到3米的距离射击“虎”式坦克。但坦克的装甲太厚，毫无损伤地继续前进。用缴获的意大利火炮射击，也不起作用。

这时第7集团军司令巴顿将军正在杰拉的一座楼顶上指挥战斗。他眼睁睁地看着德国坦克冲到离海滩不足1英里的地方，束手无策。同巴顿站在一起的还有位手持对讲机的年轻海军少尉。这位海军少尉负责海陆协同的联络，自登陆以来就一直被冷落。巴顿不相信海军的舰炮能打坦克。这位少尉见德国坦克横冲直撞，美军束手无策，也不等巴顿发话，就举起对讲机，要求停泊在岸边的美国巡洋舰“博伊西”号和“萨凡纳”号及其他驱逐舰实施炮火支援。美国巡洋舰的8英寸*大炮和驱逐舰的5英寸大炮一齐发出怒吼。成群的炮弹落在德国坦克群中，顿时火光冲天，爆炸声不断。

德国坦克的第一次攻击被击退了。几辆美国“谢尔曼”式坦克终于开过松软的沙滩，参加战斗。打至14时，德军抛下16辆被打坏的坦克，慢慢向北撤去。

美国第7集团军有惊无险，多亏了海军的帮忙，守住了滩头阵地。可是这天夜间，从登陆伊始就时运不济的美国伞兵又遭厄运。

第82空降师504团2 000名官兵乘坐144架C－47运输机准备在滩头伞降。师长李奇微采取了十分详细、特殊的措施，以免遭到己方高炮的误击。不幸的是，运输机群在德意飞机空袭后50分钟，在漆黑的夜空中飞抵滩头。刚刚遭到轰炸的美军高射炮手见有飞机低空飞来，不问青红皂白，一齐开火。一架架运输机被击成火炬，坠落下来。其他飞机歪歪斜斜仓皇躲避，慌乱中，许多飞机相撞起火。机内伞兵惊恐万状，纷纷跳伞。几分钟内，22架运输机被击落，37架受重创。伞兵伤亡300多人，其中死82人，

---

*英寸为非法定计量单位，1英寸＝2.54厘米。

伤 162 人，失踪 68 人。

美军在混乱中度过了两天，但守住了阵地。蒙哥马利指挥的英军没有这些混乱，也牢牢守住了滩头，并占领了锡拉库扎和奥古斯塔。德国南线总司令凯塞林元帅在 11 日的反击以失败告终。

▲西西里岛日出美景

凯塞林计划成功

德意军队第一次反攻失利后，凯塞林知道大势已去，只好与盟军混战以拖延时间，牵制盟军，然后经墨西拿海峡退至意大利的卡拉布里亚。希特勒亲自批准了凯塞林的计划，将驻卡拉布里亚的德军第 29 装甲师和驻法国的第 1 空降师调往西西里岛。在加强兵力的同时，德意部队加紧调动，以阻止英第 8 集团军威胁墨西拿。德“戈林”装甲师被调往东部的卡塔尼亚；德军第 1 空降师也同时在卡塔尼亚空降；德第 15 装甲师在恩纳附近阻止美第 7 集团军北进；新调来的第 29 装甲师部署在埃德纳火山西南。这样德意部队构筑了从恩纳到卡塔尼亚的坚固防线。

7 月 13 日，蒙哥马利手下的第 13 军奋力突击卡塔尼亚，盟军 145 架飞机载着英第 1 空降旅 1 900 名士兵从突尼斯出发在卡塔尼亚空降，配合地面部队联合进攻。德军以“戈林”装甲师和第 1 空降师进行顽强抵抗，牢牢控制着从卡塔尼亚通向墨西拿的海岸公路。蒙哥马利正面进攻受挫，被迫调第 30 军绕过埃德纳火山西侧，在美第 7 集团军的支援下进攻墨西拿。

▼意大利守军在反击

巴顿不甘心让蒙哥马利独唱主角，他兵分两路，一路由布莱德雷率领美第 2 军在西西里岛中部支援英军作战，一路由凯斯将军率领 1 个暂编军直取西西里首府巴勒莫。7 月 22 日，美军不战而克巴勒莫，俘虏意军 5.3 万人。巴顿的虚荣心得到了极大的满足，艾森豪威尔也为美军的胜利而兴高采烈。与此同时，蒙哥马利却在两个重要方向上都陷入困境，他的第 13 军被阻于卡塔尼亚，而向西迂回的第 30 军也在阿德拉诺地区徘徊不前。6 个师对付不了德军 3 个师和一些意大利部队。

巴顿和布莱德雷见蒙哥马利受阻，决心变助攻为主攻，抢在蒙哥马利之前拿下墨西拿，一洗英国宣传机器的奚落和咒骂。布莱德雷的美第 2 军在攻占北部的佩特拉里亚后，迅速调头东进，沿北海岸公路直扑墨西拿。8 月 1 日，艾伦指挥的美军“大红一师”向特罗伊纳发起进攻。攻击刚开始，艾伦低估了德军的兵力和战斗力，结果伤亡惨重败了下来。德军死守特罗伊纳，与美军殊死搏斗了 7 天才撤离该城。8 月 5 日，英第 8 集团军终于攻克卡塔尼亚，开始沿东海岸公路向墨西拿推进。德军有计划地边打边撤，沿途过河炸桥，并埋下数以万计的地雷。8 月 10 日，德意部队退到墨西拿附近，由于盟军没有切断墨西拿海峡的计划和行动，4 万德军和 7 万意军用 6 天 7 夜的时间，完成了向意大利本土的敦刻尔克式撤退。

占领西西里岛

盟军向墨西拿的进军变成了美英两国军队的赛跑。8 月 16 日傍晚，美军第 3 师的先头部队到达墨西拿城下。8 月 17 日上午 6 时 30 分，美先遣部队进入墨西拿。10 时 30 分，巴顿乘坐指挥车率领一个摩托车队驶进城里。当天，岛上的一切抵抗均告停止，西西里岛登陆战结束。盟军占领了西西里岛，从此在地中海往来无阻，打开了登陆欧洲的大门。

在西西里岛登陆战役中，盟军共伤亡 22 811 人，其中 5 532 人死亡，14 410 人受伤，2 869 人失踪。德意军伤亡 3.3 万人，被俘 13.2 万人，此外还损失坦克 260 辆，大炮 500 门，飞机 1 700 架。这次战役虽然没能消灭德军大量有生力量，但达到了迫使意大利退出战争的政治目的。7 月 25 日，墨索里尼下台，他的继任巴多里奥上台后与盟国进行了秘密联系，试探投降的可能性。而表面上，他因担心德军攻占意大利而继续抵抗盟军。但希特勒毫不客气地占领了意大利。

▼西西里岛海港

德黑兰会议

1943 年 11 月 28 日到 12 月 1 日，罗斯福、丘吉尔同斯大林在伊朗首都德黑兰举行德黑兰会议。这是苏美英三国政府首脑自第二次世界大战爆发以来举行的第一次国际会晤。参加这次会议的还有三国外长和军事政治顾问。

三巨头会面

1943 年 11 月 28 日，伊朗首都德黑兰秋高气爽，阳光明媚。然而，在这宁静温和的空气里却蕴藏着一种令人紧张的气氛：主要街道都戒严了，军警们三步一岗，五步一哨，如临大敌般盯着各个路口、建筑窗户的每一个可能隐藏刺客的地方。游动哨交叉巡逻着，还有一些暗哨隐蔽着。

不久以后，人们便知道了这一切的原因。原来，这天，苏、美、英三国首脑、第二次世界大战反法西斯战线的 3 个主要领导人斯大林、罗斯福和丘吉尔正在德黑兰举行会谈，商议反法西斯战争的下一步行动计划。此前，1942 年 1 月 1 日，包括中国、苏联、美国、英国等 26 个国家在华盛顿发表了《联合国家宣言》，这标志着反法西斯战线的形成。1941 年 12 月 7 日，日军偷袭珍珠港，美国海军在太平洋战场遭到惨重失败之后，美英两国与苏联进一步结成了同盟，共同对德、意、日作战。1942 年底到 1943 年初，斯大林格勒保卫战取得了胜利，彻底扭转了欧洲战场的局势。

▲“三巨头”在德黑兰会议上的合影

下午 3 点，一辆黑色的伏尔加轿车悄然驶进了一幢看上去很平常的灰色小楼。身着元帅制服、胸佩列宁勋章的斯大林下了车，走进楼里，罗斯福正等着他呢。这位美国历史上连任 4 届总统的传奇人物身穿蓝色便装，从轮椅上伸出手去，紧紧握住斯大林的手。“太高兴见到你了！”两人几乎是不约而同地说道。这是他们的首次见面。稍后，身材臃肿、行动略显不便的丘吉尔也到了。会谈开始。三国领导人都表示了良好的愿望，希望会谈能取得圆满成功。丘吉尔还把一支特地为了纪念斯大林格勒保卫战而铸造的宝剑赠给了斯大林。斯大林郑重地接过宝剑，轻轻地吻了一下，转身递给伏罗希洛夫，命他交给苏联仪仗队。这一切都使会议有了一个良好的开端气氛。

会议面临的首要问题

▲丘吉尔与罗斯福等人合影

会议面临的首要问题是加速击溃德国法西斯，早日结束战争，其中关键问题仍是尽快开辟欧洲第二战场。在第一次会议上，苏联同美英之间就开始了交锋。罗斯福首先提出与会“目的就是尽快赢得战争的胜利”。接着他宣布了魁北克会议决定，即第二战场的开辟“应在 1944 年 5 月 1 日左右付诸实行”。他认为，如果在地中海进行大规模登陆作战，势必把横渡海峡的战役推迟两三个月，“如果不进行地中海战役我们就能实施霸王战役”。罗斯福表示“我是不想推迟霸王战役的”。

丘吉尔再次企图坚持自己的“地中海战略”的主张。他虽然原则上答应 1944 年在西欧发动进攻，但不确定具体行动日期。很显然，英国的作战重点仍然是放在地中海战役上，为此，即使推迟“霸王”战役实施日期也在所不惜。

斯大林认为，迅速击溃德国的上策是“从法国西部或西北部攻入欧洲”，意大利战场只对地中海自由航行具有重要性，但进一步对德作战则意义不大；巴尔干离德国心脏太远，所以“最好是把‘霸王’战役作为 1944 年一切战役的基础”。为了协调美英之间的分歧，斯大林建议最好是进行 2 个战役，一个是“霸王”战役，一个是在法国南部登陆的战役，后者是起支援“霸王”战役的作用。

后来，丘吉尔看到“巴尔干进军”不可能被盟国采纳，而局势迫使他不得不接受“霸王”计划时，就又提出从两路攻入西欧的新方案。

最后德黑兰会议决定：“霸王”战役将和进攻法国南部战役同时于 1944 年 5 月发动，这样，英美在西欧登陆作战的兵力将达 100 万人。同时斯大林也郑重声明：苏军将在同一时期发动攻势，以阻止德军由东线调往西线。

德黑兰会议的主要内容

德黑兰会议的主要内容有：①开辟欧洲第二战场问题。决定于 1944 年 5 月在法国南部开辟第二战场；②就战后成立一个维护世界和平与安全的国际组织问题交换了意见；③就战后如何处置德国的问题进行了初步讨论，三国提出不同的分割方案；④波兰问题。三国一致赞成战后重建独立的波兰，其边界西移，将德国东部的部分地区并入波兰；⑤苏联对日作战问题。苏联表示在欧洲战争结束后参加对日作战，并提出归还整个库页岛等条件。

会议签署了《苏、美、英三国德黑兰宣言》和《苏、美、英三国德黑兰协定》，三国表示今后将“共同协作”“力求所有大小国家的合作……全心全意抱着消除暴政和奴役、迫害和压制的真忱”。

会议对如何处置德国的问题交换了意见

罗斯福提出的方案是要把德国分割成5个部分，第一部分是普鲁士；第二部分包括汉诺威和德国西北部地区；第三部分是萨克森和莱比锡地区；第四部分包括黑森—达姆斯达特、黑森—卡塞尔以及莱茵河以南地区；第五部分是巴伐利亚、巴登和符腾堡地区。这五部分中的每一部分都成为一个自治州。此外，基尔运河区和汉堡地区、鲁尔和萨尔地区也要从德国分割出来，置于联合国的管辖之下，使德意志帝国再也不能威胁欧洲和世界的和平。

▲丘吉尔

丘吉尔在原则上虽然赞成分割德国，但同时又提出：把普鲁士从德国分割出来；把德国的南部各省，包括巴伐利亚、巴登、符腾堡、帕拉蒂纳特同奥地利、匈牙利等中欧多瑙河沿岸国家，组成一个多瑙河联邦，维持欧洲的均势，不让欧洲出现一个强大的德意志国家。

斯大林对这个问题，一直持慎重态度。当时罗斯福的特别助理霍普金斯在他关于德黑兰会议的札记中，谈到丘吉尔和罗斯福关于德国问题的建议时说，苏联代表团对于从分裂德国的计划出发的两个建议，没有表示特别的热情，而是提请注意必须消除普鲁士军国主义和纳粹机构，即必须实现战后德国的民主化。

关于波兰边界问题的讨论

关于波兰边界问题的讨论，是在不太融洽的气氛中进行的，并作了草率的处理。1939年9月，德国侵占波兰，苏联乘机出兵收复历史上划在波兰疆域内的西乌克兰和西白俄罗斯地区。同年9月28日苏德签订了边界条约，苏联收回了西白俄罗斯和乌克兰，基本上恢复到1795年第三次瓜分波兰时苏波边界的状态，而且还增加了东部加里西亚和立陶宛大部分地区。1940年该地区通过当地“公民投票”并入苏联。英美政府反对苏联的行动，坚持认为苏联西部边界线是不合法的，是不能予以肯定的。1941年7月，苏联同在伦敦的波兰流亡政府签订了“苏波互助协定”，建立外交关系，虽然承认1939年苏德之间关于变更波兰领土的条约业已失效。但是，苏联政府坚持1941年6月德国入侵前苏联领土的完整性是不能触动的。而英美政府则认为1939年波兰领土的任何变更是不能接受的。这样在波兰边界问题上，苏英美三国之间一直存在着严重分歧。

▼罗斯福

在德黑兰会议上，斯大林指出，乌克兰的领土应归还乌克兰，白俄罗斯的应归还白俄罗斯，也即是说间接归还苏联。斯大林强调说，苏联与波兰之间的边界线应是

▲斯大林

1941年德国入侵苏联前的边界线，这是苏联宪法所规定的边界线，苏联政府坚持这条边界线不容更改。随着苏军越出国境向西推进，丘吉尔十分害怕波兰会完全落入苏联手中。因此，在德黑兰会议上，英国的态度发生了变化，丘吉尔主动迎合苏联的要求，提出波兰东部的苏波边界线以“寇松线”为界；波兰西部边界向西扩大，用德国的领土补偿波兰在东部失去的领土。通过把德国的东普鲁士的一部分、西里西亚、波美拉尼亚西部并入波兰的办法，使波兰东西边界移至“寇松线和奥得河之间”。丘吉尔这一提案的目的，是企图满足苏联关于边界的要求，来使苏联承认英国在巴尔干半岛的利益。由于苏联提出的苏波边界线和寇松线大致相同，因此同意了丘吉尔的建议。美国以前曾反复声明，在战争结束前，对战后欧洲国家的边界或政体问题不作任何最后决定，但在这次会议上，态度也有所改变。罗斯福欣然接受丘吉尔提出经斯大林同意的这个方案，只是要求在美国大选之前严守秘密，因为这一决定关系到六七百万美籍波兰人的选票问题。于是，波兰的边界问题，就这样草率地决定下来了。

斯大林表示苏联愿意参加对日作战

在这次会议上，斯大林向英美表示苏联愿意参加对日作战，一旦打垮德国法西斯后，只要给苏联一定的时间，把军队调往远东，苏联将立即参加对日作战。当时斯大林并没有明确提出参加对日作战苏联需要什么补偿，但美英两国都意识到斯大林暗示出他是有一些要求的。

罗斯福向斯大林正式提出建立联合国的建议

此外，在德黑兰会议上，罗斯福向斯大林正式提出建立联合国的建议，并画了一张图表说明他对联合国组织的基本结构的设想，并取得了斯大林的同意。

德黑兰会议是第二次世界大战中的一次极其重要的会议，对大战的进程和结局产生了重大的作用和影响。

通过德黑兰会议，使苏美英三大国之间在重大问题上长期存在的基本矛盾和分歧得到了解决，进一步加强和巩固了反法西斯联盟各国在经济、政治、军事上的团结和合作。德黑兰会议拟定的反法西斯盟国共同打击德的作战计划，对1944年在欧洲取得反法西斯战争的决定性胜利起了巨大的推进作用。会议对于战后重建世界和平的设想，在三国之间也取得了一致的协议，为联合国的诞生奠定了基础。

诺曼底登陆

▲盟军组织登陆

第二次世界大战中，美、英、加等同盟国军队于1944年6～7月在法国北部诺曼底地区进行的世界战争史上规模最大的战略性登陆作战。是盟军进军欧洲的“霸王”行动的重要组成部分。目的是夺取集团军群登陆场，开辟欧洲第二战场，为开展对西欧的进攻并配合苏军最后击败纳粹德国创造条件。

战役背景与双方意图

1943年，斯大林格勒会战和库尔斯克会战后，苏军在苏德战场转入反攻；美英盟军西西里岛登陆战役后攻入意大利半岛；意大利于同年9月投降并于10月对德宣战；盟军在太平洋战场也已转入攻势。整个战争形势发生了有利于同盟国的根本转变。

早在1941年7月，苏联就正式要求英国在西欧开辟第二战场。1943年1月，美、英卡萨布兰卡会议决定为在西欧登陆进行准备。3月成立以英国陆军中将摩根为首的盟军最高司令参谋部，着手制订战役计划。5月和8月，罗斯福和丘吉尔先后在华盛顿和魁北克会议上商定，盟军于1944年在西欧登陆，以配合苏军实施战略反攻。11～12月，罗斯福、丘吉尔和斯大林在德黑兰会议上正式商定，1944年5月由美英盟军在法国北部地区登陆，同时在法国南部进行牵制性登陆。随后，美、英任命陆军上将艾森豪威尔为盟国欧洲远征军最高司令。

1944年1月，艾森豪威尔到伦敦赴任并组建司令部：副总司令为英空军上将特德，参谋长为美陆军中将史密斯，海军司令为英海军上将拉姆齐，空军司令为英空军上将利·马洛里，英地面部队司令为英陆军上将蒙哥马利，美地面部队司令为美陆军中将布莱德雷。在艾森豪威尔的指挥部到达法国前，由蒙哥马利任登陆部队

▼在登陆战中牺牲的盟军战士墓地

前线指挥。艾森豪威尔到任后将登陆正面由40公里增至80公里，战役第1梯队的兵力由原定3个师增为5个师。由于登陆舰艇数量不足和其他准备工作未能按时完成，登陆时间由5月初改为6月初。

▲战场上战死的士兵

为对付盟军登陆，希特勒早在1941年12月就下令以最快速度构筑“大西洋壁垒”，从挪威到西班牙的大西洋沿岸构筑一道由坚固支撑点和野战工事构成的、设有地雷场和水中障碍配系的永久性抗登陆防线。到1944年，“大西洋壁垒”远未完成，但仍属较难攻破的防线。设防重点在加来地区，诺曼底一带防御较薄弱。

战前准备

为隐蔽战役企图，美、英对登陆地域的选择进行了周密分析比较，认为加来地区距英海岸仅20海里，便于航渡和支援，但德军防御很强；诺曼底地区距英海岸64.8海里，缺少良港，科唐坦半岛东部又有河网沼泽地和遍布灌木树篱的田块，不利于部队行动，但距英国的上船港口和战斗机基地较近，且德军防御薄弱，海滩和内陆条件较好。因此，最后选定奥恩河口至科唐坦半岛南端为登陆地域，由西向东分为5个登陆地段，代号依次为“犹他”（美军）、“奥马哈”（美军）、“哥尔德”（英军）“朱诺”（加军）和“斯沃德”（英军）。

登陆部队编成第21集团军群，辖美第1集团军、英第2集团军和加拿大第1集团军。海军编成西部和东部两个特混舰队。西部特混舰队分为“U”和“O”登陆编队，输送美第1集团军2个师上陆，由美战术空军第9航空队担任空中支援。东部特混舰队分为“G”“J”和“S”登陆编队，输送英第2集团军3个师(含加拿大1个师)，由英战术空军第2航空队担任空中支援。每个登陆编队各有一个舰炮火力支援队担任炮火准备和炮火支援。2个特混舰队还各有一个后续登陆编队（“B”和“L”编队），输送第二梯队登陆。另

▼盟军俘虏了大量德意军人

▲被击落的战斗机

外在登陆之前，计划在美、英登陆地段分别空降2个师和1个师。为实施登陆战役和发展陆上进攻，要求在英国集中近300万人的部队，5 000余艘舰船（登陆运输舰艇4 000余艘、作战舰艇1 000余艘），1万余架飞机，以保证登陆后增加兵力的速度超过德军调动预备队的速度。

盟军还采取一系列战役伪装措施：在英格兰东部虚设一个由巴顿中将任司令的“美第1集团军群”，原驻该处的部队调走后，营地仍伪装得和往常一样；在德机能侦察到的地方设置许多假登陆舰艇、坦克和滑翔机；飞机对加来地区的投弹量比诺曼底地区多一倍；登陆日（D日）前夜，小型舰只和飞机进行佯动，利用电子干扰器材模拟庞大登陆编队和机群。此外，还采取严格的保密措施。上述措施旨在使德军在D日前后都一直认为盟军将在加来登陆并将大量预备队部署在该地区，从而为登陆成功创造了有利条件。为保证大量后续部队登陆，盟军还设计、制造了在登陆海滩由空心钢筋混凝土沉箱构成的人工港，并制定了铺设海底输油管计划。同时，在英国本土储备大量作战物资，部队反复进行符合实战要求的训练和陆海空三军模拟登陆联合演习。

战役开始

6月1日，登陆部队开始分别在英国南部15个港口上船。原定登陆日为6月5日，由于天气恶劣推迟24小时。各登陆编队从上船港驶抵怀特岛东南会合区后，沿5条航线航渡，由扫雷舰作先导，火力支援舰和飞机担任掩护。通过海峡中心线后，各登陆编队的航道由一条变为二条，分别供快速和慢速舰船使用。

▼被狙杀的士兵

6月6日凌晨，美第82、第101空降师和英第6空降师第一梯队共1.7万人，乘1 200架运输机，分别在科唐坦半岛南端和奥恩河口附近伞降着陆，任务是夺取海滩堤道和主要桥梁，占领主要登陆地段翼侧要点，阻止德军增援和保障登陆部队突击上陆。空降兵后续梯队使用滑翔

机机降。伞降按计划完成，机降损失较大。5日午夜至6日5时，由2 500架重型和中型轰炸机实施航空火力准备，投弹约1万吨，轰炸登陆地域及其附近地区。登陆舰艇抢滩前，由大量战斗机和战斗轰炸机对德军防御阵地进行轰炸和扫射。5时30分，100余艘火力支援舰对80公里登陆区域正面实施舰炮火力准备，随即转入火力支援，取得良好效果。在登陆后的纵深战斗中，舰炮继续实施有效的火力支援。

▲被炮火炸死的家畜

▲盟军登上诺曼底

美军向圣洛推进

至7月初，美、英、加军已上陆100万人，车辆17万余辆，补给品近60万吨。因登陆战场过小，盟军展开扩大登陆场的作战。7月18日，美军攻占交通枢纽圣洛，分割德军“B”集团军群。美、英、加军抵达卡昂、科蒙、莱赛一线后，形成正面150公里、纵深13～35公里的登陆场。至7月24日，地面总攻的准备工作全部完成，攻占法国的第一阶段诺曼底登陆战役胜利结束。

此役，盟军伤亡12.2万人，德军伤亡和被俘11.4万人。诺曼底登陆战役，对于盟军在西欧展开大规模进攻，加速纳粹德国的崩溃具有重大意义，为组织实施大规模登陆作战提供了有益经验。

登陆成功的主要原因

苏军在苏德战场胜利反攻，战争形势有利；战役前进行周密细致的准备；掌握制空权和制海权；成功地进行伪装与欺骗；正确选择了登陆方向和时间；在主要方向集中优势兵力、兵器；陆海空三军协同作战以及严密组织各种战役保障和后勤保障；法国地下抵抗运动的有力配合。此外，德军防御薄弱，对登陆方向判断错误和指挥失误，致使塞纳河以北的部队不能适时调动和投入作战，也是一个重要原因。盟军暴露出的主要问题是：部队攻击力不强，建立登陆场的速度较慢，加之受风暴影响，使战役计划的完成推迟了43天。

白俄罗斯攻势

苏德战争中，苏军于 1944 年 6 月 23 日至 8 月 29 日在苏德战场中段进行了一次战略性进攻战役。

战争背景

1943 年 8 月，德国最高统帅部开始建造所谓的“东方壁垒”。纳粹宣称它比牢不可破的“大西洋壁垒”坚固得多，将阻断苏联红军向西推进的步伐。而所谓的“白俄罗斯阳台”，则是一条环绕明斯克周围的连绵的巨大突出部，在里面部署的是陆军元帅恩斯特·冯·布施指挥的德国中央集团军群。“白俄罗斯阳台”作为“东方壁垒”的一个组成部分，将封锁通往德国的最短通道，保护纳粹德军在整个东线的主要交通线。

德军的人员和物资供应主要经由白俄罗斯到达前线，因为这条路线最短。因此，纳粹国防军总司令部命令德军要像保卫德国本土那样誓死保卫白俄罗斯。为了加强防御，德军把更远一些的城市，比如维捷布斯克、奥尔沙、莫吉廖夫、博布鲁伊斯克、波洛茨克——当然还有明斯克——都列为重点防御地区或防御要塞。此外，德军还重点在河流沿岸的其他城市、村镇和主要的居民点建造了坚固的防御工事。

德军莫吉廖夫防御要塞司令冯·厄德曼斯道夫将军在被俘后交代，他们得到的命令是不惜一切代价坚守这些地区，即使被完全包围也不能放弃。只有在集团军群司令部请示希特勒并得到批准后，才能够放弃一个防御要塞。1944 年 4 月，白俄罗斯地区所有的防御要塞司令官被召集到集团军群总部，他们立下军令状，决心保卫所辖区域，发誓将战斗到最后一人，最后一颗子弹。

1944 年上半年，苏军在苏德战场南北两翼实施了一系列进攻战役，给德军以毁灭性打击，解放大片国土，但在中段进展缓慢，形成白俄罗斯突出部。德军力图固守该突出部，以阻止苏军向华沙和东普鲁士两个战略方向发展进攻。苏军最高统帅部决定对该突出部发起主攻，以消灭德军中央集团军群主力，收复白俄罗斯，为进攻乌克兰西部、波罗的海沿岸地区、波兰和东普鲁士创造有利条件，同时策应西欧战场盟军诺曼底登陆战役。苏军参加这次战役的有白俄罗斯第 1、第 2、第 3 方面军（司令分别为 K.K. 罗科索夫斯基大将、G.F. 扎哈罗夫上将和 I.D. 切尔尼亚霍夫斯基上将）和波罗的海沿岸第 1 方面军（司令为 I.K. 巴

▼白俄罗斯首都明斯克

▲开往战场的装甲部队

格拉米扬大将）以及第聂伯河区舰队、远程航空兵和国土防空军航空兵。参战的还有波兰第1集团军和法国”诺曼底—涅曼”航空兵团。合计160个步兵师，6个骑兵师，12个坦克军和机械化军，7个筑垒地域，21个步兵旅、独立坦克旅和独立机械化旅，共140余万人、火炮和迫击炮3.1万门、坦克和自行火炮5 200辆。支援各方面军作战的有5个空军集团军，共5 000余架飞机（不含远程航空兵的飞机）。在敌后活动的1 000多支苏联游击队共14万余人，积极配合这次战役。苏军当面之敌为德军北方集团军群所属第16集团军各右翼兵团、中央集团军群（司令为E.布施元帅，后由W.莫德尔元帅继任）所属4个集团军，以及“北乌克兰”集团军群所属第4装甲集团军，共计63个师又3个旅，120万人、火炮9 500余门、坦克和强击火炮900辆、作战飞机1 350架。

白俄罗斯游击队对德军袭扰

在巨大的爆炸声中，整个白俄罗斯的土地都好像颤抖起来。这是游击队正在按计划袭击铁路。花3个晚上埋设的地雷和炸药的巨大爆炸声打破了夜晚的沉寂。这是一场规模空前的“铁路战役”。实际上，白俄罗斯游击队在所有方向的铁路上同时实施了将近4万次爆炸，使敌人的整个交通运输陷入了瘫痪。对于纳粹而言，游击队在最关键的时刻使他们最重要的几条铁路干线陷入瘫痪，其中就有明斯克—奥尔沙、明斯克—布列斯特和平斯克—布列斯特三大铁路线。许多桥梁、电报电话线和输电线路也遭到破坏。

在白俄罗斯战役的最后阶段，就在红军发起大规模反攻之前，游击队对铁路共进行了18.2万次爆破，颠覆了5 494列运输兵员和补给物资的火车，毁坏了1 101座铁路和公路桥梁，击落了73架飞机，摧毁了397辆坦克和2 510辆装甲车。

朱可夫亲自安排战前准备工作

1944年7月，德军主要作战部队全部部署在苏德前线。朱可夫的部队面对的是将近180个满编师

德军在白俄罗斯暴行

法西斯军队使白俄罗斯7 000所学校变成了废墟，烧毁了120万座房屋，杀害了220万平民。官方的统计数字更能直观地说明这些事实的残酷，那就是，每4个平民中就有1人惨遭杀害。在维捷布斯克城，平民死亡率甚至高达1/3。此外，法西斯占领军还将9 000个村庄夷为平地。在第二次世界大战期间，白俄罗斯所遭受的破坏比欧洲其他任何地方都要惨重，这是不争的事实。

和 5 个旅的德军，还有仆从国意大利、罗马尼亚、匈牙利和芬兰的 49 个师和 12 个旅，总兵力将近 450 万人，装备了 59 000 门火炮和迫击炮、7 800 辆坦克和突击炮以及 3 200 架飞机。

朱可夫部队的总兵力将近 660 万人，装备了 9.8 万门火炮和迫击炮、7 000 辆坦克和自行火炮以及 1.3 万架飞机。

朱可夫曾在白俄罗斯服役

朱可夫对白俄罗斯非常熟悉。他说"我以前当兵时，在这里待了 6 年多，几乎走遍了白俄罗斯的每一个角落。我经常在沼泽地里打野鸭……水里和森林里有数不清的飞禽走兽可供狩猎。"

在赶赴各自负责的前线之前，朱可夫和华西列夫斯基仔细研究了敌人防御的一切强点和弱点，以及各级指挥部、各部队应当采取的措施。朱可夫写道："此外，在对部队、物资和最高统帅部预备队的集中进行控制，以及有关通信联络和把最高统帅部在其他地段上采取的行动通知我们的问题上，我们同安东诺夫将军达成了一致意见。"

朱可夫还提到了前线需要的数量惊人的后勤物资和装备。根据总参谋部的估算，参加"巴格拉季昂"战役的部队大约需要 40 万吨弹药、30 万吨燃油和润滑油以及 50 多万吨粮食。还需要将 5 个多兵种合成集团军、2 个坦克集团军、1 个空军集团军和波兰第 1 集团军集中到预定地域。此外，苏联最高统帅部还从自己的预备队中抽出部分兵力配属给各部队。

朱可夫强调说，在进行这些工作时必须特别小心谨慎，以免被敌人察觉。

战争第一阶段

1944 年 6 月 23 日至 7 月 4 日，苏军相继进行维捷布斯克—奥尔沙战役、莫吉廖夫战役、博布鲁伊斯克战役和波洛茨克战役，并完成了对德军明斯克集团的合围。6 月 23 日，苏军 4 个方面军在 6 个地段突破德军防御。波罗的海沿岸第 1 方面军与白俄罗斯第 3 方面军协同，于 25 日前在维捷布斯克以西合围德军 5 个师，并于 27 日全歼该敌。28 日，波罗的海沿岸第 1 方面军攻占列佩利市，7 月 4 日攻占波洛茨克，然后迂回德军北方集团军群右翼，为苏军随后在波罗的海沿岸实施突击创造了有利条件。白俄罗斯第 3 方面军强渡别列津纳河后，于 7 月 1 日攻占鲍里索夫。白俄罗斯第 2 方面军在进攻发起后的 6 天内强渡普罗尼亚河和第聂伯河，解放莫吉廖夫。白俄罗斯第 1 方面军于 6 月 27 日在博布鲁伊斯克地域合围德军 6 个多师，并于 29 日全歼该敌。随后，3 个白俄罗斯方面军向明斯克实施向心突击，7 月 3 日收复明斯克，并在明斯克以东地域合围德军 10 万余人。至

▼白俄罗斯军人开赴战场

7 月 4 日，苏军共推进 225 ～ 280 公里，收复白俄罗斯大部地区，在德军战略防线正面打开宽达 400 公里的缺口。

战争第二阶段

1944 年 7 月 5 日至 8 月 29 日，苏军各方面军密切协同，顺利实施了希奥利艾战役、维尔纽斯战役、考纳斯战役、比亚韦斯托克战役和卢布林—布列斯特战役。7 月 5 ～ 11 日，白俄罗斯第 2 方面军歼灭明斯克以东被围德军。18 日，白俄罗斯第 1 方面军开始实施卢布林—布列斯特战役，4 天后击溃对面德军，与波兰第 1 集团军一起进入波兰境内，至 7 月底进抵华沙郊区，并在宽大正面上前出到维斯瓦河。在北翼进攻的波罗的海沿岸第 1 方面军于 7 月 27 日攻占希奥利艾，31 日收复图库姆斯，部分兵力抵达里加湾海岸。8 月中旬，白俄罗斯第 2 和第 3 方面军从东面和东南面进抵东普鲁士边界。8 月 29 日，苏军在里加西南的叶尔加瓦、多贝莱、希奥利艾及苏瓦乌基、奥斯特鲁夫—马佐维茨克、华沙郊区的普拉加和维斯瓦河一线转入防御，战役即告结束。在整个战役过程中，德军中央集团军群被粉碎，17 个师又 3 个旅被全歼，50 个师损失过半，约 2 000 架飞机被击落。苏军解放了白俄罗斯全部、立陶宛大部、拉脱维亚部分领土以及波兰东部，前进 550 ～ 600 公里，扩大进攻正面 1 000 多公里。

苏军组织、实施这次战役的特点

采取广泛的战役伪装措施。在预定实施战役的地区以外，采取了军队集结和伪装作业等佯攻措施，并将各坦克集团军继续留在西南方向上，使德军把苏军在白俄罗斯的行动误认为是辅助性的，故在白俄罗斯没有准备足够的预备队。

大量密集地使用炮兵。在各方面军突破地段上，炮兵的密度达到每公里平均 150 ～ 200 门火炮和迫击炮；进攻过程中采取了以双层徐进弹幕射击支援步兵和坦克的新方法。

最大量地使用航空兵。整个战役中共出动飞机 15.3 万架次。

发展了合围的作战方法。对德军明斯克以东集团的合围，是在距防御前沿 200 ～ 250 公里纵深内对其进行平行追击和正面追击过程中完成的。

与游击队之间建立广泛的协同。战役开始前，活跃在德军后方的游击队扰乱德军后方，阻止德军向前线运送人员和物资；战役过程中，游击队破坏交通线，消灭德军有生力量和技术兵器，夺占居民地和渡口并一直扼守到大部队到达。

▼白俄罗斯军车

雅尔塔会议

第二次世界大战末期，美、英、苏三国首脑在苏联克里米亚半岛雅尔塔举行了会议，又称克里米亚会议。1945 年初，德国法西斯临近灭亡，反法西斯战争接近最后胜利，美、英、苏之间的矛盾日益明显暴露。为加强相互信赖，协调战略计划，尽快结束战争，安排战后国际事务，维护战后和平，三国首脑富兰克林·罗斯福、温斯顿·丘吉尔和约瑟夫·斯大林于 1945 年 2 月 4 ～ 11 日在雅尔塔举行会议。

会议召开的背景

1944 年 12 月，德军在西战场的阿登地区（比利时）对盟军发动了强大的反攻，美英军队陷入了困境。1945 年 1 月 6 日，丘吉尔不得不向苏联求援。1 月 12 日，苏军从波罗的海到喀尔巴阡山的整个战线上连续不断地给德军强有力的打击，德军被迫停止了在西线的进攻，缓和了阿登地区盟军的处境。在 1 月战役中，苏军朝柏林方向推进 500 公里，2 月 1 日已达奥得河的屈斯特伦地区，进入了德境，从而为继续进攻取得了有利的战略地位。从欧洲战场的全局看，最后击溃德国的日子已经在望。这时，英美两国在太平洋和东南亚集结了大量海空军，但要进攻日本本土，其兵力明显不足，这就激发了美国政府要抓住苏联“金羊毛”的企图。

随着反法西斯军事行动的发展，结束战争和安排战后世界而产生的一系列政治问题需要迅速解决，特别是应该制定盟军在反希特勒德国战争最后阶段的协同一致的军事行动计划，处置战败的德意志“帝国”的基本原则，对日作战，实现战后世界国际安全问题的基本原则，客观上愈加迫切地需要三大盟国举行新的最高级会晤。

正如罗斯福在三大国“巨头”会晤“提要”中所述：“为了击败德国，我们应该有苏联的支持。在欧洲战争结束后，为了同日本作战，我们更是绝不可没有苏联。”罗斯福“决心争取在雅尔塔得到”苏联关于参加远东战争的“书面保证”。

▼雅尔塔风景

▲三巨头合影

会议的主要内容

战后处置德国问题，决定由美、英、法、苏4国分区占领德国和德国必须交付战争赔偿以及彻底消灭德国军国主义和纳粹主义的一般原则。

波兰问题，三国决定波兰东部边界大体上以寇松线为准，在若干区域作出对波兰有利的5～8公里的逸出，同意波兰在北部和西部应获得新的领土，其最后定界留待和会解决；关于波兰政府的组成经过激烈争论，同意以卢布林的波兰临时政府为基础进行改组，容纳国内外其他民主人士。

远东问题，苏联承诺在欧洲战争结束后2～3个月内参加对日作战，其条件是：维持外蒙古的现状，库页岛南部及邻近岛屿交还苏联，大连商港国际化，苏联租用旅顺港为海军基地，苏、中共同经营中东铁路和南满铁路，千岛群岛交予苏联。

联合国问题，同意苏联的乌克兰和白俄罗斯加盟共和国为联合国创始会员国，决定美、英、法、苏、中五国为安理会常任理事国，规定实质性问题常任理事国一致同意的原则。此外，会议还讨论了希腊、南斯拉夫、意大利等欧洲国家的有关问题。

会议签署了《雅尔塔协定》，通过了《被解放的欧洲的宣言》和《克里米亚宣言》等文件。此次会议巩固和维护了三国战时联盟，对协调盟国对德、日作战，加速反法西斯战争的胜利进程和促进战后和平稳定局面的形成起到重要积极作用，为联合国的建立奠定了基础。但会议的某些协议未经有关国家同意，具有明显的大国强权政治和绥靖政策的倾向，严重损害了中国等国的主权、利益和领土完整。三大国在会议上作出的战后世界秩序的安排被称为雅尔塔体系，对战后世界影响巨大。

这次会议是继1943年的德黑兰会议后的第二次同盟国首脑会议。这次会议的结论在1945年7～8月的波茨坦会议就有所争议。许多人批评此次会议使苏联以及各国共产党得以控制中欧，

东欧以及亚洲许多国家，因为在会中美国总统罗斯福以及英国首相丘吉尔都没有依照当时被占领的国家之期望，要求战后被苏联“解放”的国家交由联合国代管。此外为争取苏联对日宣战，会中部分内容侵犯中国权利甚大。会前其他国家并不知情，故其结论亦有“雅尔塔密约”之称。

▼战场上的美国士兵

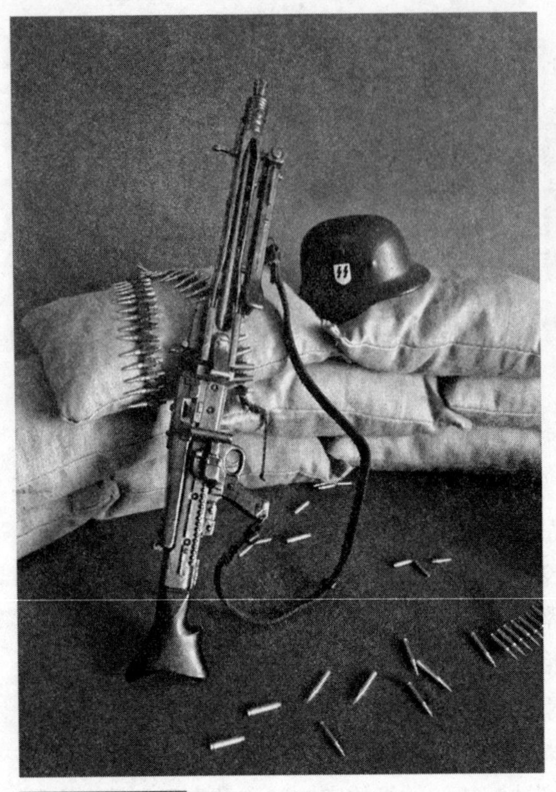

▲德国士兵装备

会议协议主要内容

4 月在旧金山进行就联合国成立的会议。联合国的组织方式基本被确定，联合国安理会的主意被采纳。美国和英国同意当时属苏联的乌克兰加盟共和国和白俄罗斯加盟共和国为独立的联合国成员。

德国被分裂，德军被解散，德国不准再拥有军队。美英苏认为这是“今后和平和安全的必要条件”。德国应该被分裂为同盟国家的占领区。法国也应该有自己的占领区，应该成为同盟国对德国控制委员会的一员。

德国应该为“她对同盟国在战争中造成的损失”付战争赔款。战争赔款可以以德国国家资源（机器、船只、企业所有等）、一段时间内应该支付的偿款或劳动力的方式赔偿。美国和苏联达成协议偿款总额为约 220 亿美元。英国认为在当时偿款总额还无法估计。

战争罪问题被暂时搁置。

在波兰，一个“广泛的民主临时政府”应该“尽快进行自由的和不受他国控制的、全民的和秘密的选举”。

在南斯拉夫，一个保皇党和共产党的联合政府应该被建立。

德国投降后 3 个月内苏联向日本宣战。其报酬是苏联获得库页岛、千岛群岛以及其对大连、旅顺及其铁路连接的控制。

关于意大利—南斯拉夫、意大利—奥地利、南斯拉夫—保加利亚、罗马尼亚、伊朗以及土耳其管理的黑海与地中海之间的海峡使用的问题被暂时搁置。

所有被俘的苏联公民被遣返苏联，不论他们愿不愿意。

在德国投降、欧洲战争结束后 2 ~ 3 月之内，苏联依据以下条件协助同盟国参加对日战争：

外蒙古（蒙古人民共和国）的现状须予维持。

对 1904 年由于日本背信攻击（日俄战争）所受侵害的帝俄旧有权利，应予恢复：(a) 库页岛南部及其邻近的一切岛屿均须归还苏联；(b) 维护苏联在大连商港的优先权益，并使该港国际化；同时恢复旅顺港口俄国海军基地的租借权；(c) 中苏设立公司共同经营合办中长铁路、南满铁路，并保障苏联的优先利益。同时维护中华民国在满洲（中国东北）完整的主权。

雅尔塔会议

雅尔塔会议（又称为“克里米亚会议”）是美国、英国和苏联三个大国的政府首脑——富兰克林·罗斯福、温斯顿·丘吉尔和约瑟夫·斯大林在1945年2月4～11日之间在黑海北部的克里木半岛的雅尔塔皇宫内举行的一次关于制定战后世界新秩序和列强利益分配问题的一次关键性的首脑会议。这次会议对第二次世界大战以后世界历史的发展产生极其深远的影响，形成了雅尔塔体系，决定了直到今天许多国家的命运与方向。

千岛群岛让与苏俄。

上述有关外蒙古及东北的港湾与铁路等协议，须征求蒋中正之同意，罗斯福总统依斯大林之通知，采取取得其同意之措施。

雅尔塔会议意义

雅尔塔会议对苏联来说，是一次取得广泛成果的会议。主要是：取得了分区占领德国的权力；确定了有利于苏联的苏波边界，保留了苏联支持的波兰卢布林政府；“大国一致”的原则确立了苏联在联合国的牢固地位和作用；在远东获得了极大的权益。所以，就建立苏联在东欧的势力范围和确保苏联在战后欧洲和世界格局中的有利地位而言，雅尔塔会议实际上是向苏联颁发了承认书和授权书。

雅尔塔会议基本上解决了战后和平与安排的问题。同年7～8月，苏、美、英三国首脑的波茨坦会议实际上是对雅尔塔会议的决议和规定作了进一步的补充和修缮。会议主要讨论了德国问题、波兰问题、对意大利等战败国的基本政策和黑海海峡问题等。规定：必须使德国非军国主义化、民主化和肃清纳粹主义；苏、美、英、法四国总司令分别在各自的占领区内行使管理权；英美承认波兰临时政府并与流亡政府断交；波兰西部边界问题由和会最后决定；设立外长会议讨论对德国和意大利等战败国的和约问题；认为关于海峡的《蒙特勒公约》应予修订；哥尼斯堡及其附近地区划归苏联。

雅尔塔会议对于缓和盟国之间的矛盾、加强反法西斯统一战线、协调对德日的作战行动、加速反法西斯战争胜利进程以及战后惩处战争罪犯、消除纳粹主义和军国主义势力影响等起了重要作用，对战后世界格局的形成产生了深远影响。会议背着中国政府作出的有损中国领土和主权的决定，是大国沙文主义和强权政治的表现，更是绥靖政策又一次发展到高潮的标志。

▼出水的潜艇

莱特湾海战

莱特湾海战是发生在第二次世界大战中太平洋战场上菲律宾莱特岛附近的一次海战。有海军历史学者认为莱特湾海战是历史上最大的海战。

战役概况

日本企图击退或消灭盟军在莱特岛的登陆部队，结果是日本联合舰队战败，此战严重削弱了日本海军的实力。有海军历史学者认为莱特湾海战是历史上最大的海战。在莱特湾海战中日本第一次使用神风特攻队。

海战进行的时间从 1944 年 10 月 20 ~ 26 日。在六天之内，日军与盟军投入船舰总吨位超过 200 万吨。35 艘航空母舰、21 艘战列舰（主力舰）、170 艘驱逐舰与近 2 000 架飞机参与了战斗。日军虽居劣势，但在塞班岛、马里亚纳群岛等战役皆失利后，若再丧失菲律宾群岛或台湾岛，其帝国“南线”资源输送本土的命脉将断绝，在东南亚与中国、朝鲜、本土的联系将被切断。日本因此决定孤注一掷，企图击退盟军在莱特岛的登陆部队，并打败其海上力量。而盟军几经考虑后，放弃攻打中国台湾而先从菲律宾登陆，并决心以优势兵力掩护登陆，并一举击溃前来支援的日本帝国海军。

▲潜艇　▼日军运送士兵

结果如所预料，数量上远远处劣势的日本联合舰队战败。巡洋舰以上大型军舰 13 艘被击沉，日本在菲律宾一带的海基与陆基航空力量被消灭。从此日本海军在太平洋战争中，不再是一个战略力量。此战役也为后来美军成功攻下菲律宾群岛、冲绳岛等地打下基础。

由于战局无望，日本此役第一次有组织地发动神风特攻队自杀攻击。10 月 21 日，澳大利亚所属巡洋舰“澳大利亚”号被重创，似乎显示出特攻有些效果。从 10 月 25 日

▲参加海战的舰船

起，日军开始有组织地对盟军舰艇大规模进行自杀式攻击。

战役背景

1943 年的战势迫使日本军放弃其在所罗门群岛的基地。1944 年，盟军在一系列登陆行动中占领了马里亚纳群岛，突破了日军在太平洋的内防御圈，在 6 月的菲律宾海海战（马里亚纳海战）中日本的航母舰队被重创，盟军在西太平洋获得空中和海上的优势。

此时盟军开始考虑他们的下一步。海军上将切斯特·威廉·尼米兹建议进攻台湾，将日军阻挡在菲律宾。这样盟军可以控制联系日本和南亚的海路，切断日本与南亚的驻军的联系，这样在南亚的驻军得不到补给必败。道格拉斯·麦克阿瑟将军主张在菲律宾登陆。菲律宾也位于日本的联系线上。将菲律宾让给日本对美国来说是一个丢脸的事，而且麦克阿瑟 1942 年逃离菲律宾时曾经发誓重返故地。最后富兰克林·罗斯福必须做最后决定。他决定在菲律宾登陆。日方对盟军的步骤也很清楚。联合舰队最高长官丰田副武制定了四个方案：捷 1 号作战方案是针对菲律宾的重大海军作战方案，捷 2 号作战方案是针对台湾的作战方案，捷 3 号和捷 4 号作战方案分别是针对琉球群岛和千岛群岛的作战计划。所有四个计划都是孤注一掷的、复杂的和大胆的行动计划，它们将日本所有的力量都投入一次决定性战役。

1944 年，美军沿中太平洋和西南太平洋两线向日军发起连续攻势。在尼米兹和麦克阿瑟的联合打击下，日军节节败退。到 1944 年秋，尼米兹的中太平洋部队夺取了马里亚纳群岛；麦克阿瑟的西南太平洋部队完全控制了新几内亚，下一步的主要目标是准备向菲律宾进军。为此，美参谋长联席会议命令麦克阿瑟和尼米兹组成联合部队，于 1944 年 10 月 20 日在菲律宾中部的莱特岛实施登陆。

10 月 10 日，麦克阿瑟属下的金凯德海军中将率第 7 舰队 738 艘舰只，运送美第 6 集团军 17.4 万人，在尼米兹属下的哈尔西海军上将的第 3 舰队 16 艘航空母舰、6 艘战列舰以及 73 艘巡洋舰和驱逐舰的支援下，向莱特岛挺进。10 月 20 日，美军在莱特岛大举登陆。当天下午，麦克阿瑟在菲律宾总统奥斯梅纳陪同下，涉水上岸，他站在蒙蒙细雨中，情绪激动地发表讲话：“菲律宾人民，我回来了！托万能之主的

▼美军战舰

▲美军第三舰队舰船

福，我们的军队又站在菲律宾这块洒满我们两国人民鲜血的土地上了。”

对于日本而言，保卫本土固然重要，但是，固守菲律宾、中国台湾和琉球群岛，对于日本的安全来说也是同样重要的。只有守住这个外围岛链，日本才能把不可缺少的石油资源从荷属东印度运往本土。

当美先头部队在莱特岛登陆后，日联合舰队司令官丰田副武海军大将立即下达了“捷1”号作战命令。根据丰田的命令，水面舰队在海军中将栗田健男的指挥下，分成两部出动。栗田自己带领5艘战列舰（包括2艘超级战列舰）、12艘巡洋舰和15艘驱逐舰，经中国南海、锡布延海和圣贝纳迪诺海峡驶向莱特湾。他的副手海军中将西村祥治率2艘战列舰、1艘巡洋舰和4艘驱逐舰经苏禄海，进至苏里高海峡。2人定于10月25日早晨由南北两面同时冲进莱特湾，夹击美国的两栖舰队。为了使这支铁钳似的两臂力量更均衡，丰田命令仍在琉球群岛的志摩中将率领他的3艘巡洋舰和4艘驱逐舰向南航行，同西村会合。同时又令小泽治三郎中将率由4艘航母组成的编队自濑户内海南下，来引诱哈尔西，企图把他从莱特岛引开。

美国海军进攻菲律宾的登陆点在莱特岛。托马斯·金凯德海军中将的第七舰队的旧式战列舰以及护航航空母舰用于支持登陆部队。威廉·哈尔西海军上将的第三舰队航空母舰特混舰队用于掩护两栖作战并寻歼日本舰队。

1944年10月12日尼米兹的航母对台湾进行了一次空袭来保证那里的飞机无法介

入在莱特岛的登陆。日本因此开始执行“捷 1”号作战方案。一波又一波的飞机被投入对美国航母的战斗。在此后 3 天中日本损失了 600 架飞机，这几乎是它大部分的空军力量。这使得它的海军基本丧失了空军保护。

按“捷 1”号作战方案，小泽治三郎中将的机动部队使用航母将美国第三舰队从其应该保护的登陆力量引走。美国登陆力量在丧失其空中掩护后受到从西方开入的三支日本舰队的打击：驻扎在文莱的栗田健男中将率领第二舰队进入莱特湾消灭盟军登陆力量。西村祥治和志摩清英中将的舰队组成第五舰队作为运动攻击力量。这三支舰队没有航母和潜艇，完全由水面舰只组成。

显然这个计划的结果是这 4 支舰队中至少 1 支要被消灭。战后丰田对美国调查者是这样解释的：“假如我们丧失菲律宾，而舰队幸存下来，那么我们南北之间的海道就被割断了。假如舰队待在日本领海的话，那么它得不到燃料补给。假如它待在南海的话，那么它就得不到武器弹药的补给。因此假如我们失去菲律宾的话，那么保存这支舰队也没有意义了。”

战役过程

1944 年 10 月 20 日，美军一支两栖部队进攻菲律宾群岛中部的莱特岛，此乃莱特湾战役的开始。同一天，日军一支部队从莱特岛东南部进入阵地，美军第七舰队的潜水艇发现日军第一攻击部队。

栗田的舰队于 10 月 24 日进入莱特岛东北的锡布延海。在锡布延海海战中他受到美国航空母舰的攻击，“武藏”号战列舰被击沉。栗田调头撤退，美国飞行员以为他就此退出战场，但晚间他再次调头进入圣贝纳迪诺海峡并于清晨来到萨马岛。

西村少将的舰队于 10 月 25 日清晨 3 点进入苏里高海峡正好撞到美军的作战舰队。在苏里高海峡海战中“扶桑”号战列舰和“山城”号战列舰被击沉，西村战死，他的剩余力量向西撤退。

哈尔西上将接到小泽的航空母舰舰队到达的消息后于 10 月 25 日派他的航空母舰追击，在恩加尼奥角海战中四艘日本航空母舰被击沉，小泽的剩余力量逃往日本。

栗田的舰队于 10 月 25 日清晨 6 时到达萨马岛。此时哈尔西正在追击小泽，在栗田的舰队和美国的登陆舰队之间只有 3 艘美国护卫航空母舰和它们的驱逐舰。在萨马岛海战中美国驱逐舰的鱼雷攻击和无情的空中攻击，使栗田以为他面临美军主力，也因为天气不利他转身撤出战场。

▼日军在甲板上集结

锡布延海战

栗田最强大的“中心舰队”由五艘战列舰组成(五艘战列舰:“大和”号、“武藏”号、“长门”号、“金刚”号和“榛名”号)，加上10艘重巡洋舰、2艘轻巡洋舰和15艘驱逐舰。栗田的舰队企图突破圣贝纳迪诺海峡，攻击莱特湾内的登陆舰队。

1944年10月23日子夜后栗田的舰队经过巴拉望岛水域,他的舰队被美国潜艇“海鲫”号和“鲦鱼”号发现。虽然“大和”号上的电报员发现了两艘潜艇报告他们发现这支舰队的电讯，日本舰队没有采取反潜行动。06：43，“海鲫”号（SS-247）首先发动攻击，在1 000米距离上对准重巡“爱宕”和“高雄”各射出6枚鱼雷，“爱宕”号命中4雷沉没，“高雄”号中2雷重伤，06：56“摩耶”号重巡洋舰则被“鲦鱼”号命中4雷沉没。“高雄”号重巡洋舰被鱼雷击中在两艘驱逐舰的保护下返回文莱。美国潜艇尾随着它。10月24日由于“海鲫”号搁浅被迫被放弃。栗田将他的旗舰移到“大和”号上。

▲被击中的战列舰

10月24日约08:00美国“无畏”号航空母舰上的飞机发现这支舰队进入狭窄的锡布延海。哈尔西命令集结第三舰队的三支航空母舰分舰队集中攻击栗田的舰队。从“无畏”号和“卡伯特”号航空母舰和其他航空母舰上起飞的共260架飞机约于10:27开始不断攻击这支舰队。醒目的“大和”号和“武藏”号成为美军主要攻击的目标。“妙高”号重巡洋舰首先中弹,舰尾被命中1雷,负重伤返航。“武藏”号、“大和”号和“长门”号相继中弹，“武藏”号在六波攻击中共命中鱼雷19枚，炸弹17枚（另有近失弹18枚）后沉没，“大和”“长门”均受伤，航速下降至24节，“金刚”“榛名”轻伤洋舰，轻巡洋舰“矢矧”中弹，驱逐舰“滨风”“清霜”受伤返航。由于己方缺乏航空掩护，15:30栗田下令他的舰队转头开出美国航空母舰的袭击范围。他等到17:15，然后再次转头开向圣贝纳迪诺海峡。他的舰队无暇顾及受重伤掉队的“武藏”号。“武藏”号最后约于19:30倾覆沉没。

与此同时，大西泷治郎中将驻吕宋岛的80架飞机袭击了“埃塞克斯”号、“本宁顿”号、“普林斯顿”号和“兰格利”号航空母舰。“普林斯顿”号被一枚穿甲炸弹击中起火。15:30其后弹药库爆炸，当场有229人阵亡，236人受伤，其他附近船只也被损坏。17:50“普林斯顿”号沉没。该分舰队负责向北边警戒任务,导致无暇派飞机搜索北方水域,16:35小泽的诱饵舰队才被美军飞机发现。

苏里高海峡海战

西村的南路舰队由战列舰“扶桑”号、“山城”号以及“最上”号重巡洋舰和4艘驱逐舰组成。1944 年 10 月 24 日他们遭到空袭，但未受伤。

▲美国海军在进行战斗

由于南路舰队和中路舰队电报寂静，西村无法与栗田和志摩协调他们的步骤。当他于 02:00 进入苏里高海峡时，志摩在他后面约 40 公里，而栗田还在锡布延海，离莱特岛的海岸还有好几个小时。

他们刚刚开过帕纳翁岛就闯进了美国第七舰队为他们设置的圈套。杰西·奥尔登多夫少将的 6 艘战列舰（从西向东，分别是“宾夕法尼亚”号、“加利福尼亚”号、“田纳西”号、“密西西比”号、“马里兰”号、“西弗吉尼亚”号）、8 艘巡洋舰［从西向东，分别是：“什罗普郡”“博伊西”“菲尼克斯”（以上 3 艘编成右翼巡洋舰群，面向南方）；“哥伦比亚”“丹佛”“明尼阿波利斯”“波特兰”“路易斯维尔”号（以上 5 艘编成左翼巡洋舰群）］、29 艘驱逐舰和 39 艘鱼雷艇已经严阵以待。

由于美军缺乏在夜间作战的飞机，故只能用装备雷达的鱼雷艇来提供信息，

同日 20 时 50 分，美国鱼雷艇发现西村舰队，22：52 ~ 02：13 期间，美军 13 个鱼雷艇分队分别向西村舰队发动鱼雷攻击，无一命中，美军鱼雷艇 PT-493 触礁沉没，但为第七舰队提供了大量情报。

同日 3 时，美军第 54 驱逐舰中队第一部分 3 艘驱逐舰在 7 000 ~ 8 000 米距离上向西村舰队发起鱼雷攻击，共射出 27 枚鱼雷，1 枚鱼雷击中“扶桑”号中部，“扶桑”号即刻落伍，随之右回转后撤，8 分钟后全舰失去动力。

同日 3 时 09 分，第 54 驱逐舰中队第二部分也发射了鱼雷，前导驱逐舰“山云”号首先中雷，随即发生大爆炸沉没，“朝云”号前主炮下方中弹，舰艏折断，航速下降至 12 节，战列舰“山城”和驱逐舰“满潮”相继中雷受伤，“山城”号前后命中 2 枚鱼雷，中后部主炮无法工作，但仍坚持前进。

▼美军官兵在观察敌情

同日 3 时 45 分，落后的“扶桑”号中部燃料舱和 3，4 号主炮塔弹药舱发生大爆炸，舰体断裂，舰艏部分于 04：20 被击沉，舰尾部分在 1 个多小时后也沉没。战后谁也不知道“扶桑”号上发生了什么，因为全舰无一幸免，阵亡人数在 1 400 ~ 1 600 之间。

同日 3 时 50 分，美军战列舰、

▲"那智"号巡洋舰

巡洋舰编队采用海军炮战经典战法，排成两列"T"字横队（战列舰在后，距离2万米，巡洋舰在前，距离1.4万米），用全正面交叉火力在雷达引导下共发射大口径主炮炮弹245发，巡洋舰发射炮弹4 000多发，第56驱逐舰中队也对其进行鱼雷攻击，共命中鱼雷2枚，顷刻间，"山城"号剧烈燃烧并发生爆炸，舰桥崩塌，并于04：19沉没，西村中将以下除10人被美军救起外，其他均随舰葬身鱼腹。"最上"号也中弹多处，其中防空指挥所被直接命中，舰长，副长，航海长等几乎所有的高级军官全部被炸死，只好由炮术长荒井大尉代理指挥。"时雨"号驱逐舰也有5处受创。

同日4时25分，志摩的"那智"号和"足柄"号重巡洋舰以及8艘驱逐舰到达战场。志摩以为他看到的那两段残片是西村的两艘战列舰的剩余（实际上它们是"扶桑"号的两段），他意识到通过海峡是毫无希望的，因此下令转身撤退。在混乱中他的旗舰"那智"号与焚烧的"最上"号相撞，丧失机动能力而落后的"最上"号第二天被飞机击沉。志摩舰队在撤退过程中，受到美军舰载机的追击，轻巡"阿武隈"号和驱逐舰"不知火"号相继沉没。

苏里高海战是人类历史上最后一次发生在战列舰之间的海战，是海战史上组织最成功的战例之一。美军以1艘鱼雷艇为代价，获得了击沉2艘战列舰，1艘重巡洋舰，3艘驱逐舰，伤1艘重巡洋舰1艘驱逐舰的骄人战绩（轻巡"阿武隈"号和驱逐舰"不知火"号不作为战果统计）。

恩加尼奥角海战

"瑞鹤"号沉没前小泽的舰队由4艘航空母舰（"瑞鹤"号、"瑞凤"号、"千岁"号、"千代田"号）、由第一次世界大战时建造的战列舰改装成的2艘航空战舰（"伊势"号、"日向"号）、3艘巡洋舰和9艘驱逐舰组成。"瑞鹤"号是最后一艘参加过珍珠港事件幸存至此的航空母舰。"日向"号和"伊势"号的后部炮塔被改成机库、跑道和起飞机构。但这两条船都没有带飞机。小泽一共只有108架飞机。

一直到1944年10月24日16：40小泽的舰队才被发现。此时美军正在对付栗田的舰队和吕宋岛的空袭。24日晚小泽获得了一份美国电报说栗田撤退了（这个消息是错误的），但20：00丰田下令所有舰队继续进攻。

哈尔西看到他有机会消灭所有日本在太平洋上的航空母舰，这样美国可以无忧虑地进攻日本本土。他相信栗田已经在锡布延海战中被击退，因此他于子夜后带领所有的三队航空母舰和威利斯上将的战列舰（根据哈尔西的命令，为守卫圣贝纳迪诺海峡临时编成第34特混舰队。命令是个预案，后来造成理解上的混乱）开始追击小泽。虽然美国侦察机发现了栗田开向圣贝纳迪诺海峡，但哈尔西认为金凯德的第七舰队足以对付它，所以未加理会。

美国舰队的数量比日本舰队多得多。哈尔西拥有9艘航空母舰（“无畏”号、“大黄蜂”号、“富兰克林”号、“列克星敦”号、“邦克山”号、“黄蜂”号、“汉考克”号、“企业”号、“埃塞克斯”号）、8艘轻航空母舰（“独立”号、“普林斯顿”号、“贝勒伍德”号、“科本斯”号、“蒙特利”号、“兰格利”号、“卡伯特”号、“圣哈辛托”号）、6艘战列舰（“亚拉巴马”号、“依阿华”号、“马萨诸塞”号、“新泽西”号、“南达科他”号、“华盛顿”号）、17艘巡洋舰和64艘驱逐舰。他有1 000多架飞机，但他将登陆点让给了几艘护卫航空母舰和驱逐舰。哈尔西被小泽的诱饵给引诱出来了。

10月25日早，小泽下令75架飞机起飞攻击美军，但这些飞机没有造成多少损失，大多数飞机被美国战斗机击落，少数飞往吕宋岛。

哈尔西亲自率领第34特混舰队的战列舰急速前进，准备用大口径舰炮直接去对付小泽舰队前卫的战列舰以及在舰载机空袭中掉队日舰。清晨，在还没有确定日军的精确位置的情况下，美军就起飞了180架飞机。直到7:10侦察机才找到了北路舰队。08:00美军战斗机摧毁了保护舰队的30架日军飞机。开始了不停地空袭，他们一共进行了857架次袭击。小泽舰队的航空母舰纷纷中弹（“千岁”号和一艘驱逐舰沉没，“瑞鹤”号、“千代田”号和一艘巡洋舰丧失了机动力）。小泽将他的旗舰改到另一艘巡洋舰上。

这时萨马岛战斗的消息传来。美军登陆军的情况紧迫（第七舰队的护航航空母舰因为栗田的舰队突然出现，而不断地发报向哈尔西求援。连坐镇珍珠港的尼米兹也给哈尔西发了一份简短的电报：第34特混舰队，在哪里？但负责电报加密的军官，随意添加了一句“全世界都想知道”，哈尔西的译码军官误以为是正文未加删减，这使哈尔西怒不可遏），哈尔西下令南下，他只留下了2个航空母舰大队以及一小支由巡洋舰和驱逐舰组成的舰队来收拾小泽的残余船只。

▼吕宋岛美景

下午在击沉几艘日本航空母舰后空袭集中在两艘改装的战列舰上，但它们密集的防空火力有效地抵挡了空袭。空袭一直到傍晚，小泽舰队作为诱饵的全部航空母舰，还包括一艘巡洋舰、两艘驱逐舰被击沉。“诱敌部队”取得了出色的成功。但通信混乱也同样发生在日本方面，小泽发出诱敌成功的电报，栗田却没有收到。不过这再次使栗田的舰队免遭全军覆没。

萨马岛海战

▲萨马岛海景

萨马岛之役栗田舰队击沉美军两艘护卫航空母舰，日军损失3艘巡洋舰，3艘主力舰受重创。

栗田的舰队于10月25日凌晨进入圣贝纳迪诺海峡，凌晨03:00它们沿萨马岛的海岸向南进发。于黎明时分发现美国舰队。

金凯德上将用3支舰队来阻挡它，每支舰队由6艘护卫航空母舰和7～8艘驱逐舰组成。每艘护卫航空母舰带约30架飞机，一共有500多架。护卫航空母舰比较慢，装甲薄，对付战列舰它们没有多少把握。

金凯德错误地以为威利斯·李的战列舰还守护在圣贝纳迪诺海峡，因此那里没有危险，但李被哈尔西调走去对付小泽去了。当日本舰队在萨马岛出现时美军大吃一惊。哈尔西的舰队已经被诱敌战术调走远离莱特湾，但是栗田对此却一无所知。栗田错误地将那些护卫航空母舰当作了美国的航空母舰舰队，他还以为整个美国第三舰队在他的18英寸炮口前呢。

美国护卫航空母舰立刻向东后撤，希望坏天气可以影响日本炮的精确度，同时立即发报请求支持他们甚至用明码发报。美国驱逐舰企图分散日本战列舰的注意力来取得时间。这些驱逐舰自杀般地对日舰发鱼雷，吸引日舰火力。为了躲避鱼雷日舰不得不打散自己的队形，“大和”号被两条平行的鱼雷逼迫背向而行，无法转身，怕被它们击中，这样损失了足足10分钟的时间。4艘美国驱逐舰被击沉，其他受伤，但它们为航空母舰获得时间让它们的飞机起飞。这些飞机没有时间转装穿甲炸弹，因此它们只能带着它们正带着的弹药起飞（有时甚至是深水炸弹）。然后美军航空母舰继续南逃，而战列舰的炮弹不断在它们周围爆炸。1艘航空母舰被击沉，其他受伤。

▼莱特岛海景

由于栗田舰队未完成整编队形便发动进攻，加上美军驱逐舰的攻击将他的队形打破了，各战队散乱在广阔的海面上。他丧失了对战事的战术指挥，他的3艘重巡洋舰被集中的海上和空中的袭击沉没。栗田于09:20下令北转整理队形。躲过栗田的舰队袭击的护卫航空母舰遭受的打击并没有结束，被“神风特攻队”自杀飞机击沉一艘，另两艘遭到重创。

▲美国第五舰队舰船

不久栗田的舰队改变航向，驶往莱特湾。就在日本计划就要得逞的时候，栗田再次北转撤退。他感觉美军支持舰队正向他包围过来，因此他感觉参战的时间越长，他遭到美国强大空袭的可能性就越高。在不停地空袭下他向北，然后向西穿过圣贝纳迪诺海峡。往返航行300海里的第三舰队于26日日出后，派舰载机对栗田舰队的掉队舰只进行了袭击。

▲美国第七舰队舰船

栗田的舰队“长门”号、“金刚”号和“榛名”号受重创。他带5艘战列舰进入战场，但当他回到日本时，只有“大和”号还有作战能力。

战役结局

莱特湾海战从海上保证了美国第6军的登陆点。在此后更艰苦的莱特岛战役中美军一直到1944年12月末才完全控制了该岛。

莱特湾海战是太平洋战争中最后一次大海战，也是历史上最大的一次海战。这场海战消灭了日本的海军力量，除了陆上基地的飞机外，日本海军几乎已不存在了，美军取得了绝对的制海权。小泽在战后受审时说：“在这一战之后，日本的海面兵力就变成了绝对性的辅助部队，除了某些特种性质的船只以外，对于海面军舰已经是再无用场可派了。”

海战末期，据守菲律宾北部空军基地的日本海军大西泷治郎中将，批准了神风特攻队向莱特湾内的盟军舰队发动自杀性攻击。10月25日皇家海军“澳大利亚”号巡洋舰再次被创，它不得不退出战场修复。美国护卫航空母舰1艘被击沉，5艘被伤。

“市场花园”计划

1944 年 6 月 6 日盟军登陆诺曼底开辟第二战场后，为求尽快击败纳粹德国，结束持续多年的战争，遂由英国蒙哥马利元帅向艾森豪威尔提出代号“市场花园”作战计划（Operation Market Garden）。

市场花园计划的产生背景

本计划的提出，一方面是因为蒙哥马利与美国巴顿将军的竞争，由于巴顿所率之美国第三军进展迅速，使蒙氏处于下风，他不赞成艾森豪威尔坚持的广泛正面进攻策略。另外一个原因便是希特勒对英国本土实施飞弹攻击（指 V2 火箭），情报指出火箭发射地点可能位于荷兰境内，为免除英国国内的舆论压力，丘吉尔亦赞成此攻击计划，以消除飞弹威胁。

市场花园具体计划

盟军第 1 空降集团军（辖美国第 82、第 101 空降师，英国第 1 空降师，波兰第 1 伞兵旅，司令为 L.H. 布里尔顿中将）在地面部队发起进攻前 30 分钟，沿艾恩德霍芬至奈梅亨、阿纳姆公路空降 2 个师，在阿纳姆空降 1 个半师，以夺取威廉敏娜运河、南威廉斯运河、马斯河、马斯河—瓦尔河运河、瓦尔河和下莱茵河上的桥梁，另留 1 个师机动，待占领机场后再向阿纳姆空降（代号为“市场”），保障地面部队（登普西的第 2 集团军向阿纳姆进军，与空降部队会合；霍德罗克斯第 30 军的一个半装甲师，2 个半步兵师担任主攻先锋部队；第 12 军的一个装甲师，2 个步兵师负责掩护 30 军的左翼；第 8 军的一个装甲师，一个半步兵师保卫 30 军的右翼）前出到下莱茵河右岸（代号为“花园“）。空降兵从英国起飞，采用两条航线分三批空降。这些部队共 15 万人。

▼巴顿将军

此计划是美英争夺军队指挥权、物资分配使用的产物，蒙哥马利的真正的目的是柏林，在占领阿纳姆后，让手下的第 2 集团军及 4 个半空降师绕过鲁尔区的北部，越过德国北部平原直扑柏林；霍奇斯的第 3 集团军从东路经亚琛抵达科隆，由南面保卫鲁尔区，与登普西会师后进攻柏林。

这个计划刚开始就遭到了美军将领的激烈反对，布莱德雷认为这个计划充满诡计和欺骗，冒险战略，简直不像是出自极端保守的蒙哥马利之手。但由于来自盟军高层的压力，艾森豪威尔遂同意此一计划。但是事与愿违，由于过分乐观，蒙哥马利麾下的情

▲德军坦克

报部门忽略荷兰境内有武装党卫军装甲部队驻防之情报，还有开战后各部队联络协调问题，致使战役最后没有成功。

9月17日12时30分～14时05分，约1 550架运输机和近500架滑翔机载运各空降师突击梯队空降，掩护兵力为1 113架轰炸机和1 240架战斗机。18日，1 360架运输机和1 203架滑翔机空运各师的后续梯队。美国第101空降师在费赫尔地区空降，当日夺取附近南威廉斯运河大桥并攻占宗镇，18日与地面先头部队会合，日落前攻占艾恩德霍芬。美国第82空降师在赫拉弗地区空降，当日夺取马斯河和马斯河—瓦尔河运河大桥，19日与地面先头部队会合，20日日落前夺取奈梅亨附近的瓦尔河大桥。英第1空降师在阿纳姆地区空降（离预定目标12英里远，要徒步去占领大桥），遭德军装甲兵和步兵猛烈反击，未能夺取下莱茵河大桥，被迫转入防御。该师后续梯队及21日在下莱茵河南岸空降的波兰伞兵第1旅，遭德军大量杀伤。25日夜，该师向下莱茵河南岸撤退；次日拂晓，未渡河的6 000余人被俘。此役是第二次世界大战中规模最大的空降战役，盟军出动运输机5 500余架次，滑翔机2 400余架次，在敌后空降3.5万余人、火炮568门，车辆1 927辆、物资5 230吨，空降兵损失约14 700人，德军损失3 300人。盟军因错误估计德军在阿纳姆地区的兵力，空降地域距目标过远，地面部队进展缓慢等原因，没有达到预期目的。

关于“市场花园”计划的评论

这次战役一开始就是个错误，首先是此次战役计划的提出完全是英军对指挥权争夺的产物，再有就是战役准备不充分，这在战役开始后暴露无遗，比如，联络通信（在空降之后的联络问题，担任火力掩护的装甲部队也未与空降部队会合）、火力支援、后勤准备（前线部队等过河的冲锋舟耽误了一天时间）等，又因为英国国内的天气阻碍空投计划，还有就是英国人的保守，明明英军装甲部队冲垮了德军的第一道防线，可是英军不继续加速推进，与空降部队会合，就在原地等步兵，照本宣科，贻误战机（美军指挥官都看不过去了，问为什么不走，被包围的可是英国人，那个英国军官说我听从命令，没有命令我不能前进）致使德军从容地调来增援的部队组织防线，党卫军装甲部队困住了英空降1师，攸关全局也是计划中最遥远的安恒大桥始终不能固守。

市场花园作战的含义

市场花园作战，其中市场指的是空降部队；花园指的是地面部队。计划中以三支空降部队分别是美国第82空降师及101空降师，与英第一空降师组成第一空降军团。由伞兵们先行空降敌后占领横跨莱茵河上的5座大桥，巩固后待装甲部队抵达会合，再一举进入德国边境，然后主力将扫向鲁尔工业区，使德国失去经济命脉而提早结束战争。

菲律宾战役

菲律宾战役，1941 年 12 月 8 日至 1942 年 5 月 7 日，在第二次世界大战的太平洋战争中，日军为粉碎美菲军队和美国亚洲舰队，攫取资源丰富的美属殖民地，给以后进攻荷属印度和澳大利亚创造有利条件而实施的战略性战役。

菲律宾战役企图

美国在菲律宾的克拉克和甲米地建有亚洲最大的空军、海军军事基地，构成日军南进的障碍并威胁日本本土安全。日军企图攻占菲律宾群岛，夺取美军事基地，控制日本本土与东南亚之间的海上交通线，为进攻荷属东印度创造条件。日军计划以驻台湾的航空部队实施航空火力突击，消灭美驻菲航空兵主力，夺取制空权；同时先遣部队在海军支援下在吕宋岛多点登陆并占领机场，航空兵适时前移，以保障陆军主力在林加延湾登陆并占领马尼拉；在南部占领菲律宾第二大岛棉兰老岛，随后南北对进占领菲律宾全部岛屿。

菲律宾战役兵力

参加这次战役的日军有第 14 军团（司令官本间雅晴中将）、海军菲律宾战役联合编队（司令为高桥伊望中将，巡洋舰 10 艘、驱逐舰 29 艘、航空母舰 1 艘和水上飞机母舰 3 艘）、陆

▼菲律宾海海岸

军航空兵第 5 兵团（司令为小冰英良中将，飞机 200 架）、海军基地航空兵第 11 航空队（司令为冢原二四三中将，飞机 300 架）以及约 100 艘运输船和辅助船只。在菲律宾群岛的美菲集团计有 13 万人（麦克阿瑟中将任司令，其中 3.1 万美国人）和 270 多架飞机（其中可作战的 142 架）。美国亚洲舰队（司令为哈特上将，主要类型的战斗舰艇 45 艘）协同该集团作战。

菲律宾战役过程

战役开始时，日军陆海军航空兵对美军机场和甲米地（吕宋）海军基地实施突然袭击，于 1941 年 12 月 8 ~ 9 日摧毁了美军在陆地上的一半重型轰炸机和 1/3 以上的战斗机，为登陆作战创造了条件。美国亚洲舰队的基本兵力驻菲律宾南部基地得以幸免。同日，日军一部攻占吕宋岛以北的巴坦群岛。日军夺取了制空权后，乘吕宋地区几乎没有舰队之机，派先遣部队第 48 师田中支队和菅野支队（共约 4 000 人）自 12 月 10 日起开始分别在吕宋岛北部的阿帕里和维甘登陆并占领机场。

12 日，第 16 师木村支队（约 2 500 人）在吕宋岛南部的黎牙实比登陆，占领机场并进一步扩大战果。自 11 日起，第 5 飞行集团逐渐转移到吕宋岛已占机场，掩护地面部队登陆和发展进攻。17 日，美军仅剩的 17 架 B-17 轰炸机撤到澳大利亚。从此，日军完全掌握制海、制空权。22 日，日军第 48 师主力在吕宋岛西岸林加延湾登陆。24 日，第 16 师在吕宋岛东南部拉蒙湾登陆。至此，登陆日军形成南北夹击马尼拉、围歼美菲军主力的有利态势。26 日，吕宋岛守军奉命撤往巴丹半岛预设阵地和科雷希多岛，准备长期抵抗。日军从南北两面进逼马尼拉，但未能切断美菲军撤向巴丹半岛的退路。1942 年 1 月 2 日，日军占领马尼拉，并以一部兵力占领甲米地和八打雁。战役的主要目的业已达到。日军还在棉兰老岛和霍洛岛上陆。吕宋岛上的美菲军队（79 500 人）撤向巴丹半岛。

日军认为菲律宾作战大局已定，遂将海军主力和第 48 师调往荷属东印度，将第 5 飞行集团主力调往缅甸，而仅以第 14 集团军的剩余兵力清剿吕宋岛。1 月 9 日，日军开始进攻巴丹半岛，遭顽强抗击。美菲军与日军展开激烈的山地战、丛林战和阵地战。交战中，木村支队被围，前来救援的日军被歼 1 个营。月底，日军因伤亡严重丧失攻击力，被迫转入防御，战局一度陷入胶着状态。3 月中旬，麦克阿瑟转赴澳大利亚，留守美菲军由

▼巴丹半岛海域风景

菲律宾群岛

菲律宾群岛，英文为 PhilippineIslands，亚洲南部马来群岛的组成部分，群岛由7 100多个岛屿组成，是菲律宾的国土。菲律宾群岛北隔巴士海峡与中国台湾相望，西临南海，东滨太平洋，南与印度尼西亚和马来西亚的沙巴州隔海相望。扼太平洋、南海和印度洋的交通要冲，战略地位十分重要。这里雨水丰沛，花草、果木繁盛。出产的香蕉、凤梨、芒果在国际市场上很有名。因此，菲律宾群岛享有“太平洋果盘”、“花园岛”之美誉。菲律宾大部分是由山地、高原和丘陵构成。多活火山，地震频繁。棉兰老岛的阿波火山是菲律宾最高的山峰，吕宋岛的马荣火山是菲律宾最大的活火山。主要河流有棉兰老河、卡加延河，贝湖是全国最大湖泊。菲律宾北部属海洋性热带季风气候，南部属热带雨林气候，年平均气温27℃，年降水量2 500毫米左右。夏秋季多台风。

温赖特少将指挥。日军得到第4师增援后实力增强，并以航空兵和炮兵轰击美菲军阵地。4月3日，日军以第4师、第65旅为主力对巴丹半岛再次发起进攻。双方在丛林中展开殊死战斗。美菲军既无援兵又缺补给，在日军猛烈攻击下，巴丹半岛守军7.5万人（其中美军9 300人）于4月9日投降。10日起，美菲军战俘被押往邦板牙省的圣费尔南多，途中数千人死于饥饿、疾病或被杀害，史称“巴丹死亡行军”。同日，日军占领米沙鄢群岛等战略要地。日军攻占巴丹半岛后，对科雷希多岛连续实施炮击和轰炸。5月2日，日军对该岛实施火力准备，5日在炮火掩护下分左右两路登陆，对岛上要塞发起攻击。1.5万名美菲军依托坑道工事抗击，并组织敢死队展开白刃战。6日，日军后续部队投入战斗，温赖特率美菲军余部投降。7日，日军占领该岛。10日，驻棉兰老岛和北吕宋山区的美军投降。18日，驻班乃岛美军停止抵抗。至此，日军控制菲律宾全境。

美军占领莱特岛后，山下奉文将驻吕宋岛日军28.7万人编成3个集团，分别驻守北部和中南部山区，企图以持久防御牵制和消耗美军。美军为取得进攻吕宋岛的前进基地，于12月15日占领民都洛岛。1945年1月9日，美第6集团军约20万人在美国第7舰队舰炮的强大火力和美国第7、第3舰队航空兵突击的掩护下，从吕宋岛西岸的林加延湾登陆，然后一路（第1军为主）向北吕宋进攻，另一路（第14军为主）向马尼拉方向推进。第一天有6 800人（美第1、第14军的基本兵力）在吕宋岛上陆，并且夺取了正面32

▼莱特岛海岸

▲菲律宾的柯里基多岛失陷，美军举起白旗（此图为日方所摄）

公里、纵深 7.5 公里的登陆场。为加快进攻速度，美军在向林加延湾增兵的同时，以第 8 集团军部分兵力分别在苏比克湾西北的圣安东尼奥和马尼拉湾以南的纳苏格布登陆。各部队同时向马尼拉进逼，美军经过一系列战斗于 3 月 3 日攻占马尼拉。2 月，美军开始了解放菲律宾南部（棉兰老岛、巴拉望岛及其他岛屿）的战斗行动，美第 8 集团军（司令艾切利贝尔盖尔上将）参加了此次行动。嗣后，美军在吕宋岛和其他岛屿上进行了消灭岛上南北两部日军个别孤立集团的战斗行动。菲律宾的战斗行动于 7 月初正式结束，但是，在吕宋岛及其他岛屿上同继续抵抗的小股日军的战斗一直持续至第二次世界大战结束，菲律宾人民抗日军曾给予盟军巨大援助。

菲律宾战役结果

▲岛上的日军在顽抗

菲律宾进攻战役中此战，是日本陆海军在第二次世界大战中实施的攻占众多群岛的第一次大规模合同战役。它证明夺取制空权和制海权对于登陆兵上陆的成功具有决定性意义。登陆兵先遣支队迅速夺取敌基地和机场以及日本航空兵转场至这些基地和机场，对保障主力顺利上陆和继续作战起了促进作用。作战中，日军死伤约 1.4 万人，损失飞机 80 余架、舰船 4 艘；击毁美菲军飞机 250 余架、各型作战舰艇 8 艘、商船 26 艘（美军资料为驱逐舰 1 艘、潜艇 2 艘、其他舰船 2 艘）。菲律宾的丧失使美军在太平洋的战略态势急剧恶化。

美军凭借海空优势，采取集中兵力、中间突破战术给日军以毁灭性打击。美军占领菲律宾群岛使日本的战略态势进一步恶化。日本于南部海域的海上交通线被切断，其战略原料只有从中国东北和朝鲜向本土运进。美军完全控制了南海，并为进攻海南岛、台湾岛、琉球群岛和直接进攻日本本土建立了许多基地。

关于菲律宾战役评价

第二次世界大战期间，美军在菲律宾作战失利，面临全面崩溃的危险，于是，美军作出了全面撤退的决定。美军的对手，日本陆军第 14 军，在司令官本间雅晴的率领下，由台湾岛和佩斯加多尔列岛的港口登陆后，由大批巡洋舰、战列舰护航，很快到达位于菲律宾西北部仁牙因海湾的海滩。与他们对阵的是由温赖特少将所指挥的北吕宋部队，这支主要由民兵和童子军混编而成的部队，训练不良，装备更差。

▼日军战舰

战斗持续到第二天，日军的坦克，士兵像潮水一样被驳船送上岸。到了中午，登陆的日军除了偶尔遭到一阵射击外，几乎没有遭到什么像样的抵抗。日军就像平时演习一样，非常轻松地向纵深地带快速推进。美军车辆从四面八方退往巴丹。从马尼拉出城的 3 条公路上挤满了卡车、推着大炮的牵引车、装载着枪炮的卡车以及小轿车、牛车等。

本间雅晴不知出于什么原因，竟没有在此时出动他的航母队，来打击地面这一股庞大的后撤洪流。显然，日军打算为控制这座城市进行决战，却没有料到麦克阿瑟会从马尼拉撤退，从而打乱了日本人的作战计划。此时，面对美军的全面后撤，本间雅晴错误地认为，这是美军的全面溃败，便挥兵直逼马尼拉，忽视了运用空中优势摧毁马尼拉北面两处重要的桥梁。这两座桥坐落在涉隆比特河上，是向巴丹撤军的咽喉要道，只要日军在桥上扔两颗炸弹，就可将后撤部队的道路切断。就像欧洲战场，追击敦刻尔克的德国人没有对正在候船的英法军队发起致命一击一样，日本人也没有利用空中优势来加强进攻，没有袭击在唯一的两座公路桥上拥挤的车辆和士兵，也没有摧毁桥梁。

到新年的第一周为止，麦克阿瑟一共从吕宋岛撤出 8 万美菲联军以及 2.6 万菲律宾难民，开始在横贯巴丹岛沼泽地和纳蒂布山的两座火山峰的阿布凯防线上，挖壕固守。这一下，麦克阿瑟有了可供调遣的 1.5 万美军和约 6 万菲律宾部队，麦克阿瑟计划在半年内或更长的时间里，阻止日本人的进攻。在这场战役中，美国人显然是输了的赢家。日本不懂打击敌人的有生力量这一最基本也最重要的战场准则，只知占领地方，放走了大量的美军，为其日后的失败埋下伏笔。后来，美军的反攻正是由这批撤退的士兵担任主力的。

▼美军进攻菲律宾的初期把军需品运上滩头

阿登战役

▲德军装甲部队穿过阿登山脉

阿登战役是第二次世界大战期间纳粹德国1944年西线最大的阵地反击战，被后人称为历史的转折。

制订阿登战役的计划

阿登战役是纳粹德国于1944年12月16日在西部战线发起的作战。此次作战包含许多支持的一次作战，如地板作战和麒麟作战等。这些作战的计划中的目标是撕裂英美盟军战线、占领安特卫普，并包围和消灭盟军的4个军团，迫使盟军在有利轴心国的条件下和谈。阿登战役的计划是在极度秘密的情况下完成，几乎完全无线电静默，因此即使是“Ultra”，盟军破译的德国秘密无线电通信，也未对即将来临的进攻显示出任何迹象。更糟的是，盟军的过分自信、忙于自己的进攻计划、差劲的空中侦察和相对缺乏战斗经验的美国第一军团，提升了突击的效果。盟军的情报部门完全未能察觉即将来临的攻击，而这意料之外的攻击是发生在盟军的强大空军不能起飞的阴天，向盟军防线薄弱部位发起的进攻。“突出部”意指德军在战斗初始时在盟军防线制造出来的“凹痕”。

阿登反击战计划

1944年诺曼底登陆成功后，由美、英等国军队组成的盟军迅速向西线防御的德军发起了进攻。1944年深秋，战线向德国本土逼近，德国面临绝境，为扭转这一局面，希特勒决定集中兵力在西线发动一场使盟军猝不及防的攻势，夺回主动权。为此，从9月底，希特勒就和他的最高统帅部十分秘密地着手制订西线最大的阵地反击战——阿登反击战计划。

▼希特勒像

这个计划被命名为“莱茵河卫兵”。该计划的主要设想是：集中优势兵力，迅速突破盟军防线，在列日与那慕尔之间强渡马斯河，夺取盟军的主要补给港口安特卫普，把盟军一分为二，切断美军第1集团军和英军第21集团军群的后方交通线，并制造第二个敦刻尔克大撤退，稳定西线形势。然后再转过头来对付东线的苏联军队。

西线总司令龙德斯泰特元帅和B集团军群司令莫德尔元帅虽然对元首野心勃勃的计划大吃一惊，但劝说无效后也不敢再多言。最后计划包括每一个细节甚至炮轰时间都是希特勒在大本营制订的。11 月 3 日，希特勒的特使约德尔上将赶到设在西线克雷菲尔松树林的 B 集团军司令部，将“莱茵河卫兵”的详细作战计划交给龙德斯泰特和莫德尔，上面还有元首的亲笔警告：“不得更改”。

希特勒选择的反攻地点在德国、比利时、卢森堡三国交界处，就是 4 年半之前（1940 年）德军突破法军防线的阿登山区。这个地区是霍奇斯的美第 1 集团军和乔治·巴顿的美第 3 集团军的结合部，北侧由第 1 集团军负责，南翼由第 3 集团军负责，两个集团军之间大约 85 英里宽的艾弗尔山到蒙绍的防区由第 1 集团军所属的第 5、第 8 两个军共 6 个师的兵力防守。希特勒认为该地区是“现有部队肯定能突破的地方……防线单薄，他们也不会料到我们会发起突袭。因此，充分利用敌人毫无防备的因素，在敌机不能起飞的气候下发起突然袭击，我们就能指望取得迅速突破。”希特勒要“决心不顾一切地推行这项计划”。他甚至认为，“在西边防线前面证明不可能的事（指打败西线盟军）通过从西边防线内的进攻，将成为可能”。他的计划不可谓不大胆，如果他有足够的人力物力做后盾，或许他能成功。但是他没有。

为实施这个计划，德国政府发布了关于建立“人民近卫军”的命令，应征年龄从 16 岁到 60 岁，很快招募到大批新兵，在经过 6 ~ 8 周的短期训练后，调往西线，加入了攻击部队。12 月初，德军共集结了 20 个师，由 B 集团军群司令莫德尔元帅指挥。右翼是狄特里希指挥的第 6 党卫军装甲集团军，辖有 4 个党卫军装甲师、5 个步兵师。大约有 640 辆坦克。中路是曼特菲尔指挥的第 5 装甲集团军，辖有 3 个装甲师、4 个步兵师。大约有 320 辆坦克。左翼是布兰登堡指挥的第 7 集团军，辖 4 个步兵师。其任务是负责掩护第 5 装甲军团的侧背，保障中央进攻。

▼德军装甲车

盟军在西线共计有 87 个师，其中 25 个装甲师。然而在阿登一线却只有 6 个师的兵力。而且盟军高级指挥官们对德军反攻的可能性预料不足，认为目前德军的处境已不可能发动大规模的进攻战了。

德军在进攻前实施了“格赖夫”

的作战计划。“格赖夫”一词在德语中指神话中那种鹰头狮身长有翅膀的怪兽，如果就它在盟军中造成的巨大而惊人的混乱而言，这个名字取得十分恰当。德军组织了一支会讲英语的约2 000人的突击队，由党卫军中校斯尔策尼指挥。斯尔策尼擅长冒险，曾使用滑翔机从一个山顶监狱搭救出意大利独裁者墨索里尼。斯尔策尼的突击队扮成美军，乘坐美军的吉普车深入盟军防线内部，他们分成小队到处切断电话线，倒转路标，使守军的预备队走错方向，挂上红布条表示路上埋有地雷，尽其所能地制造混乱。美军被这少数德国兵的活动扰得惊恐不安。因为他们造成一种印象，好像不知道有多少这种单位在美军后方活动。为搜索这些德国小分队，美军到处拦截车辆实施检查，50万美军士兵只要在路上相遇就互相盘问，几百名士兵在答复问题时因使人感到怀疑而被拘捕，连身为12集团军群司令的布莱德雷也不例外。然而，这一计划的第二步，即用一个完整的装甲旅——第150装甲旅，驾着美式坦克，穿着美军制服，长驱直入并占领马斯河桥的设想却未能实现。12月16日，德第66军的一名军官，在从军部驾车去前线时被俘，随身携带的几份该计划的作战命令落入美军手中，从而使美军及时作出了反应。

▲美军坦克

12月16日拂晓，德军分兵三路突然出击。密集的大炮对几乎所有的美军阵地猛轰，蜷缩在睡袋中的美军士兵从睡梦中惊醒，连滚带爬地钻入掩体，惊恐中不知发生了什么事。紧随着炮火，几百架探照灯又罩住了美军阵地，为在暗夜中发起进攻的德军提供照明。在混乱中，德军突击部队在坦克的掩护下向美军阵地发起了猛烈攻击，美军阵脚大乱，损失惨重。

本次作战中最重要的是第六党卫军装甲集团军的快速突破，因为它最接近马斯河上的重要地段，因此空降部队用在这里是最有价值的。但是自从1941年克里特岛空降战役之后，德国伞兵部队都被当作地面部队使用。仅仅在作战前数周，德军才勉强凑出编成一个伞兵营。由海德特中校率领。然而海德特却发现，这些是有一半没有空降作战经验的伞兵，而配合他们的运输机也缺乏编队飞行的经验。只有1/3的飞机勉强到达目标区——大部分因飞行员的失误被投落在德军自己的防线后方——而且到达目标区的伞兵空降得十分分散，所以海德特只能集中两百人，无法完成原定的任务。数天之后，疲惫的海德特向美军投降。

右翼狄特里希的第六党卫军装甲集团军突破了美军防御后，迅速插向斯塔佛洛，抵达昂布莱夫河上的一个渡口，挺进约30英里。其党卫军装甲师先头纵队“派佩尔战斗队”抵达并占领了渡口。然而，这支纵队迅速插向斯塔佛洛时，对近在咫尺的存有250万加仑汽油的美军的燃料库及重要桥梁竟没有能够及时夺取，以致美军增援部队利用其设置障碍

（燃烧汽油、炸毁桥梁），阻住了其前进的道路。当时路况很差，严重的交通阻塞和缺乏油料妨碍他们的推进。臭名昭著的“派佩尔战斗队”，屠杀了几批已经解除武装的美军战俘和比利时平民(包括马尔梅迪大屠杀)。第 6 党卫队军装甲集团军在艾森伯恩山岭进攻遇到美军第 2 步兵师和第 99 步兵师的顽强抵抗，延缓了他们的推进。战斗至 12 月 18 日，德军第 6 党卫军装甲集团军的中部和右翼的进攻行动基本被阻止住。

▲被摧毁的坦克

美军在战斗打响后的开始两天里，还没有完全意识到问题的严重性。美军第 1 集团军仍推测德军意图是对北面战线上美军对鲁尔水坝地区攻势的反击。直到 17 日早上，盟军主要司令官们才承认德军全面进攻已经开始，美军第 7 装甲师南下圣维特进行增援，第 3 集团军的第 10 装甲师一部则北上进入受威胁的地区。盟军远征司令艾森豪威尔急调第 82 和第 101 空降师火速赶往巴斯托尼—圣维特一线进行增援，阻止德军西进。加文将军指挥的美第 82 空降师被派往圣维特防线，而麦考利夫将军指挥的第 101 空降师则驰援巴斯托尼。

在中路，曼特菲尔指挥的第 5 装甲集团军进展迅速，到 17 日，成功地用一个钳形攻势包围了美军第 106 师的两个团，并且迫使 7 000 人以上投降，这是美军在欧洲战场上遭到的最严重损失。增援的美军第 7 装甲师赶到小镇圣维特，一处极重要的道路汇集口，包括第 106 步兵师残部，成功抵挡了德军的进攻，德军第 58 装甲军、第 66 军在圣维特及其以南地区发动了新的强大攻势，12 月 21 日迫使美军第 7 装甲师后撤。

德军原计划在 12 月 17 日占领圣维特，德军进攻的时间表遭到重大拖延。18 日，曼特菲尔的第 5 装甲集团军第 47 装甲军进抵公路交通枢纽巴斯托尼，美军被迫退守巴斯托尼和诺维尔一线。

▼美军与德军激战

左翼布兰登堡指挥的第 7 集团军所辖的 4 个师均渡过奥尔河，其中第 5 伞兵师突至 12 英里处的维尔茨，在南侧为中路部队建起了一道壁垒，小有进展。但第 7 集团军在美军的顽强阻击下前进缓慢。

至 12 月 20 日，当面防守的美军已基本制止了德军在突破口南北 2 个“肩角”的进攻，德军的进攻部队已形成一

▲战壕里的美军士兵

支宽约100公里、纵深30～50公里的突出部，并继续向前推进。

19日，艾森豪威尔在凡尔登召开高级将领会议，商讨对策。会议决定采取南攻北守的方针。具体部署是：巴顿的美第3集团军北上攻击德军的突出部；德弗斯的美第6集团军向北靠拢保护巴顿的右翼；霍奇斯的美第1集团军必须顶住从北面和南面突入阿登地区的德军，扼住西去的咽喉要道，坚守阵地，并准备由北向南反攻，与巴顿的美第3集团军合围德军。

德军曼陀菲尔指挥的第5装甲集团军在20日包围了巴斯托尼的美军第101空降师后，第47装甲军以两个装甲师又继续向马斯河沿岸进攻。德军南面战线上的第7集团军右翼的第5伞兵师继续向前推进，并构成了对美军防守的巴斯托尼的合围。第5装甲集团军进展迅速而第6装甲集团军的攻势远远落后。希特勒决定把原计划由第6装甲集团军担负的主要进攻任务转移到第5装甲集团军。

12月22日，巴顿率美第3集团军从南面发起了攻击。德军只得绕过巴斯托尼向前推进。18 000名美军死守孤城，抗击德军的进攻。直到圣诞节德军也没能突破第101空降师的防线。由于作为交通枢纽的巴斯托尼被美军占据，导致德军的后勤供应大量被堵塞在道路上，使突出的德军装甲师腹背受敌，补给困难。巴斯托尼防御战成了盟军整个防御计划取得胜利的决定性环节。第101空降师因此获“优异集体嘉奖”，这是第二次世界大战期间美国陆军唯一的全师获此荣誉的部队。

12月24日，巴顿的第3集团军摧毁了德第7集团军在左翼建起的保障中央进攻的屏障依托。紧接着，巴顿命令加菲将军的第4装甲师“拼命狂奔”，全力解救陷入德军重围的巴斯托尼。12月26日凌晨，加菲的第4装甲师的战斗群突破了德军对巴斯托尼的包围。次日，大部队沿打通的道路驶入城内，加强了该城的防御力量。25日以后，德军又重新开始了对巴斯托尼的争夺战，许多师陆续被调到这一地区投入攻城战。

24日开始，天气逐渐转晴，盟军的大批飞机出动，对敌人运输道路进行地毯式轰炸，使德军后勤供应几乎瘫痪。

▼前进的德国步兵跑过一辆燃烧中的美军车辆

▲美军士兵在战场上小憩

与此同时，盟军的空军对以前出到塞勒斯的德军第5装甲集团军的第2装甲师及装甲教导师猛烈轰炸。塞勒斯是德军推进的顶点，距马斯河只有5英里。于是中部战线形成了一个凸出部（阿登战役因此又称为凸出部战役或凸角之战）。在圣诞节那一天，德军第2装甲师与刚赶到的美第1集团军之第7军第2装甲师爆发激战，到该天结束，德军第2装甲师阵亡2 500人，1 050人被俘，损失81辆坦克(原有88辆)。参加该战役的美军第2装甲师获得了“活动地狱”的称号。26日，德军遂开始后退。德军强渡马斯河的希望落空了。

1945年1月1日，德军出动1 000多架飞机对盟军机场进行了几个月以来最猛烈的轰炸，盟军的260架飞机被毁。接着，德军地面部队向巴斯托尼发起了围攻。

1945年1月3日，盟军转入反攻，巴顿的第3集团军由巴斯托尼向东北出击，霍奇斯的第1集团军由北向东南出击。德军也在这一天对巴斯托尼发动了最猛烈的攻势，从而展开了阿登战役中最激烈的战斗。双方血战了5天，最终德军仍未能拿下这个重镇。虽然德军停止进攻，但仍然控制着在盟军防线上的突出部，盟军在攻势刚开始时，在严寒天气以及德军抵抗之下进度受到限制进度十分缓慢，多数德军以边战边撤的方式成功地撤离战斗区域，因为油料的缺乏使德军大多数的装甲车辆被放弃。

德军撤退

1月8日，希特勒终于下令德军撤退。1月12日，苏军在东线提前发动进攻配合作战，希特勒不得不从西线抽调兵力到东线作战。盟军乘机迅速推进。1月16日，霍奇斯的美第1集团军和巴顿的美第3集团军胜利会师，到1月28日，德军被彻底赶回到原来的阵地。

阿登战役是西线最大的阵地反击战，德军17 200人死亡，34 439人受伤，16 000被俘，损失坦克和重炮约700辆、飞机1 600架。盟军损失约8万余人（包括1万人死亡，4.7万人受伤，2.3万人失踪），其中7.7万人是美国军人（死亡和失踪29 751人，受伤47 129人）。阿登战役之后，德军再无后备力量可以补充，德军在西线再也无力阻挡盟军前进的步伐了。

▼德军对火炮进行伪装

德累斯顿大轰炸

第二次世界大战结束前夕，盟军对德国的文化古城德累斯顿进行了一次大规模的轰炸，这次大轰炸引起了不小的争议。

▲第二次世界大战后期美军强大的飞机群

“雷击”行动的背景

德国萨克森州的德累斯顿是一座文化古城，也是当年德国三大铁路枢纽之一，虽然也有一部分军工企业，但总的来说其军事价值不大。所以当时德累斯顿的防空力量十分薄弱，因为德国人不认为德累斯顿会成为盟军重点空袭的城市。1945 年 1 月，随着盟军在东西两线的节节胜利，欧洲的制空权已完全掌握在盟军手中，为了打击德军的交通运输和军工生产，同时更重要的是打击德国人民的信心，盟军开始着手制订大规模空袭德国的“雷击”行动的几种方案，英国首相丘吉尔亲自把预定在苏军占领区内的德累斯顿定为目标。

“雷击”行动

1945 年 2 月 13 日晨，英国空军轰炸机部队司令哈里斯下令，夜袭德累斯顿，实施“雷击”行动。机群分两批出动，间隔时间为 3 小时。

13 日 18 时，第一批 245 架飞机从英格兰中部的安德兰特机场起飞了。作为先导的“蚊”式高速轰炸机飞在最前面，随后是大批“兰开斯特”式重型轰炸机。

22 时，英国机群飞临德累斯顿上空。此时，这座城市仍沉浸在一片安详之中。没有防空警报，没有探照灯光。

▼德累斯顿古建筑

英国的目标指示飞机投下了目标指示弹。接着，令人恐怖的防空警报响了起来。22 时 10 分，英国轰炸机投下了第一颗炸弹。飞在前面的轰炸机用爆破弹把古老的建筑物炸上了天，后面的轰炸机则投下燃烧弹，使地面成为一片火海。3 小时之后，14 日凌晨 1 时 23 分，第 2 批 539 架英国轰炸机又飞抵德累斯顿上空狂轰滥炸，投下了大量重磅炸弹和燃烧弹。火浪滚滚，汇成一片火海。

高温造成一股强烈的冲天气流，由于火海的中心吸取新鲜空气，因而形成一股可怕的“火焰风暴”。德累斯顿简直成了一座翻腾的地狱。大地像地震一样地颤动着，火焰发出像大炮一样的轰鸣声，风在呼啸着，尘埃和烟雾在德累斯顿周围狂暴地旋转着；人们在尘埃和烟雾中艰难地呼喊着，妇女儿童在呻吟着。这些幸存者，焦头烂额，衣衫褴褛，无家可归，到处徘徊。

第二次空袭后刚刚 8 小时，14 日 10 时，白天的空袭接踵而至。第三批飞机是美国空军由野马式战斗机护航的 1 350 架“空中堡垒”式和“解放”式轰炸机。成千上万颗炸弹投到了德累斯顿的铁路调车场和市区北部。护航的野马式战斗机因为找不到较量的对手，便用它的 6 挺机枪对准沿易北河两岸逃命的德累斯顿幸存者扫射。

大轰炸造成的影响

德累斯顿被英美空军的 3749 吨炸弹和燃烧弹夷为平地。市区变成一片废墟，大火连续烧了几昼夜，130 万居民被炸死 13.5 万人，约 35 470 座建筑物遭到破坏，茨温格尔宫 (Zwinger)、圣母教堂 (Frauenkirche)、塞姆佩尔美术馆 (Semperoper)、日本宫 (Japanisches Palais)、歌剧院等古代建筑连同这座名城一起被毁灭了。上百万居民无家可归。他们同外地逃难者形成一支难民大军。

虽然这场灾难已成为历史，但有关德累斯顿的争执却时起时落，始终没有停息。英国学者底彼德 · 阿宾格对那次大空袭作了较为客观的估计，称该城市遭破坏程度仅次于受原子弹袭击的广岛。

战后，有关德累斯顿轰炸引起的激烈的争论。一些人认为“雷击”行动是不顾人道主义原则的“恐怖主义行动”，把哈里斯称为“屠夫”。哈里斯也承认，这是杀戮人民，他只是强调“雷击”方案不是由他制定的。

有关德累斯顿大轰炸的回忆

丘吉尔在其回忆录中写道：“如果我们走得太远的话是否也会成为禽兽？”指挥德累斯顿轰炸的英国皇家空军轰炸机司令部副司令桑德比中将：“谁都无法否认空袭德累斯顿是一场真正的悲剧……真正无情的是战争。一旦全面战争开始，那么它就不可能有任何真正的人道主义。”

一位参与轰炸的英国空军飞行员回忆：“当时的场景让我完全震惊了，我们仿佛飞行在火的海洋上，炽热的火焰透过浓浓的烟雾闪烁着死亡的光芒。我一想到在这人间炼狱里还有很多妇女和儿童，我就无法自制地对我的战友们喊道：‘我的上帝，这些可怜的人们！’我无法形容我当时的感觉，也无法为之辩护 ......”

血战硫磺岛

硫磺岛战役（1945 年 2 月 16 日到 3 月 26 日）是在第二次世界大战中，日军和美军为争夺硫磺岛(IwoJima)进行的一次激战。双方伤亡惨重，其中 2.2 万名固守硫磺岛的日军里，只有 1 083 人生还。美军则有 2.6 万人伤亡。美军士兵在该岛折钵山上树起国旗的照片在美国广为印发，成为绘画、雕塑和邮票的图案。

战役背景

在日本偷袭珍珠港时，日军在关岛有一个将近 3 800 人的军事基地和一个 1 200 人的海军基地。驻有水上飞机、电台、气象站和猎潜舰、布雷舰等舰艇。在硫磺岛有一个飞机场，有 20 架战斗机和 1 500 名海军驻扎在这里。

1944 年 2 月，当美军占领马绍尔群岛后，日军加强了硫磺岛的军事力量，在硫磺岛上的军事力量达到 5 000 人，13 门火炮，200 挺轻重机枪，4 552 支步枪，12 架高射炮，30 挺 25 毫米口径 2 联高射机枪，此外防御工事还有 120 毫米口径的火炮。硫磺岛和小笠原群岛成为防止美军空袭日本本土的最后一道防线。因为当时日军已经丧失了制海和制空权。

▼战舰在巨浪中穿行

▲被俘的日舰

华盛顿广场上的巨型雕像

美国首都华盛顿广场上，有一座巨型雕像，5 名海军陆战队的士兵正奋力插起一面美国国旗。这座雕像是根据美联社记者乔·罗森塔尔拍摄的一张第二次世界大战著名照片塑成的，而这张照片表现的太平洋战争中发生在硫磺岛上的血战。

1944 年 6 月，硫磺岛上还驻有 80 架战斗机，但到了 7 月仅剩下 4 架，美国海军到了硫磺岛目视范围内，进行了一次全面的轰炸，炸毁了硫磺岛上所有的建筑物和仅存的 4 架飞机。但美军尚没有对丧失了海空支持的硫磺岛展开攻击，而日本则只余下地面部队能使用。

战役过程

自从美军 1944 年 7 月攻占马里亚纳群岛后，就开始建立航空基地，出动 B-29 重型轰炸机空袭日本本土。但马里亚纳群岛距日本本土将近 1 500 海里，B-29 进行如此长距离的空袭，由于受航程的限制，只能携带 3 吨炸弹，仅为 B-29 最大载弹量的 30%。而且因为航程太长，战斗机无法进行全程护航，因此 B-29 只能在 8 000 ~ 9 000 米高度实施小面积轰炸，效果很不理想。

硫磺岛北距东京 650 海里，南距马里亚纳群岛的塞班岛 630 海里，几乎正处在两地的中间，岛上的日军不仅可以向东京提供早期预警，而且可以起飞战斗机进行拦截，甚至还不断出动飞机攻击美军在塞班岛等地的机场，更是大大降低了美军对日本本土战略轰炸的作用。硫磺岛对美军而言，简直是如鲠在喉。如果美军占领硫磺岛，那所有的不利都转化为有利，从硫磺岛起飞 B-29 航程减少一半，载弹量则可增加一倍；战斗机如从硫磺岛起飞，可以为 B-29 提供全程伴随护航；甚至连 B-24 这样的中型轰炸机也能从硫磺岛起飞空袭日本本土；更重要的是硫磺岛还可作为 B-29 的备降机场，供受伤的 B-29 紧急降落或加油。因此美军对硫磺岛是势在必得！美陆军航空兵（即美国空军的前身）司令阿诺德上将于 1944 年 4 月 17 日向美参谋长联席会议提出攻占硫磺岛的请求，美参谋长联席会议随即同意这一请求，责成太平洋战区担负此项作战，太平洋战区总司令兼太平洋舰队总司令尼米兹上将为就近指挥，将其指挥部从珍珠港移至关岛。

▼军舰驶出海港

1944 年 10 月初，太平洋舰队司令部

▲驶向战场的舰船

的参谋人员就将进攻硫磺岛的计划制订出来了，参加作战的地面部队为第5两栖军，下辖海军陆战队第3、4、5师，共约6万人，由霍兰·史密斯中将指挥；登陆编队和支援编队，由凯利·特纳中将指挥；米切尔中将指挥的第58特混编队负责海空掩护；所有参战登陆舰艇约500艘，军舰约400艘，飞机约2 000架，由第五舰队司令斯普鲁恩斯上将统一指挥。

由于参战部队中相当部分正在支援对吕宋岛的登陆作战，硫磺岛战役只得等吕宋岛战役结束后的1945年1月才能开始，又因为吕宋岛战役进展缓慢，结束的日期从计划的1944年12月20日推迟到了1945年1月9日，尼米兹再次将硫磺岛的作战推迟到1945年2月中旬。

在1944年前，日军仅仅把硫磺岛作为太平洋中部与南部的航空中继基地。1944年马里亚纳群岛失守后，硫磺岛的重要性日趋明显，日军开始大力加强其防御力量，3月下旬将4 000余陆军部队送上岛；5月将硫磺岛的陆军部队整编为第109师团，由栗林中道中将任师团长，并在岛上配备了120、155毫米岸炮、100毫米高射炮和双联装25毫米高射炮；7月海军第27航空战队也调至岛上。截至1945年2月，日军在岛上陆军1.5万余，海军7 000余，共约2.3万人，飞机30余架，由栗林统一指挥。日军在岛上的中部高地和元山地区各建有一个机场，分别叫作千岛机场和元山机场，也叫一号机场和二号机场，并在二号机场以北建造第三个机场。由于美军迅速攻占了马里亚纳群岛，原计划运往马里亚纳群岛的人员、装备和物资都被就近转用于硫磺岛，尽管美军组织飞机、潜艇全力出击，企图切断硫磺岛的增援和补给，但日军以父岛为中转站，采取小艇驳运的方式，因此美军的封锁效果并不理想。

由于日军的海空军主力在菲律宾战役中遭到了毁灭性的打击，已无力为硫磺岛提供海空支援，硫磺岛的抗登陆作战是在几乎没有海空支援的情况下进行。栗林是出色的职

硫磺岛

硫磺岛，位于小笠原群岛南部，是该群岛的第二大岛，北距东京1 200余公里，南距塞班岛1 100余公里，东南距马里亚纳群岛500余公里。岛长约8 000米，宽约4 000米，形状酷似火腿，面积约20平方公里，岛的南部有一座尚未完全冷却的死火山，叫折钵山，海拔160米，终年喷发着雾气，硫磺味弥漫全岛，故此得名。折钵山以北有一片比较宽阔平整的高地，称为中部高地，再往北，地形逐渐起伏，并有数座山峰，被称为元山地区，岛上大部分地区都覆盖着厚厚的火山灰。虽然硫磺岛岛小人少，但正处在东京与塞班岛之间，战略地位非常重要。

业军人，曾担任过天皇警卫部队的指挥官，他意识到面对美军绝对海空优势，滩头作战难以奏效，主张凭借折钵山和元山山地的有利地形，依托坚固的工事，实施纵深防御。但海军守备部队仍坚持歼敌于滩头，最后栗林做出了折中的方案，以纵深防御为主，滩头防御为辅，海军守备部队沿海滩构筑永备发射点和坚固支撑点，进行防御；陆军主力则集中在折钵山和元山地区，实施纵深防御。

栗林决心将硫磺岛建成坚固的要塞，以折钵山为核心阵地，以 2 个机场为主要防御地带，在适宜登陆的东西海滩则是以永备发射点和坚固支撑点为骨干的防御阵地，日军的防御工事多以地下坑道阵地为主，混凝土工事与天然岩洞有机结合，并有交通壕相互连接。炮兵阵地也大都建成半地下式，尽管牺牲了射界，却大大提高了在猛烈轰击下生存的能力。火炮和通信网络都受到良好保护，折钵山几乎被掏空，筑有的坑道就九层之多！针对美军的作战特点，栗林在海滩纵深埋设了大量地雷，机枪、迫击炮、反坦克炮构成绵密火力网，所有武器的配置与射击目标都进行过精确计算，既能隐蔽自己，又能最大限度杀伤敌军。唯一不足的是，原计划元山地区将修筑的坑道工事有 28 公里长，由于时间不够，当美军发动进攻时只完成了 70%，约 18 公里，而且折钵山与元山之间也没有坑道连接。

▲硫磺岛

栗林一改日军在战争初期的死拼战术，规定了近距射击、分兵机动防御、诱伏等战术，还严禁自杀冲锋，号召每 1 个士兵至少要杀死 10 个美军。栗林的这些苦心经营，确实给美军造成了巨大的困难，使硫磺岛之战成为太平洋上最残酷、艰巨的登陆战役。

美军对硫磺岛的海空轰击早已开始

从 1944 年 8 月 10 日起，驻扎在塞班岛的美军航空兵就开始对小笠原群岛进行空袭，重点是硫磺岛的机场和为硫磺岛进行物资补给的中转地父岛的港口设施。从 8 月至 10 月，共进行过 48 次轰炸，投弹约 4 000 吨，但收效甚微。

11 月 24 日，塞班岛的美军首次出动 B−29 超级空中堡垒轰炸机对日本本土实施轰炸，引起了日军极大的恐惧。日军随即作出反应，3 天后即 11 月 27 日，硫磺岛日军出动了 2 架飞机空袭塞班岛美军 B−29 航空基地，击毁 B−29 轰炸机 1 架，击伤 11 架。随后的日子里，硫磺岛日军又多次组织对塞班岛美军航空基地的空袭，至 1945 年 1 月 2 日，已累计击毁 B−29 轰炸机 6 架，严重威胁着美军 B−29 航空基地的安全。为压制硫磺岛日军飞机的袭扰，美军于 1944 年 12 月 8 日组织了一次海空协同突击，出动飞机 192 架

▲美军士兵将星条旗插上硫磺岛

次，其中B−29重轰炸机62架次，B−24中型轰炸机102架次、重巡洋舰3艘、驱逐舰7艘，共投掷炸弹814吨，发射203毫米炮弹1 500发、127毫米炮弹5 334发，这样猛烈的轰击，却并未彻底摧毁硫磺岛机场，仅仅起了短暂的压制作用。自这次海空协同突击后，美军在12月间又组织了四次类似的海空联合突击。

12月9日起，由黑尔少将指挥的第七航空队B−24轰炸机只要天气允许，几乎每天都要出动对硫磺岛进行轰炸，塞班岛的B−29也不时加入对硫磺岛的轰炸，至1945年2月初，美军共出动舰载机1 269架次，岸基航空兵1 479架次，军舰64艘次，总共投掷炸弹6 800余吨，发射大口径舰炮2万余发，其中406毫米炮弹203发，203毫米炮弹6 472发，127毫米炮弹15 251发。由于日军的防御工事异常坚固，轰击效果十分有限，对岛上两个机场也没能予以彻底摧毁，日军总能在空袭后迅速修复，而日军初步领略到了美军的火力，更加倾注全力修筑以坑道为骨干的防御工事。

1945年1月26日，完成了对吕宋岛登陆作战支援任务的第3舰队返回乌利西基地，进行休整。第3舰队司令哈尔西上将将指挥权移交给斯普鲁恩斯，第3舰队随即改称第5舰队，这是美军自1944年秋开始实行的新措施，为太平洋舰队配备了两套司令部指挥参谋人员，在哈尔西指挥下，番号为第3舰队；当由斯普鲁恩斯指挥时则称之为第5舰队，一般一人在前线指挥作战，另一人则在后方筹划酝酿下一次作战，这样既能充分使用兵力，又能迷惑日军。

最初，斯普鲁恩斯和尼米兹都认为攻占这样一个弹丸小岛，不会费多大力气，但看了对硫磺岛的空中侦察所拍摄的航空照片后，才知道在这个岛上极可能存在不同寻常的防御系统，史密斯中将仔细研究了航空照片后，表示这将是最难攻占的岛屿，并预计要付出2万人的伤亡。

▲美军舰船被日军击中

1月28日，当负责组织对日本本土战略轰炸的陆军航空兵第二十一航空队司令柯蒂斯·李梅少将前来协商航空兵如何支援硫磺岛登陆作战时，斯普鲁恩斯就向他提出硫磺岛对于战争究竟有多少价值？李梅立即肯定地表示没有硫磺岛就无法有效地对日本本土进行战略轰炸。斯普鲁恩斯这才如释重负，决心不惜付出巨大代价攻取硫磺岛。

2月2日，尼米兹来到乌利西，视察硫磺岛作战的准备情况。斯普鲁恩斯提议为阻止日军对硫磺岛可能的增援，必须首先使用舰载航空兵对日本本土的关东地区机场进行压制，尼米兹同意了这一计划。随后，尼米兹又前往塞班岛观看了将在硫磺岛实施登陆作战的第5两栖军的三个海军陆战队师进行的临战演习。

2月10日，斯普鲁恩斯以“印第安纳波利斯”号重巡洋舰为旗舰，第58特混编队司令米切尔以“邦克山”号航母为旗舰，一起率领由16艘航母、8艘战列舰、15艘巡洋舰、77艘驱逐舰组成的航母编队驶离乌利西，经马里亚纳群岛和小笠原群岛以东，直扑日本本土。这是美军自1942年4月杜利特尔空袭东京以来航母编队第一次袭击日本本土。斯普鲁恩斯计划16日抵达日本外海，以16日、17日两天时间对日本本土关东地区的机场进行压制性的空袭，然后再南下参加硫磺岛作战。他特别担心日军的神风特攻队的威胁，所以每艘航母上只有30架轰炸机和鱼雷机，其余全部搭载战斗机。为了尽量减少被日军发现的可能，出动多艘潜艇在编队航道前方担任侦察搜索，而塞班岛的岸基航空兵则以B－24和B－29对编队经过的海域上空进行巡逻警戒。编队自身还以多艘驱逐舰在编队前方组成搜索幕，同时以舰载机进行24小时不间断反潜警戒。正是由于采取了上述严密的防范措施，加上恶劣天气的掩护，美军航母编队于16日拂晓一直到达距东京东南125海里海域，此地距最近的日本本土海岸仅60海里，仍没被日军发现。

▼美军舰与日军激战

2月16日，美军航母编队出动舰载机1 000余架次，分成数个攻击波对东京湾各机场进行攻击，由于天空中阴云低垂，攻击效果并不理想。

▲被击中的战斗机

2月17日，美军又出动两个攻击波舰载机500余架次，对关东地区的机场、飞机制造厂、锚泊船舶等目标进行了轰炸。两天里，美军在空战中击落日机332架，在地面上击毁日机177架，给一些机场、飞机制造厂造成了一定破坏，这次空袭的效果不是很大，但却极大地吸引了日军注意力。当天下午，美军航母编队离开日本外海南下，参加硫磺岛作战。

2月14日，威廉·布兰迪海军少将率领由6艘战列舰、12艘护航航母、5艘巡洋舰、16艘驱逐舰组成的火力支援编队离开塞班岛前往硫磺岛。

2月15日，美海军部长福雷斯特尔在尼米兹陪同下到达塞班岛，听取有关硫磺岛战役的汇报，并视察战役准备。大病初愈的登陆编队司令特纳，人称“短吻鳄”，汇报原计划对硫磺岛进行10天的炮火准备，因为军舰无法携带10天炮击的弹药，只能进行3天的炮击，但特纳表示对面积仅20平方公里的小岛进行3天的炮击已经足够，炮火未能摧毁的防御将由登陆部队来完成。

2月16日清晨，布兰迪的火力支援编队到达硫磺岛海域，开始实施预先火力准备。所有战列舰、巡洋舰都被划分了地段，对已查明的目标逐一摧毁。为确保炮击的准确，有几艘战列舰甚至在距岸边仅3 000米处对目标进行直接瞄准射击。但由于天气不佳，岛上又是硝烟弥漫，预定的750个目标只摧毁了17个，炮击效果很不尽如人意。日军只以部分中小口径火炮进行反击，击伤战列舰、巡洋舰各一艘，大口径火炮出于隐蔽考虑，一炮未发。

2月17日，美军水下爆破队在12艘登陆炮艇的掩护下探测海滩礁脉的航道，并清除水下的水雷和障碍物，栗林以为美军登陆在即，下令大口径火炮开火，将12艘登陆炮艇击沉9艘，击伤3艘，艇员阵亡、失踪44人，伤152人。美军大为震惊，岛上的日军竟然还有如此猛烈的火力，立即对这些刚暴露出的目标进行轰击。

▼激战中的战列舰

从16日至18日3天里，美军除了舰炮火力外，护航航母的舰载机也全力出击，有的进行空中掩护；有的进行反潜警戒；有的观测校正弹着点；有的向日军阵地投掷燃烧弹，烧掉日军阵地的伪装，使之暴露出来，以便于舰炮将其消灭。而塞班岛的轰炸机也频频前来助

战，对硫磺岛进行轰炸。这3天中，硫磺岛几乎完全被美军火力轰击的硝烟所淹没，日军只得龟缩在坑道里无法活动。据统计，美军在登陆前共消耗炮弹、炸弹2.4万余吨，硫磺岛上平均每平方公里承受了1 200吨，但日军凭借坚固的地下工事，损失轻微。

▲美军向折钵山冲锋

1945年2月19日6时，特纳率领的登陆编队到达硫磺岛海域，斯普鲁恩斯和米切尔指挥的航母编队也到达硫磺岛西北海域，此时，硫磺岛出现了少有的晴朗天气，天高云薄，微风轻拂。6时40分，美军舰炮支援编队的7艘战列舰、4艘重巡洋舰和13艘驱逐舰开始直接火力准备，航母编队一边担负空中掩护，一边出动舰载机参加对硫磺岛的航空火力准备。这次火力准备，时间虽短，但因为天气晴朗，目标清晰可见，效果比较理想。

登陆部队海军陆战队3个师，以陆战第4、第5师为一梯队，陆战3师为预备队，在直接火力准备的同时，第一批登陆部队八个营完成了换乘。

登陆滩头在硫磺岛的东海滩，从折钵山山脚下沿海岸向东北延伸，总长3 150米，从南到北依次每450米划分为一个登陆滩头，代号分别是绿一、红一、红二、黄一、黄二、蓝一、蓝二。陆战5师在南端的三个滩头登陆，穿越岛的最狭窄部，孤立或攻占岛南的折钵山，陆战四师则在北面的4个滩头登陆，攻击一号机场。

8时30分，第一波68辆履带登陆车离开出发点，向滩头冲击。

8时59分，舰炮火力开始延伸射击。

9时，部队准时开始登陆，一开始非常顺利，日军的抵抗十分微弱，只有迫击炮和轻武器的零星射击，美军遇到的最大阻碍是岸滩上的火山灰，由于岸滩全是火山灰堆积而成，土质松软异常，履带登陆车全部陷在火山灰中，难以前进，后面的登陆艇一波接一波驶上岸，却被这些无法动弹的履带登陆车阻挡，根本无法抢滩登陆，艇上的登陆兵只好涉水上岸。见日军只有零星的轻武器射击，特纳甚至认为照此发展，只需5天就可占领全岛。但好景不长，登陆的美军才推进了200余米，日军炮火开始延伸，栗林就下令从坑道进入阵地，根据事先早已测算好的数据，日军炮火准确覆盖了登陆滩头，一时间，美军被完全压制在滩头，伤亡惨重，前进受阻。

陆战5师因为比陆战4师晚了大约20分钟遭到炮击，而且炮火相对比陆战4师遭受的要弱，所以先头的28团1营得以利用这一机会，穿越岛的最狭窄部，切断了折钵山与其他地区日军的联系，二营则随后向折钵山发起了攻击。陆战4师在日军猛烈炮火阻击下，几乎寸步难行。就在这样的危急时刻，美军的舰炮火力给了登陆部队以极其有力的支援，此次登陆，美军登陆部队每个营都配有舰炮火力控制组，能够及时召唤舰炮火力的支援，而空中的校射飞机也发挥了巨大作用，准确测定日军炮火位置引导舰炮将其消灭，可以说，在太平洋战争历次登陆战中，舰炮火力支援从没有像硫磺岛登陆战那样有效，在舰炮火力的大力支援下，美军登陆部队艰难向前推进，全天美军共消耗127毫米以上口径舰炮炮弹38 550发，火力支援之强，史无前例。

▲美国军舰驶向战场

9时30分，美军的坦克上岸，随即引导并掩护登陆部队攻击前进。本该发挥巨大作用的坦克，大都陷入火山灰，动弹不得，少数几辆也行动蹒跚，很快就成为日军反坦克炮的目标，被一一击毁。美军只能依靠士兵用炸药包和火焰喷射器，一步一步向前推进，而每一步都要付出惨重的代价。10:30，美军已有8个步兵营和1个坦克营上岸，正竭力扩展登陆场。

11时，风向转为东南，风力逐渐加大，给美军的登陆带来了很不利的影响，这时各团的预备队营正在登陆，许多登陆艇被强劲的阵风吹得失去控制，甚至倾覆，再加上日军炮火的轰击，滩头上到处都是损坏的登陆艇，而后续的物资和人员仍在按计划源源不断上岸，整个海滩一片混乱。但这样混乱的场景因尘土飞扬，硝烟弥漫，海面上的军舰根本看不清楚，特纳向尼米兹报告登陆部队几乎没遇到抵抗，伤亡轻微。

12时许，美军陆战4师23团才前进了450米，接着继续在火力支援下攻击前进，直到14时，才攻到一号机场。而4师的另一个团25团则被日军在蓝二滩东北的一个小艇专用港边悬崖上的大量永备发射点所阻，伤亡严重，却毫无进展，为摧毁这些永备发射点，美军使用了一种新的引导舰炮射击法：先以登陆艇向目标发射曳光弹，巡洋舰再根据曳光弹的弹着射击，效果极佳，到黄昏时分，终于消除了这些火力点的威胁，但25团在登陆当天几乎没有进展。陆战5师情况稍好，28团已割裂折钵山与其他地区日军的联系，将其包围起来；27团在海滩上被困40分钟之后，终于取得了突破，推进到了一号机场南端。

▼美军冒着激烈炮火前进

日落时，美军已有6个步兵团、6个炮兵营和2个坦克营共约3万人上岸，占领了宽约3 600米，纵深从650米到1 000米不等的登陆场，全天有566人阵亡，1 858人负伤，伤亡总数约占登陆总人数的8%。就第一天的战况而言，还不算太糟糕，但随后的战斗将更为艰巨。

天黑后，美军害怕日军发动大规模夜袭，海面上的军舰几乎不间断地向岛上发射照明弹，将黑夜照得如同白昼，出乎意外的是，日军通常会在登陆的当天夜间发动的夜袭根本没有，除了一些小股日军的袭扰外，太平无事。这是因为栗林深知自己的实力，坚决不采取自杀性的冲锋。度过了第一个平安的夜晚后，迎接美军的将是更为残酷的战斗。

2 月 20 日，从凌晨开始，美军舰炮就根据登陆部队的要求进行火力准备。8:30，美军登陆部队发起了进攻，陆战 4 师在舰炮和坦克支援下，攻占了一号机场，并切断了岛南日军与元山之间的联系。机场刚刚被攻占，工兵就开始全力抢修，以便尽快能投入使用。陆战五师向折钵山攻击，由于日军很多工事都建在舰炮火力无法射击到的岩洞中，在坦克到来前，28 团几乎无法前进，最后在坦克掩护下，以手榴弹、炸药包、火焰喷射器逐一消灭岩洞中的日军，有时甚至出动推土机将洞口封闭，因此进展极为缓慢，直到黄昏，才总共前进了 180 米。

2 月 21 日，岛上的激战仍在继续，进展十分有限。海滩勤务大队经过不懈的努力，解决了滩头的混乱局面，天气却愈加恶劣，海上风大浪高，严重影响了补给品的卸载。由于岛上的部队伤亡较大，作为预备队的陆战 3 师 21 团奉命上岛投入战斗。

2 月 22 日，因大雨美军登陆部队被迫停止进攻，抓紧进行战地休整。由于 3 天来，美军在硫磺岛上阵亡、失踪人数已达 1 204 人，负伤 4 108 人。美国国内的新闻界甚至强烈要求“让陆战队喘口气——给日本人放毒气。”诚然，对付隐藏在坑道或岩洞中的日军，毒气既实用，又比火焰喷射器更为“仁慈”，尽管美、日两国都没有签署严禁使用毒气的《日内瓦公约》，但罗斯福总统和尼米兹都不愿违反公约，战后尼米兹承认，没有使用毒气完全是出于道义的考虑，结果使大量优秀的陆战队员付出了生命。

▼美军轰炸机支援登陆战

▼美军士兵在牺牲的战友身边继续战斗

2 月 23 日，美军陆战 4 师以二号机场为目标发起总攻，但在日军永备发射点、坑道、地堡和岩洞工事组成的防线前，推进极为缓慢，简直像蜗牛爬行。全天，只有右翼前进了约 300 米，左翼和中间几乎毫无进展。

伟大的时刻

1945年2月23日，这天唯一的战果是在折钵山，日军几乎将整座山掏空，修筑有数以千计的火力点，尤其是山顶的观察哨，居高临下俯瞰整个东海岸，能准确指引、校正纵深炮火的射击，对于美军威胁极大。经四天血战，10时20分，陆战5师28团由哈罗得、希勒中尉率领的40人组成的小分队，终于攻上了折钵山山顶，升起了一面美国国旗。尽管折钵山上，仍有近千日军凭借着坑道和岩洞工事拼死抵抗。四小时后，希勒的士兵又插起了一面更大的星条旗，美联社记者乔·罗森塔尔将插旗时的情景拍摄下来，这张照片随即广为流传，成为胜利的象征。后来太平洋战区总部还专门查询插旗的陆战队员姓名和家庭地址，进行表彰。刚赶到硫磺岛视察的美国海军部长福雷斯特尔和第5两栖军军长史密斯注视着在折钵山山顶飘扬的国旗，非常激动，福雷斯特总结道："折钵山升起的国旗意味着海军陆战队从此后五百年的荣誉！"海面上军舰上的水兵看到这面象征胜利的旗帜，欢声雷动——特纳将陆战5师28团留在折钵山，负责肃清山上的日军，而5师的另两个团则调到北部，协同四师攻击元山地区的日军。

同日，美军的航母编队在硫磺岛以东海域与海上勤务大队会合，接受海上补给，当晚再次向日本本土进发，以压制日军可能对硫磺岛的支援。

2月24日，战斗殊为激烈，陆战3师21团在海空火力的大力支援下，由坦克开道，终于突破了日军在二号机场南侧的防线，推进730米，拔除了日军近800个碉堡，日军随即发动了一次逆袭，21团猝不及防，一度被迫后退，随后在舰炮支援下拼死反击，才将阵地巩固。很快美军就发现，随着逐渐升高的地形，日军构筑了密如蚁穴的地堡和纵横交错的坑道网，凭借着这些工事抵抗越来越顽强。至当天，美军伤亡总数已达6 000人，其中阵亡1 600人，面对如此惨重的伤亡，美军将作为预备队的陆战3师师部和陆战第9团、野战炮兵第12团送上岛，投入战斗。

2月25日，3个陆战师在硫磺岛并肩开始攻击，4师在右，3师居中，5师在左，并列向东北推进。

▼美军登陆艇

同一天拂晓，美军的航母编队到达距东京东南190海里海域，出动舰载机对东京地区的日军机场和飞机制造厂进行空袭，和第一次空袭一样，因为天气恶劣，轰炸效果并不理想，米切尔随后指挥航母编队转向西南，前去突击冲绳岛。于3月1日对冲绳首府那霸进行了空袭，同时对冲绳岛、庆良间列岛和奄美大岛等地进行了航空摄影，为即将开始的冲绳战役提供资料。航

▲美军军舰

母编队最后于3月4日返回了乌利西。

3月1日，美军经过激烈的鏖战，终于攻占了二号机场和元山村。

硫磺岛上的美军每前进一步，都要付出巨大的代价，战斗已经成为不折不扣的消耗，有时一整天只前进4米，惨重的伤亡甚至使军官们都没有勇气再将士兵投入战斗。在对岛上第二制高点382高地的争夺中，陆战4师屡屡陷入日军交叉火网，伤亡极其惨重，382高地因此被称为“绞肉机”，战斗部队的伤亡高达50%以上，有经验的连、排长和军士长伤亡殆尽，许多连队连长由少尉或上士担任，而排、班长大都由普通士兵担任。美军必须逐一消灭侧翼的日军阵地，解除侧翼威胁，才有可能向前推进，所以战斗异常残酷、激烈，直到3月2日，24团才攻上了高地，但所付出的伤亡是巨大的，有好几个连的官兵非死即伤，几乎全连覆没。

左翼的5师，攻击362高地的遭遇与四师在382高地如出一辙：刚攻上山头，侧翼日军立即以密集火力封锁美军的退路，再以纵深火力和凶猛的反击将攻上高地的美军尽数消灭，美军死伤严重，却毫无收获，只得先消灭最突出部的日军阵地，再步步为营艰难向前推进。日军早已掌握了美军的攻击程序，先是航空火力准备，再是舰炮火力轰击，接着是地面炮火射击，最后才是步兵冲击，所以日军总在坑道里躲过美军的炮火，再进入阵地迎击步兵的进攻，一次又一次粉碎了美军的攻势。美军饱尝失利的苦果，终于痛定思痛，改变战术，3月7日拂晓，美军没进行任何炮火准备，借助黎明前的黑夜，悄然接近日军阵地，突然发起冲击，打了日军一个措手不及，一举攻占了362高地队。

陆战员的巨大牺牲并没有白费，3月3日，就有1架C－47运输机在硫磺岛的一号机场降落。次日一架在空袭日本本土时受伤的B－29在硫磺岛紧急降落，硫磺岛的价值已经开始得到了体现。

3月7日，美军发动总攻，担负中央突破的陆战3师势如破竹，进展神速，遇到难以克服的日军阵地就设法绕过去，继续向前推进，尽管给后续的陆战4师、5师留下不少“钉子”，但三师突破了日军的防线，并于2天后攻到了西海岸，占据了一段约800米长的海岸，将日军分割为两部分。陆战3师21团1营最先杀

▼激烈战斗的场景

到西海岸，作为战绩的证据，营长在一个军用水壶里装满了海水，贴上“只供检验不得饮用”的标签，派人送给师长厄金斯少将。

3 月 9 日美军占领了尚未完工的三号机场。栗林得知美军突破了防线将日军一分为二时，立即组织部队进行反击，他深知美军火力强，正面进攻难以奏效，所以进行的是夜间渗透反击。他命令部队尽可能穿越美军的防线，渗透到美军后方重新打通两翼联系。美军发现了日军的行动，发射的照明弹将黑夜照得如同白昼，许多日军越过了美军的前沿防线，有的甚至渗透距离达 1 600 米，但美军预备队和后方勤务人员，依托工事顽强抗击，给予反击日军重大杀伤，天亮时，日军的反击被彻底粉碎，伤亡至少 1 000 人，徒劳无功，反而损失了大量有生力量，给以后的作战带来极为不利的影响。

3 月 10 日，陆战 3 师将日军防线截为两段后，随即开始向两面扩张战果，9 团向东，21 团向西，分别策应陆战 4 师和 5 师的攻击。尽管日军的防御态势已经相当不利，但日军仍依托工事死战不退，尤其是陆战 5 师面对的是由栗林直接指挥的部队，遭到的抵抗更为激烈，陆战 5 师的伤亡超过 75%，许多战斗部队失去了战斗力，师部的文书、司机甚至炊事员等勤杂人员都投入了战斗。3 师和 4 师的伤亡也很严重，出于这种情况，陆战 4 师师长克利夫顿 · 凯兹少将向栗林和硫磺岛日军中战斗力最强的第 145 联队队长池田大佐发出劝降信，信中首先向他们无畏精神和英勇作战表示了尊敬，接着说明了目前无法取胜的处境，最后要求他们指挥所属部队停止抵抗，美军将保证投降日军根据《日内瓦公约》受到人道待遇。但劝降信如同石沉大海，没有回音。

▼登上硫磺岛的美军士兵

3 月 16 日，东北部的 800 余日军被歼灭，美军于当日 18 时宣布占领硫磺岛，但战斗仍在继续，栗林指挥残部依然在抵抗，有时战斗还相当激烈。陆战 3 师师长厄金斯少将找到两名日军战俘，给了他们很多干粮，还配备了一部最新式的报话机，然后让他们给栗林和池田带去劝降信。这两名战俘将劝降信设法交给了池田大佐的传令兵，但到了规定的时间期限，日军仍未投降，这两战俘为美军的人道主义待遇所感动，竟留在日军防线里，通过报话机为美军炮火指引目标，一直到18日才返回美军战线。

3月21日，日本天皇晋升栗林为大将军衔，以表彰他的英勇作战。

从16日美军宣布占领硫磺岛后又经过整整一周的激战，24日美军才将残余的日军压缩在岛北部约2 100平方米的狭小范围里。栗林于当晚焚毁了军旗，发出了最后的诀别电报，然后销毁密码，准备实施最后的决死反击。

▲美军在打扫战场

3月25日，栗林派人设法通知岛上每一个人，于夜间携带武器在二号机场附近的山区集合。

3月26日凌晨，栗林亲自率领约350名日军向二号机场的美军发起了最后反击，许多美军在睡梦中被杀，天亮后，美军组织扫荡，四处追杀这股残余日军，激战3小时，将这股日军大部歼灭，日军仅遗留在美军阵地前的尸体就有250具，栗林负伤后切腹自杀，美军伤亡172人。美军于当天8时宣布硫磺岛战役结束，但清剿残余日军的战斗一直持续到4月底。

“特攻作战”

硫磺岛的守备部队在殊死抵抗的同时，日本海军联合舰队由于主要的水面舰只在菲律宾莱特湾海战中损失殆尽，残余军舰因为燃料不足，也无力组织救援。能够出动增援的就只有岸基航空兵和潜艇部队了，但岸基航空兵的第一、第二航空舰队基本丧失了战斗力，第三航空舰队还在训练艇实施“特攻作战”，以最小代价换取最大战果。2月19日，日军在香取基地成立了以自杀飞机为主体的“第二御盾特别攻击队”，专门担负特攻使命。

2月21日，特攻队飞临美军在硫磺岛西北35海里正准备执行夜间空中巡逻任务的“萨拉托加”号航母上空，日机随即展开攻击，有4架被击落，另2架接连撞上这艘航母，使该舰受伤起火，所幸伤势不重。18时50分，“萨拉托加”号的水兵刚把舰上的大火扑灭，日军第二攻击波5架自杀飞机就接踵而至，前4架均被击落，第五架虽被击伤，仍一头撞上“萨拉托加”号，在航母甲板上翻滚着落入海中，给母舰造成了多处创伤，被毁飞机42架，舰员阵亡123人，伤192人。只是因为舰上损管人员抢修得力才幸免沉没，终因伤势太重而奉命撤出战场，随即回国进坞大修，直到战争结束也未能参战。

与此同时，日军的自杀飞机还攻击了硫磺岛以东的美舰，1架日机撞上了“俾斯麦海”号护航航母的后升降机，并在机库里爆炸，立即引爆了机库里的飞机，大火迅速蔓延，很快波及弹药舱，引发了大爆炸，舰长见无法挽回，只得下令弃舰。该舰燃烧了足足3小时，才沉入海中。舰上水兵伤亡约350人。被日军自杀飞机击伤的还有“隆加角”号护航航母、477号和809号坦克登陆舰、“基厄卡克”号运输船。

日军除组织自杀飞机的攻击外，还以潜艇实施特攻作战。2月19日，日军以伊

▲美军占领硫磺岛

-368、伊-370、伊-44 各携带五条、五条和四条人操鱼雷，组成代号为“千草”的特攻队，于 2 月 20 日、21 日、22 日分别从濑户内海的大津岛潜艇基地出发，前往攻击硫磺岛海域的美军舰队。

2 月 23 日，又命令 16 日从吴港出发原定前往琉球群岛活动的吕-43 号潜艇改往硫磺岛攻击美舰。

2 月 26 日，到达硫磺岛海域的伊-368 号和吕-43 号被美军舰载机击沉，伊-368 号则被美军的驱逐舰击沉。伊-44 号多次向美舰接近，都受到美军反潜舰只的有力压制，无法占据人操鱼雷的出发阵位，只好返航，回日本后艇长因未完成任务而被撤职。

2 月 28 日，日军又以伊-58 号和伊-36 号潜艇各携带四条人操鱼雷组成代号为“神武”的特攻队，分别于 3 月 1 日和 2 日从吴港出发，但到了 3 月 6 日，日军统帅部见硫磺岛大势已去，这才命令在硫磺岛海域活动的潜艇全部撤出。

结局

硫磺岛战役，日军守备部队阵亡 22 305 人，被俘 1 083 人，共计 23 388 人。日军其他损失为飞机 90 余架，潜艇 3 艘。

美军从 2 月 19 日至 3 月 26 日，阵亡 6 821 人（其中陆战队阵亡 5 324 人），伤 21 865 人，伤亡共计 28 686 人。美日双方伤亡比为 1.23 ∶ 1。

美军登陆部队伤亡人数占总人数的 30%，陆战 3 师的战斗部队伤亡 60%，而陆战四师、5 师战斗部队的伤亡更是高达 75%，第 5 两栖军几乎失去了战斗力。此次战役中，海军陆战队的伤亡之高也是其在太平洋战争中绝无仅有的，战后，尼米兹对参加过硫磺岛战役的陆战队员给予了高度的赞扬：“在硫磺岛作战的美国人，非凡的勇敢是他们共同的特点！”

美军还有一艘护航航母被击沉，航母、登陆舰、快速运输舰、中型登陆舰、扫雷舰、运输船各一艘、坦克登陆舰两艘被击伤。

美军为攻占硫磺岛所付出的人员伤亡比日军还多，这是太平洋战争中，登陆一方的伤亡超过抗登陆方的唯一战例，日军在失去海空支援，又没有增援补给的情况下，以地面部队凭借坚固而隐蔽的工事，采取正确的战术，进行了顽强的抵抗，使美军原计划5天攻占的弹丸小岛，足足打了36天，并付出了惨重的人员伤亡。美军在此次作战中唯一闪光之处就是舰炮支援比较得力，共发射各种口径炮弹30余万，计1.4万吨，取得了较好的效果，有力地支援了登陆部队的作战。但美军的巨大代价很快就得到回报，当美军登陆后，工兵部队就上岛抢修扩建机场，至4月20日，上岛的工兵部队已有7 600人，将一号机场跑道扩建为3 000米，二号机场的跑道扩建为2 100米，不仅进驻了战斗机部队，还成为美军B－29轰炸机的应急备降机场。美军战斗机部队进驻硫磺岛后，其作战半径就覆盖了日本本土，能有效掩护轰炸机对日本本土的战略轰炸，使对日轰炸愈加频繁和激烈，并将轰炸效果提高了1倍以上，大大加速了日本的崩溃。硫磺岛上应急备降场至战争结束，累计共有2.4万架次受伤或耗尽燃料的B－29在此紧急降落，从而挽救了这些飞机上2.7万名空勤人员。

硫磺岛，不仅使美军获得了轰炸日本本土的重要基地，还打开了直接攻击日本本土的通道。而美军在硫磺岛的惨重伤亡，也使美军的高层意识到如果进攻日本本土，一定会遇到比在硫磺岛更顽强的抵抗，美军的伤亡将会更惨重，因此，日后美国对日本使用原子弹，很大程度上是出于担心在日本本土登陆将会遭到硫磺岛那样的巨大伤亡。

▼美军将国旗插在硫磺岛高地上

柏林战役

第二次世界大战末期，苏军攻占法西斯德国首都柏林的战略性战役。1945年春，苏军已进入德境，希特勒为拖延战争，等待反法西斯同盟内部分裂，调集军队约100万人死守柏林，集中力量对付苏军。苏军最高统帅部为彻底消灭德军于其巢穴，结束欧洲战争，以3个方面军250万人的兵力进攻柏林。

战前准备

战役于1945年4月16日发起，先后突破奥得河、尼斯河防线。25日又对柏林形成包围。苏军在对柏林的强攻中采取多路向中心突击，经激烈巷战，于4月27日突入柏林中心区，29日开始强攻国会大厦。30日希特勒在总理府地下室自杀。5月2日柏林卫戍司令H．魏德林将军率部投降。8日德军统帅部代表W．凯特尔元帅在柏林签署向苏军和盟国远征军无条件投降书。整个战役，苏军共消灭德军93个师，俘获官兵约48万人，缴获火炮8 600门、坦克和自行火炮1 500余辆、飞机4 500架。苏军损失30.4万人、坦克和自行火炮2 156辆、火炮1 220门和飞机527架。柏林战役的结局，标志着法西斯德国的灭亡、苏德战争和欧洲战争的终结。

▲德军在掩体内射击

1945年1月至4月中旬，德军在东西两线战场都遭受到盟军优势兵力的沉重打击。在东线战场，苏军已在宽大正面上前出到奥德河和尼斯河，攻占了维也纳，从东、南两面包围了柏林，距柏林最近距离仅有60公里。在西线战场，美英盟军进抵易北河，并向汉堡、莱比锡和布拉格方向展开攻势，距柏林也只有100余公里的距离。

虽然德国已完全失去了取胜的希望，但希特勒仍然决心把战争进行到底。德军统帅部在柏林地域部署了“维斯瓦集团军群”和“中央集团军群”两个集团军群的兵力，总计48个步兵师、9个摩托化师和6个装甲师，共约100万人，1.04万门火炮和迫击炮，1 500辆坦克，3 300架作战飞机，并将陆军总部的8个预备师也用于柏林防御，此外柏林市内还有守备队20万人。为了坚守柏林，德军在柏林外围的奥德河—尼斯河地区构筑了纵深达20～40公里的3道防御地带。柏林市区防御围廓沿环城铁路构筑而成。市内设置了大量的街垒防御阵地，甚至在临街房屋的窗户上都修筑了坚固的射击孔，使整个柏林城变成了一座巨型掩体和射击阵地。

▲美军在山头休整

希特勒声称："我们在任何情况下都要战斗下去，正如腓特烈大帝所说，要一直打到那该死的敌人中有一个精疲力竭不能再战为止"。

为了先于美英盟军攻占作为德国政治中心的柏林，苏联最高统帅部决定从1945年4月中旬对柏林发起总攻。为此，苏军调集了3个方面军的强大兵力，共计162个步兵师和骑兵师，21个坦克军和机械化军，4个空军集团军，共约250万人，4.2万门火炮和迫击炮，6 250辆坦克和自行火炮，7 500架作战飞机。苏军计划以三路进击柏林：以朱可夫元帅指挥的白俄罗斯第1方面军作为最强大的集团和攻击的先头部队突破奥德河东、西两岸防线和附近若干地段，从东面攻击。以科涅夫元帅指挥的乌克兰第1方面军前出到尼斯河东岸的南部直到苏台德山麓，从南面攻击。以罗科索夫斯基元帅指挥的白俄罗斯第2方面军前进到奥德河下游，从北面攻击。

进逼柏林

4月16日凌晨5时整，朱可夫下达了攻击命令，苏军的炮弹呼啸着倾泻到德军的防御阵地上，轰炸机轰鸣着向德军头顶投掷下大量炸弹，整个大地都在可怕的颤抖之中。20分钟后，140多个探照灯一下子全部亮了起来，把德军阵地照得通明，德军士兵们目眩眼花，苏军乘机向对方阵地冲去。很快，朱可夫的白俄罗斯第1方面军突破了德军在柏林外围的第一道防御地带。与此同时，南面科涅夫的乌克兰第1方面军亦于4月16日晨在尼斯河畔发起进攻，迅速渡过了尼斯河。

朱可夫的白俄罗斯第1方面军突破了德军第一道防御地带后，当天中午即进抵到德军第二道防御地带，但是，当苏军推进到该防御地带的枢纽泽洛夫高地时，却遭到德军的顽强抵抗，德军凭借有利地形，顽强扼守每一条战壕，每一个散兵坑，给予苏军很大的杀伤。朱可夫不断增加突击力量，并将两个坦克集团军投入战斗，但几次进攻都被德军打退。4月17日晨，朱可夫集中了方面军的几乎所有炮火，在猛烈的炮火准备后，近千辆坦克排成一列纵队向前推进，前面的一批坦克被击中起火，后面的顶走它继续前进。苏军士兵高喊着口号向前冲击，前面的倒下了，后面的接着往上冲。此时防守在高地上的德军已是伤痕累累，最终经受不住苏军狂潮般的冲击，开始向

▼大量被俘德军

▲联军士兵在击落的德军飞机前留影

柏林市区方向退却，4 月 18 日晨，苏军终于攻占了泽洛夫高地，继续向柏林城挺进。20 日晨，白俄罗斯第 1 方面军先头部队第 3 突击集团军在库兹涅佐夫上将的率领下，抵达柏林近郊，使整个柏林城市区处于其榴弹炮和加农炮的射程之内。20 日下午 1 时 30 分，苏军的地面炮兵群首次向柏林城内轰击。

南面科涅夫的乌克兰第 1 方面军强渡了尼斯河后，突破了德军在尼斯河的防御地带，然后强渡了斯普雷河，前进了 30 公里。当朱可夫的部队在泽洛夫高地受阻时，乌克兰第 1 方面军的各坦克集团军首先从南面向柏林突击，至 4 月 20 日夜间，第 3 坦克集团军突入了柏林市南郊，第 4 坦克集团军也突进到柏林市西南郊。北面罗科索夫斯基的白俄罗斯第 2 方面军于 4 月 18 日发起进攻，至 19 日强渡了东奥德河，牵制住了柏林以北地区的德军“维斯瓦集团军群”的兵力。

至此，德军在奥德河一尼斯河的防御体系被苏军突破，苏军 3 个方面军昼夜不停地向前突进，开始对柏林实施合围。至 4 月 24 日，白俄罗斯第 1 方面军左翼部队与乌克兰第 1 方面军在柏林东南会合，切断了德军第 9 集团军与柏林的联系，并合围了该集团军。4 月 25 日，白俄罗斯第 1 方面军从北面迂回柏林的部队与乌克兰第 1 方面军第 4 坦克集团军在柏林以西会合，从而完成了对柏林的合围。柏林以北地区的德军集团，也遭到白俄罗斯第 2 方面军和白俄罗斯第 1 方面军右翼部队的夹击，处境十分困难。同日，乌克兰第 1 方面军所属近卫第 5 集团军西进到易北河，在托尔高地与西线美军第 1 集团军会师。

市区激战

鉴于苏军已兵临柏林城下，希特勒决定德军统帅部撤离柏林，他本人则留下“与柏林共存亡”。他下令军事机关的所有参谋和文职人员都毫无例外地参加战斗，并决定对按兵不动的指挥官要在 5 小时内处决，对退却的官兵不仅要处死，还要在他们的尸体上挂起“逃兵”“胆小鬼”“他背叛了国家、玷污了德意志民族”的牌子示众。

▼德军士兵奔赴战场

4 月 26 日清晨，在柏林上空，苏军数千架飞机再一次投下了成千上万吨的炸弹和汽油弹。在地上，平均每英里已部署到近千门的各种火炮集中射击，柏林转眼间成了一个昏暗的世界。轰炸和射击结束后，朱可夫的白俄罗斯第 1 方面军派出无数个突击群和突击分队，从四面八方向市区突进。越是接近市中心，苏军前进越艰难。坚固的楼房、隐蔽的地下室、地下铁道、排水沟壕等，都为德军提供了火力支撑点。因此，苏军不得不逐栋楼房争夺，逐条街道攻取，每前进一步都要付出了很大的代价。

▲苏军向柏林开进

此时希特勒仍在做不切实际的幻想，他对柏林守备司令魏德林说“局势会好转的，我们的第 9 集团军即将到达柏林，同第 12 集团军一起，对敌人实施反突击，俄国人将在柏林遭遇最惨重的失败。”一向对希特勒“报喜不报忧”的德军将领，使他们的元首不了解，部署在柏林东南的布施将军指挥的第 9 集团军已被苏军分割包围了，无法向柏林运动。在柏林西南防守易北河的第 12 集团军，由温克将军率领拼命向柏林靠近，但终因受到美军的牵制和苏军的阻击，在进至费尔希地域后就再也前进不了了。几乎与世隔绝的希特勒，待在总理府的地下暗堡里不清楚上述情况，仍不断地发出由他签署的无线电报，调兵遣将。实际上，一些将领已不再那么坚决地执行他的命令了。

▼苏军在德国会大厦前欢庆胜利

4 月 27 日，苏军已攻入柏林市的第 9 区，凯特尔才给柏林打来一个道出实情的电报，电报承认第 12 集团军不能继续前进，第 9 集团军也无法突出合围。希特勒最后一线希望破灭了。柏林守备司令魏德林向希特勒提出了守军从首都突围的计划，并

▲盟军士兵在进行战斗

保证“国家元首安全撤离柏林”，他还报告说，弹药只够2昼夜了，粮食和药品几乎告罄。陆军总参谋长克莱勃斯将军支持魏德林的突围建议，认为从军事的观点看，这个计划是有可能实现的。但是，希特勒意识到他已彻底输掉了这场由他发动的战争，他拒绝离开柏林，他要在这里坚持到他生命的最后一刻。

4月28日，白俄罗斯第1方面军所属的第3突击集团军和近卫第8集团军逼近了柏林的蒂尔花园区，这个花园区是柏林守军最后一处支撑点，由于该阵地有政府办公厅、国会大厦、最高统帅部等象征第三帝国权力的最高首脑机关，所以，柏林守备司令部把党卫军最精锐的部队部署在这里。崔可夫上将指挥的近卫第8集团军首先向该阵地发起了进攻，当天下午跨过了兰德维尔运河，占领了德军的通信枢纽，掐断了柏林与外界的主要通信联络。深夜，第3突击集团军在库兹涅佐夫上将的指挥下向国会大厦外围的内务部大楼发起强攻，德军进行着绝望却又是最顽强的抵抗，战斗一直持续到29日深夜，在守敌几乎全部阵亡的情况下，这座大楼才被苏军攻占。

29日凌晨1时，希特勒宣布与等了他12年的爱娃·布劳恩举行婚礼。婚礼之后，希特勒口述了他的遗嘱，指定海军元帅邓尼茨为他的接班人，他决定自杀并希望他们夫妇的遗体在总理府进行火化。30日下午3点30分，希特勒与结婚才1天的妻子在地下暗堡的寝室里双双服毒自杀，并且在服毒的同时，还举枪对自己的太阳穴扣动了扳机。接着，戈培尔等人将希特勒和爱娃的遗体抬到总理府花园的一个弹坑里，浇上汽油进行火化。

4月30日21时50分，苏军战士将胜利的红旗插上柏林国会大厦圆顶。

苏军攻占国会大厦的战斗还在激烈地进行着。30日下午6时，苏军士兵又一次向这座大厦发起冲击。盘踞在这里的近2 000名德军，不愧是第三帝国的“御林军”，他们的顽强抵抗，使苏军每前进一步都付出了惨重的代价。在血战中，即使苏军占领了大厦下面的楼层，在上面楼层守备的德军也不肯投降，苏军只好一层楼一层楼地与守敌搏斗，

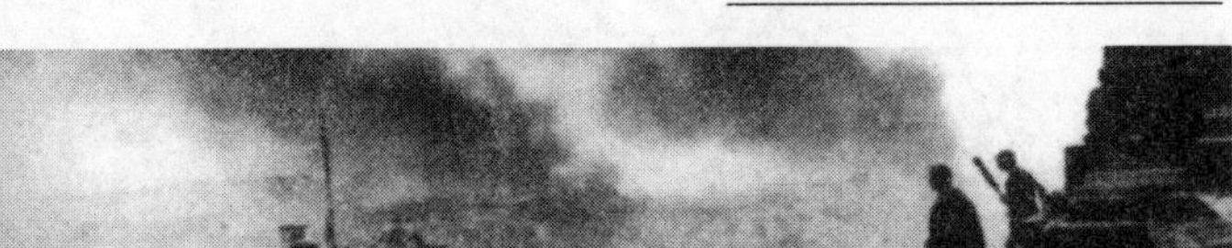

▼苏军攻占德国国会大厦

▲躲在掩体内的德国平民

在大厦的任何一角，都在进行激战。苏军靠着源源不断涌进大厦内的强大兵力，才逐一粉碎了守敌的抵抗。21时50分，苏联英雄米哈伊尔．耶果罗夫中士和麦利唐．坎塔里亚下士将苏联的红旗插上了国会大厦主楼的圆顶。

德军无条件投降

30日深夜，德军通过广播请求临时停火，要求与苏军进行谈判。5月1日凌晨3时55分，德国陆军总参谋长克莱勃斯将军打着白旗钻出帝国办公厅的地下掩蔽部，前往苏近卫第8集团军的前线指挥所谈判，克莱勃斯对崔可夫说："我想告诉您一件绝对机密的事，您是我通报此事的第一位外国人，希特勒已于昨天自杀了。"克莱勃斯接着要求苏军先停战，然后等到德国组成新的政府后再进行谈判。崔可夫立即用电话将情况向朱可夫做了报告。十几分钟后，斯大林从莫斯科发来了最高指令："德军只能无条件投降，不进行任何谈判，不同克莱勃斯谈，也不同任何其他法西斯分子谈。"9时45分，朱可夫根据斯大林的指示精神，代表苏军向柏林德军发出最后通牒：德军必须彻底投降，否则苏军将在10时40分对德军实施最后强攻。崔可夫让克莱勃斯把这份通牒带回给戈培尔等人，戈培尔见到通牒后，知道没有任何讨价还价的余地了，傍晚便与妻子及6个孩子自杀了。

▼蒙哥马利向德国代表团宣读投降条款

5月2日7时，德军柏林城防司令官魏德林上将前往崔可夫的前沿指挥所，签署了投降令。至中午时分，柏林守军全部投降。至此，苏德战争最后一次决战——柏林会战结束。此役苏军俘虏德军38万人，缴获坦克和自行火炮1 500余辆，飞机4 500架。而苏军也付出了30万人牺牲的代价。

德国投降

1945年5月8日，纳粹德国国防军最高统帅部代表在柏林近郊的卡尔斯霍斯特正式签署了无条件投降书，标志着世界法西斯战争欧洲战场的战事结束。至此，这场历经6年之久、给欧洲国家人民带来沉重灾难的战争终于画上了句号。包括苏联在内，欧洲共有4 000多万人在这场战争中丧生，其中仅德国就有300万士兵阵亡，50多万人死于空袭——这些就是希特勒12年恐怖统治的可怕结果。

▲被俘的德军

攻克柏林

1945年4月20日，红军大炮向柏林中心展开炮击，一直到柏林投降后才停止。战后苏联指出柏林战役炮击投下的炸药重量比盟军轰炸机投下的总重还要多。白俄罗斯第1方面军向柏林东及东北部推进。

乌克兰第1方面军穿越了北翼德军中央集团军最后一个阵地并经过特博格北部，占据美军马格德堡易北河防线前一大片德国土地。北部斯特丁至施韦特由第2白俄罗斯方面军占领。

4月21日红军第2防卫团向柏林北部推进了50公里，并攻击威诺亨西南方。其他红军部队已经抵达柏林防线外围。苏联计划先包围柏林然后包抄德军第十一集团军。

波兰第1集团军一位军官在勃兰登堡门附近战斗德军第5兵团与第9集团军被困霍斯北部，因此由第4装甲团转隶第9集团军，该团仍然守着科特布斯。当第4装甲团成功向北方的乌克兰第1方面军作出反击后，希特勒向第9集团军下达死守科特布斯，并向西方设立一条新战线的命令。这样就能够与由南方突围北上的第4装甲团包抄乌克兰第1方面军。他们预计第3装甲团会在南方向白俄罗斯第1方面军发动攻击，而斯坦纳将军的党卫军第11装甲团会由柏林南下包抄。但斯坦纳将军根本没有足够兵源发动反攻，海因里希向希特勒的参谋表明，如果第9集团军不立即撤退就会被红军包围。他强调往西北撤回柏林已经太迟，一定要往西撤退，如果不获希特勒许可西撤，他就要求解除自己指挥官的职务。

▼德军组织巷战

4月22日中午的会议，希特勒得知他的计划并无实现而怒不可遏。他宣布战败而自己会留

在柏林直到最后一刻，然后自杀。为了令希特勒冷静下来，阿尔弗雷德·约德尔将军推测面对美军的第 12 集团军可以撤回柏林，他认为守在易北河的美军已经不会再向东推进。希特勒捉住这个想法，几小时后禾特·温克将军收到命令，让第 12 集团军脱离美军战线向东北撤退增援柏林，海因里希也收到向西撤退并与第 12 集团会合的命令。

苏联逐步向胜利迈进。白俄罗斯第 2 方面军在奥得河东岸设立了桥头堡，并与德军第 3 装甲团交战。德军第 9 集团军受到东面猛攻，失去了科特布斯。一支红军装甲先头部队已经集结在柏林东部，另一支已经突破了柏林内围的防御圈。

4 月 23 日，苏联白俄罗斯第 1 方面军和乌克兰第 1 方面军继续收紧包围网，包括切断德军第 9 集团军与柏林的联系。乌克兰第 1 方面军的部队向西面推进与企图增援柏林的第 12 集团军交战，希特勒任命黑尔姆特·魏德林将军为柏林防卫司令官。

4 月 25 日，白俄罗斯第 2 方面军突破了德军第 3 装甲团的防线，他们可以顺畅地向西方的英军第 21 集团军和向北方波罗的海港口施特拉尔松德推进，苏联第 5 防卫团的第 58 防卫师在易北河与集结在托尔高附近的美军第 69 步兵师接壤。

柏林城内由德军和党卫军残余分子、警察、希特勒青年团和国民自卫队防御，国民自卫队由一些退役老兵组成。

柏林西部有第 20 机械化步兵师，北部有第 9 空降师，东北部有“慕钦堡”装甲师，东南部有党卫军第 11“北欧”志愿装甲掷弹兵师（坦培霍夫机场以东），中心 1 地区有第 18 装甲掷弹兵师。

德国国会、毛德桥，亚历山大广场与施潘道（柏林一个区）的哈维尔桥都是战斗最激烈的地方，党卫军外籍军团的战斗格外激烈，他们都被告知一旦被俘就不能再活下去。

4 月 28 日海因里希拒绝了希特勒死守柏林的命令，翌日他被解除职务并由库特·斯图登特将军接任。

4 月 30 日，红军已经推进至柏林中心。希特勒与爱娃·布劳恩结婚，然后自杀。魏德林将军在 5 月 2 日向红军投降。

▼德军士兵在进行战斗

德俄共有的博物馆

1945 年 5 月 7 日，德国代表在盟军司令部所在地法国兰斯签署了无条件投降书，代表盟国签字的是美国史密斯将军，苏联的一位将军与法国代表作为见证人参加签字仪式。5 月 8 日晚，德国国防军最高统帅部代表——德军元帅凯特尔代表纳粹德国在柏林以东的卡尔斯霍斯特镇的一所德军军官学院的食堂大厅里正式签署了无条件投降书。苏联元帅朱可夫代表苏军，英国空军上将泰勒、美国斯巴茨将军和法国塔西尼代表盟国远征军，接受了德军的投降。主持签字仪式的是苏联的朱可夫元帅。等到朱可夫等同盟国的全权代表在德方签署的投降书上签字，已经是莫斯科时间5月9日0点50分。此后，在习惯上，西方国家以5月8日为停战日，而苏联则宣布5月9日为世界反法西斯战争胜利日。

▲美军官兵在柏林大街合影

在德国有一个德国和俄罗斯两国共有的博物馆。从外观上看，它只是一幢灰色的两层尖顶小楼，只有楼房旁边依然保留的苏联红军坦克在提醒着人们：这里曾经是影响过整个世界的地方。据说，这座建筑是从1936年到1938年建设完成的，到1945年4月之前作为德军的军官食堂。1945年4月底，它成为苏联红军第五突击集团军司令别尔扎林上将的司令部。1945年到1949年是苏联管理军事当局的所在地。1949年10月10日，苏联将其移交给民主德国政府。1967年到1994年，建筑成为苏联驻军的“纪念卫国战争胜利和法西斯德国无条件投降博物馆”。

1994年，前苏联驻德国东部地区部队撤离德国，而根据德国和俄罗斯两国政府的协议，该馆更名为“柏林—卡尔斯霍斯特博物馆”，由德、俄两国共同管理。这座博物馆也是世界上唯一一座由两个曾经在战争中为敌的国家共有的博物馆。在1941年到1945年的战争中，苏联方面损失了2 500万到3 000万人，而德国方面也损失了600万到700万人，两国共同建立这座博物馆，是为了让后人牢记教训，避免这样的悲剧重演。1995年5月10日，博物馆重新正式开放。

在博物馆里，展示最多的不是战争中的英雄，更多的是战争的受害者——那些手无寸铁的平民。二楼，是博物馆的展览区，按照时间跨度的顺序分成：“1917年到1933年德苏关系”“1940和1941年战争计划”“1941年到1945年战争进程”“1945年5月8日和9日投降”以及“战后”等16个主题展区，向观众展示了大量当年的实物、照片和历史文件和资料等。这些活生生的展览，能够真正使观众了解到战争的残酷和法西斯分子的罪行，确实令人有身临其境之感。

▼开进柏林城内的美军装甲部队

博物馆里还有一份1941年5月

的文件。这份文件是德军总部制定侵略计划的一次会谈的记录，上面写着，“到战争进行的第三年，只有当军队全部食品供给都来自俄国，战争才能进行下去。如果我们从俄国拿走所有必需品，无疑将会有几千万人饿死。”在纳粹的眼中，只要能够赢得战争，根本不在乎苏联人民的死活，饿死几千万人，那是在他们计划内的事情。

重新签署降书的由来

据说，当年纳粹已经于5月7日在法国兰斯签署了无条件投降书。但是，苏联领导人斯大林认为，苏军是战胜德国法西斯的主力，柏林是苏军攻克的，因此，兰斯的签降仪式从方式到地点都是不恰当的，它有损苏军的威望。苏军最高统帅部批评了自己的前线指挥官，苏联政府则向英、美提出交涉。后来，有关国家商定，兰斯签降只算预演，正式签降由苏联政府的代表主持，地点在德国柏林。

▲战后的柏林城一片废墟

这样，德国代表凯特尔元帅、弗里德堡海军上将和施通普夫空军上将带领一个德方代表团来到了已经成为苏军总部的卡尔斯霍斯特，正式向苏、美、英、法四国投降。

投降书的第一条宣布：“我们，这些代表德国最高统帅部的签字者，同意德国一切陆、海、空军及目前仍在德国控制下的一切部队，向红军最高统帅部，同时向盟国远征军最高统帅部无条件投降。”投降书规定，该投降书从1945年5月9日零时开始生效。

当天的投降仪式原计划是在下午5点左右举行。但是，英、美代表团在接到投降书英文文本后，认为与俄文文本有出入，因此，双方对投降书的各个语言的文本再次进行了对照，等到再次确认没有问题后，已经是很晚了，所以，投降仪式只能推后进行。并且，原计划，盟军总司令艾森豪威尔也将参加投降仪式，但后来，斯巴茨将军代表美国参加。有些人认为这是因为艾森豪威尔知道，在柏林，苏联元帅朱可夫是这里的主人，艾森豪威尔不希望在柏林被别人盖过风头，所以，他没有亲自出席。

5月8日柏林时间22点43分，也就是莫斯科时间5月9日0点43分，德国国防军最高统帅部代表——德军元帅凯特尔代表纳粹德国签署了无条件投降书。苏联元帅朱可夫代表苏军，英国空军上将泰勒、美国斯巴茨将军和法国塔西尼代表盟国远征军，接受了德军的投降。等到投降书签署完毕，已经是莫斯科时间5月9日0点50分。这样，欧洲历史上最为可怕的战争终于结束了。

桂柳反攻战役

▲中国远征军在回国路上

桂柳反攻战役，中国军队先后收复了南宁、桂林、柳州等湘桂铁路沿线各城镇，取得了相当的胜利，这是中国战区正面战场的最后一次大战役。

战役背景

1945年4至5月，已是世界反法西斯战争全面、彻底胜利的前夜。美军在冲绳岛登陆，日本本土的决战迫在眉睫。中国敌后战场为实现“扩大解放区，缩小沦陷区”的战略任务，发动了强有力的“春季攻势”和“夏季攻势”，歼灭了日伪军大量有生力量。国民政府军事委员会，为保卫云、贵、川战略根据地和更能适应将来反攻作战的需要，将陆军总部所辖兵力进行了缩编，组建了4个方面军和1个防守司令部；同时，由于中印公路打通，美援军械大量输入，国民政府军装备进一步改善。1945年2月中旬，军事委员拟制了《中国陆军作战计划大纲》，提出为配合盟军在东南海岸登陆，“向桂、湘、粤转取攻势”，“攻宜山、柳州，与盟军会师西江”的作战计划。

战役过程

当中国实施战略任务期间，日本大本营也感到自己战力日减，战志消沉，已无力控制所占领的中国广大地面，提出缩短防线，集中兵力，以防中国反攻的计划。1945年4月18日，日本大本营下达“大陆令”减少华南兵力，将其兵力集中向华北、华中的重要地面集结。占领广西和广东的“第3、第13、第34及第27师团从第11军、第23军序列中解除，编入中国派遣军序列（直辖）”。这些部队撤退时间定在七八月份。但随着战争形势的发展，6月初侵华日军在大连召开高级将领军事会议，拟出新的计划，把从广西撤退的时间提前到5月下旬。驻广西的日军第11军根据方面军的撤退指示，对撤退时间作了具体安排。

▼中国战场上的装甲车

当时日军第11军各师团分布

于广西的桂林、柳州、南宁、龙州等要地。4月中旬，日军第11军司令官笠原幸雄接到撤退命令，考虑到中国守军必将跟踪追击，决定采取“先发制人的行动，将其压倒”，令第3师团从南宁，第13师团从宜山，由南北两个方向进攻都安，全歼中国守军第二方面军第46军。同时，调第13师抽调一个联队，负责掩护作战任务。但敌人未到都安，即沿进攻路线后撤。

▲中国军队在研究歼敌策略

张发奎的第二方面军第一线部队发现日军撤退，即跟进追击。第47军经都阳山逼近南宁。日军第3师团经迁江、宾阳、来宾、柳州向桂林撤退。在民团配合下，5月27日，第64军收复南宁。第二方面军兵分两路，第64军一部向龙州追击，第46军主力向柳州东南迂回攻击。向龙州追击之部队，于6月7日收复思乐，8日收复明江，在地方团队协助下，于7月3日先后攻占龙州、凭祥，将日军驱逐于国境之外。第46军主力于6月上旬向柳州攻击前进，先后攻克桂平、武宜，6月19日其175师迫近柳州。

▲开赴战场的摩托化部队

汤恩伯的第三方面军于5月初以担任河池西北地区守备的第29军，向河池、黎明关攻击，并以预备第11师攻取天河，至5月21日，收复河池县城，并沿黔桂铁路追击，于23日攻克德胜。6月6日收复宜山。此时，日军由柳州增援宜山，与第29军展开反复争夺，激战至6月14日，第29军击退日军的反扑，再次收复宜山，日军第13师遂向柳州撤退。第三方面军以第20军向日军跟踪追击，在第二方面军第46军的配合下，向柳州之日军展开总攻，6月30日收复柳州，日军向桂林撤退。

第三方面军克复柳州后，分兵3路，沿湘桂铁路，向桂林急进。同时王耀武的第四方面军攻击宝庆、衡阳，以为策应。至7月24日，第三方面军第29军连克中渡、黄冕、阳朔、白沙，并经激战夺占桂林南方门户水福，直逼桂林近郊。这时，第三方面军主力第27集团军以第26军、第94军等部，自越城岭向桂林推进。7月10日攻占南圩。26日克义宁。在第三方面军各路包围总攻下，27日收复桂林。日军仓皇向全县方向逃窜，8月17日收复全县。这时日本已宣布投降。

布拉格战役

苏德战争中，苏军为歼灭捷克斯洛伐克境内德军集团并支援布拉格人民起义，于1945年5月6至11日进行了最后一次进攻战役。

历史背景

布拉格战役前发生的各种情况的复杂性在很大程度上决定着战役的意图、时限和速度，简单地讲，决定着战役的全过程。

粉碎柏林战略集团后，法西斯国家事实上已经瓦解。可是，希特勒为了延长法西斯制度的存在，在其政治遗嘱中任命了以海军元帅邓尼茨为首的德国新政府。舍尔纳元帅被推出任德国陆军总司令，当时，他任德国法西斯“中央”集团军群司令，其部队主要驻在捷克斯洛伐克。这种任命是有其理由的，因为在那些日子里，看来舍尔纳是握有权力的实际军事头目，而最主要的是他掌握有军队，而且掌握着不少的军队。

新的德国“政府”还掌握着一支数量很大的军队，用来继续进行战争。在苏联波罗的海沿岸地区，有“库尔兰”集团军群。在波罗的海沿岸，“东普鲁士”军队集群仍在继续战斗。希特勒的第12集团军，虽然大部被击溃，但仍在柏林以西顽抗。在捷克斯洛伐克，集中驻扎着由舍尔纳元帅指挥的“中央”集团军群（近50个精锐师和由原来的师组建起来的6个战斗群）。这个庞大集团在抗击着乌克兰第1、第2和第4方面军部队。在捷克斯洛伐克西部，最近转隶给舍尔纳的德军第7集团军（5个师）在抗击着盟军。最后，还有德国法西斯“奥地利”集团军群和“南方”集团军群，共30多个师，分别在奥地利和南斯拉夫同乌克兰第2和第3方面军的部队以及南斯拉夫人民解放军作战。

▼布拉格市区

这样，布拉格战役面临着一场同德国武装力量庞大集团的严重斗争。邓尼茨“政府”把赌注下在该德军集团上，指望保住了这一集团，就能使第三帝国再苟延残喘一段时间，这个“政府”虽已死到临头，

▲德军残余势力在顽抗

却仍企图竭力停止西线的军事行动而继续坚持东线的作战。这也是邓尼茨本人5月1日通过弗伦斯堡电台公开声明的政策的基调。他说："元首任命我为他的继承人。在德国命运的艰难时刻，由于意识到我所承担的责任，我接受政府首脑的职务。我最重要的任务是将德国人从布尔什维克的进攻中拯救出来，使其免遭消灭。仅仅为了这个目的，我们才继续进行军事行动。目前，在完成这一使命过程中，经常遇到来自英国人和美国人方面的障碍，我们被迫也要防御他们……"

在邓尼茨"政府"的一次特别会议上，通过了一项基本决定："必须用全部手段，继续东线的战争。"

因此，布拉格战役非常重要。

布拉格战役目的

战役意图是对布拉格实施数个猛烈的向心突击，合围和分割该市以东德军集团主力，解放捷克斯洛伐克首都，切断"中央"集团军群向西和西南的退路。最终消灭德军的残余力量，或使其彻底投降。

布拉格战役过程

5月6日，乌克兰第1方面军右翼乘德军在一些方向退却，转入了追击。各先遣支队击溃了德军后卫，迅速前进，为主力开辟道路。苏军的战斗行动昼夜不停。

提高进攻速度的必要性是由以下两个情况所决定的：第一，需要阻止德军西逃，第二，布拉格的处境越来越危急。他们遭到镇压和布拉格被撤退的德军破坏的危险增大了。5月7日，乌克兰第1方面军左翼和中央军队的波兰第2集团军，第28、第52、第31(司令为沙夫拉诺夫中将)、第59集团军(司令为科罗夫尼科夫中将)开始进攻，这一进攻发展顺利。5月8日，苏军攻占德

▼德军在阅兵

▲两军猛烈交火

累斯顿，波兰第2集团军占领了包岑，第52集团军占领了格尔利茨。方面军右翼各集团军解放了特普利采、比利纳、莫斯特等城市。

乌克兰第2方面军攻占了兹诺伊莫、米罗斯拉夫、亚罗梅日采三市，并继续从东南面进攻布拉格。乌克兰第4方面军于5月8日占领了奥洛穆茨，随后其所属军队于5月9日晨与乌克兰第2方面军部队会合。

5月8日夜间，乌克兰第1方面军所属近卫坦克第4、第3集团军挺进80公里，拂晓，其先遣部队从行进间冲进布拉格。5月9日晨，该方面军近卫第3集团军和第13集团军的先遣部队亦随之进入该市。同日，乌克兰第2、第4方面军的快速集群，以及乌克兰第4方面军第38集团军快速集群的先遣支队也进入了捷克斯洛伐克首都，捷独立坦克第1旅的坦克兵在该集团军快速集群编成内参战。在爆发起义的布拉格各战斗队积极支援下，苏军于5月9日完全解放了捷克斯洛伐克首都布拉格。

5月10日，苏军继续在所有方向迅猛推进。乌克兰第1方面军在一天内前进40公里，俘虏德军官兵约8万人。在德累斯顿、施特里高、格尔利茨、利贝雷茨的机场缴获德军飞机272架。近卫骑兵第1军（军长为巴拉诺夫中将）在开姆尼茨地域，近卫坦克第4集团军一部在罗基察尼地域（比尔森以东）分别与美军接触。近卫坦克第4集团军基本兵力向布拉格以南推进，前出至贝内绍夫地域，与乌克兰第2方面军近卫坦克第6集团军会合。乌克兰第2方面军左翼兵团于发展进攻中在皮塞克地域和捷克布杰约维采地域与美军部队会师。捷克斯洛伐克境内德军集团几乎全被合围。只有“奥地利”集团军群在该集团两翼行动的几个师逃到了美军作战区。被围德军失掉突围西逃希望后，开始放下武器。5月10～11日，德军基本兵力就俘。在消灭德军被围集团的同时，乌克兰第1、第2方面军在与美军第3集团军会师之前继续向西推进。5月11日，其所属军队在乌克兰第1方面军地带卡罗维发利地域和克拉托维地域与美军部队接触。

乌克兰第4方面军（司令为叶廖缅科大将）前出至克尔诺夫、什特思贝克、新伊钦、兹林以北一线。乌克兰第2方面军（司令为苏联元帅马利诺夫斯基）在布尔诺以西及其以南作战，从南面包围了德军集团右翼。3个乌克兰方面军共辖20个诸兵种合成集团军、3个坦克集团军、3个空军集团军、1个骑兵机械化集群、1个独立军、5个独立坦克军、1个机械化军和1个骑兵军。其中包括波兰第2集团军、罗马尼亚第1、4集团军和捷克斯洛伐克第1军。参加战役的军队计有200余万人，火炮和追击炮30 500门、坦克和自行火炮 2 000 辆、飞机 3 000 余架。

苏军面对的德军集团包括“中央”集团军群（司令为陆军元帅舍尔纳）所属坦克第 4 集团军，第 17 集团军、坦克第 1 集团军和伦杜利奇上将指挥的“奥地利”集团军群一部（第 8 集团军、党卫坦克第 6 集团军）。德军集团总兵力 90 余万人、火炮和追击炮，9 700 门、坦克和强击火炮 1 900 辆、飞机 1 000 架。

▲德军在桥头阻击苏联军队

战役的特点

乌克兰军队在极短期限内进行战役准备，并进行复杂的战役变更部署，是布拉格战役的突出特点。这次战役还有一个特点，就是在山林地条件下使用坦克集团军实施深远而迅速的机动以合围德军基本兵力。坦克兵在山地的前进速度，平均每昼夜为 50 ～ 60 公里。布拉格战役证明了苏军高超的组织能力和苏军官兵的高超技能。此外捷克斯洛伐克游击队积极支援了苏军的行动。为了纪念苏联武装力量的胜利，苏联最高苏维埃主席团颁发了“解放布拉格”奖章，授予解放捷克斯洛伐克首都战斗的所有参加者。50 多个兵团被授予荣誉称号，约 260 个兵团和部队荣获勋章。在解放捷克斯洛伐克的战斗中，有 14 万多苏联军人阵亡。为了表示对苏军阵亡将士的永久怀念，在捷克斯洛伐克建立了大量纪念碑。许多军官和将军、游击队指挥员被授予捷克勋章和奖章，当选为捷克斯洛伐克一些城市的荣誉公民。

▼德军在组织撤退

原子弹摧毁广岛、长崎

1945年，美国让日本尝到了原子武器的毁灭性威力，迅速结束了太平洋战场上的战争。本文提供了关于当时的事实、数据及随后发生的事件，它们永远改变了世界。

▲原子弹爆炸产生的蘑菇云

“曼哈顿”计划

盟军原子弹计划于1942年启动，代号“曼哈顿计划”。这一计划在新墨西哥州偏远的沙漠地带洛斯阿拉莫斯进行，历时4年之久，有20多万人参与，包括十几名已经获得或即将获得诺贝尔奖的科学家。

开支及成果

曼哈顿计划是第二次世界大战中最昂贵的计划，5年中耗费了盟军约18亿美元（相当于今天的180亿美元），共研制出4枚原子弹。第一枚于1945年7月16日在新墨西哥州沙漠试爆，爆炸威力是预期威力的4倍，相当于1．9万吨烈性TNT炸药的威力。

▼原子弹爆炸造成的废墟

轰炸目标广岛和长崎

1945年，美国军方提出了一份可供选择的17个原子弹攻击目标，包括：东京、京都、横滨、名古屋、大坂、神户、广岛、小仓、福冈、长崎、新潟、佐世保。

在对最终目标的讨论中，代表们认为具体攻击目标应该符合以下条件：如果这些地方遭到轰炸，将最严重地影响日本人的作战意志。这些目标应该是军事性的，或是有重要的司令部，或是部队的集中地，或是军用设备的供应和生产中心。为准确估计原子弹的效果，这些目标应该是没有被空袭毁坏过的。

最后，代表们定下了3条原则：第一，目标大小必须是方圆超过3英里的中等以上市区，且有重要目标；第二，要能够被原子弹的冲击波有效破坏；第三，8月以前不大可能被空军轰炸。综合分析后，圈定了广岛、小仓、新潟、长崎这4座城市。

日本在拒不理会最后通牒的情况下，美军决定投放原子弹。在对时间、位置、天气等条件的综合考虑下，最终广岛和长崎成为被袭目标。

伤亡情况

原子弹爆炸那天广岛大约有32.8万人，其中有20万人在5年之内死于原子弹的影响。广岛2/3的建筑都被摧毁。而长崎的约25.9万人中有7万人在同一时期内死去。至少有9人在广岛遭袭后逃到了长崎，并且在第二次原子弹爆炸中幸免于难。

裕仁天皇的决定

第二枚原子弹爆炸后4天，日本将领仍拒绝投降，并考虑采取包括自杀性袭击在内的一些方案来赢得“必然的胜利”。8月14日，裕仁天皇宣布他不能再眼睁睁看着人民忍受煎熬。第二天，日本无条件投降。

▼被原子弹摧毁的广岛

日本的原子弹计划

战争结束后，盟军调查人员发现日本从1940年就开始自行研制原子弹。日本的物理学家已经准确地算出制造一颗原子弹至少需要10千克浓缩铀。然而到1943年，日本人弄清要从普通铀矿石中提取这么多浓缩铀远非易事，原子弹计划就此搁置。

长期影响

科学家们担心原子弹会导致新生婴儿带有先天缺陷。放射性研究机构从1947年开始对幸存者进行跟踪调查。在原子弹爆炸时尚在母腹中的3 000名婴儿中，出现了心理和生理方面受损的情况。但是迄今为止还没有发现放射性导致的基因缺陷。

▼被原子弹摧毁的长崎

核武库增加

广岛长崎原子弹爆炸后一年内，美国已储备12枚原子弹。核储备在20世纪80年代中期达到最高峰，足以将地球毁灭数10次。

八月风暴行动

1945年8月8日，苏联对日宣战，出兵中国东北，迅速歼灭了精锐的日本关东军，并占领了朝鲜半岛北部、南库页岛及千岛群岛。

八月风暴背景

1945年5月8日，德国投降，欧战结束。日本帝国主义在世界上空前孤立，败局已定，于是采取全面收缩、争取体面媾和的总战略方针。日对苏方针是避战求和，如苏军进攻，就退守中朝边境地区，保住朝鲜。日本关东军（总司令为山田乙三上将）总部设在长春，辖2个方面军另2个集团军、1个航空兵集团军，计24个师、12个旅，约70万人，另有伪满、伪蒙军约20万人。关东军沿中苏、中蒙边界构筑了17个筑垒地域，但只配置少量兵力，其主力配置在中国东北腹地。苏联为履行在雅尔塔会议上做出的关于有条件地对日开战的承诺，在战胜德国后，迅速从西线抽调大批兵力和物资器材到东部地区，并在哈巴罗夫斯克（伯力）设立了远东苏军总司令部（总司令为华西列夫斯基元帅），辖3个方面军、太平洋舰队和黑龙江区舰队，计11个合成集团军、1个坦克集团军、3个航空兵集团军和部分蒙军，加上海军总兵力达170多万余人。苏军总的意图是：3个方面军协同动作，向长春、沈阳实施向心突击，粉碎关东军，速战速决。其作战计划是：外贝加尔方面军从蒙古东部突出部实施主要突击，切断关东军与华北日军的联系，分割围歼关东军第3方面军于长春、沈阳地区；远东第1方面军在太平洋舰队配合下，从滨海地区实施突击，切断关东军与朝鲜的联系，分割围歼关东军第1方面军于牡丹江、敦化地区；远东第2方面军在黑龙江区舰队的配合下，从北面实施突击，歼灭日军第4集团军；另以第16集团军和堪察加防区的部队进攻萨哈林岛（库页岛）南部和千岛群岛；太平洋舰队负责切断关东军与日本的联系，并在朝鲜北部海岸实施登陆作战。

▲苏联红军飞机

苏联的军事行动在1945年8月8日开始，即德国于5月8日投降的3个月后。时间处于8月6日广岛原子弹爆炸和8月9日长崎原子弹爆炸之间。

▲苏联红军拆卸中国东北的机械

日本人在知道苏联军事行动的规模之前已经作出投降的决定。苏联在美国投下原子弹之后仍进攻日本，主要是希望赶在美军发动奥林匹克行动登陆九州之前抢先登陆北海道，以免日本被美国独占。

这场战役又称苏日战争。“八月风暴”是苏军的行动代号。

战争过程

1945年8月9日凌晨，苏军航空兵对中国东北主要城市进行空袭。同时，地面部队各先遣支队越过国境。拂晓，主力发起进攻。外贝加尔方面军未遇抵抗，迅速越过大兴安岭和戈壁沙漠。远东第1方面军从侧后迂回并封锁了日军筑垒地域，用坦克在原始

▼苏联红军装备

▲日本关东军

森林中开辟通路，向牡丹江方向进攻。远东第2方面军在黑龙江区舰队协同下，强渡黑龙江和乌苏里江，主力沿松花江进攻。与此同时，太平洋舰队在朝鲜北部海岸实施登陆。

苏军成钳状地包围着和西欧大小相若的中国东北地区，红军分别从西面、北面和东面进攻中国东北。在西线，红军穿过蒙古的山脉和沙漠，远离他们的铁路补给线。这出乎了日军对苏联后勤的估计。日军未能预计苏联会这么快便对日宣战，他们预计苏联最快要在10月才可出兵。在开战后的最初18小时，日方将领几乎不能作出有效率的指挥，而且部队和指挥部的通信也出现问题。另外，红军使用了运输机把部队空降到各大小机场和城市中心，以及通过空军为超出陆上补给线的部队提供补给。在红军的陆空夹击之下，日军毫无招架之力。

红军以高度机械化的绝对优势迅速击败关东军和伪满洲国军。8月11日，伪满洲国“皇帝”溥仪及官员开始乘火车撤退。13日晨到达通化市临江县大栗子车站。主要的战斗持续了约一周。在8月15日，日皇裕仁在电台宣读终战诏书，宣布日本无条件投降，并在翌日开始停火。伪满洲国“皇帝”溥仪也在8月17日宣读“退位诏书”，伪满洲国正式灭亡。8月18日，关东军司令山田乙三下令中国东北地区及朝鲜北纬38度线以北的日军解除武装，停止战斗。

▼苏军女狙击手

日本投降后，军事行动已演变成美苏两国争相抢占日军控制的土地。8月18日红军越过鸭绿江，进入朝鲜半岛北部，同日并攻占了库页岛和千岛群岛。8月19日，溥仪等人在奉天（沈阳）机场被红军俘虏。

8月20日，红军占领新京（长春）、奉天、哈尔滨、佳木斯等城市。8月22日，苏军占领旅顺、大连。

然而，陆上的推进在红军越过鸭绿江后不久便停止了，因为空中补给线暂时中断。就在红军等候补给期间，麦克阿瑟带领美军在9月8日于仁川登陆，占领了朝鲜半岛南部，苏美两国以北纬38度作为双方占领区的分界线。

另外，由于美国抢先占领日本本土，苏联并没有如计划般占领北海道。

▲伪满"皇帝"溥仪

"八月风暴"重要性及其影响

八月风暴行动以及广岛、长崎原子弹爆炸，打破了日本主战派和主和派间的僵局。当时日本仍有过百万陆军在中国，主战派认为日本仍有一丝胜利的希望，但日军在中国东北和朝鲜的迅速溃败使他们的幻想彻底破灭，他们明白日本已无胜利希望，包括在本土四岛。天皇裕仁最终宣布日本无条件投降。

长谷川毅的研究指出，原子弹并不是日本投降的最主要原因，苏联能在一星期内迅速击败关东军和伪满军队，占领中国东北全境以至朝鲜半岛北部，使日本不得不在8月15日宣布投降。

事实上，军事上的成功使苏联确保得到雅尔塔会议中西方国家承认的苏联的利益，如蒙古的独立、日俄战争后失去的领土等。

在苏联撤出中国东北前，大规模拆运中国东北地区的工厂、机器、铁路设施，并将中国东北各公私银行的贵金属、债券、纸币运往苏联。根据日本资料统计，苏联从中国东北拆运的资产价值合1946年的53.4亿日元，相当于当时13.6亿美元。

此外，苏联在战役中攻占了整个库页岛、千岛群岛、旅顺口和大连，取得南满铁路的控制权。其后苏联把在中国的利益于1955年交还中华人民共和国，但其余所占领的土地到今日仍然归俄罗斯所拥有。日本至今仍然坚持拥有南千岛群岛（北方领土）的主权。

朝鲜半岛北部被苏联占领，但由于补给受阻，未能夺取其余半个朝鲜半岛。美国在红军能重新动员之前抢先在仁川登陆，从日军手上接管北纬38度以南的朝鲜半岛，自此朝鲜南北分裂直到今天。1948年金日成在苏联占领区建立共产党政权朝鲜民主主义人民共和国，李承晚则在美国占领区建立大韩民国，为2年后朝鲜战争的原因之一。

日本投降

日本帝国主义历时15年的侵略战争，以彻底失败而告终，第二次世界大战也以全世界人民的伟大胜利而结束。

日本必须投降

1943年11月盟军开始大反攻，分别由尼米兹和麦克阿瑟指挥，从中太平洋和西南太平洋向日占领区进攻。

1944年春夏间，美国先后夺取马绍尔、加罗林和马里亚纳3群岛。10月爆发莱特湾海战，日本海空军力丧失殆尽 。

1945年1月美军在吕宋岛登陆，3月占领马尼拉。同年3月到6月，美军占领硫磺岛和冲绳，迫近日本本土。5月，德国无条件投降。为了保住本土和朝鲜，日本进行了空前的战争大动员，叫嚷“本土决战”。7月26日中、美、英三国政府首脑发表《波茨坦公告》，促令日本无条件投降。日本宣称绝不投降 。

1945年2月，英、美、苏签订《雅尔塔协定》，规定在欧洲战争结束后3个月内，苏联应对日宣战。中国没有被邀请参加。由于美英是以牺牲中国的主权（如承认蒙古独立），来换取苏联对日出兵的条件，也被称为“远东慕尼黑”阴谋。

1945年2月以后，虽然日本军阀在豫湘桂会战后已基本上打通了大陆交通线，但是由于经常受到来自于内地的美国空军的攻击，再加上太平洋战场已日益吃紧，盟军正逐步逼近日本本土，于是为了消灭美军在中国的飞机场以维持大陆交通线的通畅并早日结束中日战争以集中全力于本土防卫，1945年3月起日军先后发动豫西鄂北会战和湘西会战。在河南，日本军阀于3月下旬从豫中会战之后的防线以东向西发动攻击，其前锋一直冲到西峡口。在湖北，3月日本军阀向西北部发动攻击，于4月8日攻陷老河口；不过之后中国军队随即发动反攻，收复了除老河口之外所有被日军占领的地区。在湖南，

▼日军投降仪式

日军以空军基地芷江为目标，于 4 月向湖南西部发动攻击，但是在中国军队抵抗之下，日军遭受大挫败而退回原阵地。之后中国军队乘胜追击，向广西地区发动反攻，于 5 月 27 日收复南宁，6 月 29 日收复柳州，7 月 27 日收复桂林，8 月收复广西全境。此外，中国军队原本预定于 8 月收复广州以打通中国对外运输要道，因为日本投降而未实行。

1945 年 7 月 26 日，美、英、中三国共同发表《波茨坦公告》，敦促日本无条件投降，否则将予以日本“最后之打击”。由于此时美国的原子弹已试验成功，美国新总统杜鲁门对于苏联的参战并不抱太大兴趣，所以未邀请苏联协商或署名，造成苏联颇为不满。

1945 年 8 月 6 日，为了避免采取大量伤亡的登陆战以及抢先苏联一步拿下日本本土，美军在日本广岛投下第一枚原子弹，3 天后又在长崎投下第二枚原子弹。苏联红军也根据《雅尔塔协定》，随即在 8 月 8 日对日宣战，发动“八月风暴”行动，并立刻于 8 月 9 日出兵中国东北。此时的日本关东军兵力仅有 70 多万人部署在中国东北和朝鲜半岛，苏联红军投入到远东战场则达 170 多万人，双方的装备也相差悬殊，于是苏联红军在中国东北横扫日本关东军。

同时，由于美国的核武打击与苏联军队的参战，中国人也感觉到抗日战争胜利之日即将到来。共产党由毛泽东发表《对日寇最后一战》，朱德发布命令将原本分散的抗日根据地一一连通。国民党方面也在美军空运、海运帮助下，迅速占领各大城市，接受日本投降。共产党军队则接收经营许久的中小城市、乡村地区，同时还收复了张家口。而且八路军、新四军因为长期敌后抗战的缘故，控制了大量铁路干线。

1945 年 8 月 15 日正午，日本裕仁天皇通过广播发表《终战诏书》，宣布无条件投降。

8 月 16 日，苏军总参谋部发表声明指出：“日本天皇 8 月 15 日所发表的投降声明，仅仅是无条件投降的一般宣言，并未向武装部队发布停止敌对行动的命令，而且日本军阀仍在继续抵抗，因此，日本尚未实际投降……远东苏军将继续对日攻势作战。”此段时间，由于日军的敢死队出动，导致苏联伤亡颇为惨重。战事直到 8 月 23 日苏军占领旅顺港口才真正结束。

9 月 2 日，日本外相重光葵在美国军舰“密苏里”号上正式签署投降书。9 月 9 日，侵华日军总司令冈村宁次在南京向中华民国政府陆军总司令何应钦呈交投降书。抗日战争及第二次世界大战至此正式结束了。

▼美军在日军投降书上签字

日本投降过程

1945 年 8 月 15 日一大早，美军太平洋舰队司令部，情报参谋莱顿上校就被紧急召到通信室，日本通过瑞士和瑞典发出接受波茨坦公告的电文正从只供他使用的特别电传机中传来，莱顿一把撕下电文，同时命令通信军士留下原稿并用明码发出致谢电，然后快步向太平洋舰队总司令尼米兹的办公室跑去，他兴冲冲地对办公室门口的尼米兹副官拉马尔中校叫道："来了最激动的消息！"连敲门和报告都没有就一头闯进办公室，尼米兹看了电文，没有兴高采烈地欢呼雀跃，只是微微一笑，好像早在预料之中。

中午，日本天皇发布诏书，宣布接受波茨坦公告无条件投降。

在美国杜鲁门总统发表日本已正式表示无条件投降的声明之后，尼米兹向所属部队下令停止对日军的攻击，但仍要继续进行搜索和巡逻，采取高度防范和安全措施，警惕日军可能的垂死挣扎。随后向全体官兵发出祝贺，同时要求举止端庄和礼貌地对待日本人，再有任何侮辱的词句，则与美国海军军官的身份不符。

正在日本近海的美军第三舰队司令哈尔西海军上将，得知日本投降的消息后，兴奋地拍打着身边每个人的肩膀，欢呼万岁！接着召回了刚起飞前去空袭日本的舰载机机群，同时命令旗舰"密苏里"号战列舰汽笛长鸣 1 分钟，并在桅杆上升起了"干得好"的信号旗，第三舰队的其他军舰也如法炮制，以庆贺胜利！哈尔西在兴奋之余并没有忘乎所以，仍保持着严密的空中巡逻，以防止日军为了最后的体面发动自杀攻击，只是在命令中他特别指示飞行员查明并击落一切觊觎者。

8 月 17 日，日本天皇发布敕谕，命令所有武装部队停止一切战斗行动，向同盟国投降。

8 月 19 日，日本大本营的 16 名代表根据麦克阿瑟的命令分乘两架涂以绿十字标记的飞机，抵达马尼拉，听取有关盟军进驻日本本土和签署投降书的指示，并接受由同盟国拟定的投降书文本。

▼日军投降中国的街头恢复平静

8 月 28 日清晨，首批美军分成空中和海上两路在日本本土登陆。第十一空降师第一八七空降团搭乘运输机从冲绳前往东京东南的厚木机场，除了先遣小组乘坐的是一架 C-47"空中列车"运输机外，其余部队都是乘坐航程更大的 C-54，因为美军无法预计长期接受武士道思想熏陶的日军，会以什么方式来迎接美军，而 C-54 的大航程可以保证在厚木降落受阻的情况下能安全返回冲绳。而且这批最早踏上日本本土的美军官兵丝毫没有胜利者的喜悦与得意，反倒是满怀忐忑与不安，所有人都是紧握着上膛的枪，随时准备战斗，甚至连空运的 75 毫米榴弹炮，都是破天荒地没有分解，而是完整安置在机舱，装上炮弹就可开火！空气中充溢着紧张的气氛，以至于事后有人说笑，要是那天有人放了一声爆竹，天知道会发生什么！就在空降部队登陆的同时，海军陆战队第 3 师第 4 团也乘坐登陆艇在横滨以南的横须贺军港登陆，还好日军没有任何抵抗，一切顺利。

▲中国军队接受日军投降仪式

8 月 29 日，第三舰队在哈尔西的率领下驶入东京湾，下午尼米兹乘坐水上飞机到达东京湾，在“南达科他”号战列舰上升起了他的五星上将旗。

8 月 30 日下午 2 时，美军西南太平洋战区总司令麦克阿瑟的“巴丹”号专机在厚木机场着陆，军乐队奏乐致敬，麦克阿瑟仍旧是那身典型装扮——旧军便帽，太阳镜，玉米芯烟斗，唯一不同的是掩饰不住的满面春风。

日本无条件投降签字仪式定于 1945 年 9 月 2 日上午 9 时在美国海军“密苏里”号战列舰上举行。

为什么将这一举世瞩目的仪式放在军舰上？虽说“密苏里”号是一艘排水量高达 4.5 万吨的超级战列舰，拥有宽敞的甲板。东京尽管在美国大规模空袭中遭到严重破坏，还是有几处可以容纳上万人的场地，比起军舰甲板还是宽敞得多，那是为什么呢？原来事出有因，杜鲁门总统在日本投降宣布由麦克阿瑟出任驻日盟军最高司令，负责安排和主持日本投降仪式，并作为同盟国代表在投降书上签字。这一决定立即引起了海军的强烈不满，激发了陆海军之间根深蒂固的军种矛盾（此时空军还没有成为独立的军种），海军在战争中出力甚多，到了胜利一刻，却让一位陆军将领站到台前，这将给人以主要是陆军将日本打败的印象，因此海军部长福莱斯特建议，如果投降仪式由陆军将领主持，那么仪式应在一艘海军军舰上举行，此外麦克阿瑟作为同盟国代表签字，那么尼米兹就将作为美国代表签字，以表彰海军在战争中所作出的贡献。为了保证总统同意这一建议，他特别选择以杜鲁门家乡命名，并由他女儿马格丽特主持下水典礼的“密苏里”号作为候选军舰。这一建议立即获得批准，这样“密苏里”号就成为这一重大历史事件的场地。

哈尔西得知他的旗舰将成为签字仪式所在地，非常高兴，并特意致电海军军官学校博物馆，请求借该馆收藏的一面旧国旗，那是一面长 165 厘米，宽 157 厘米，只有 31 颗星的旧国旗，却是大有来历的，92 年前就曾到过东京湾——悬挂在 1853 年首次用舰炮打开日本国门的美国海军舰队司令马修 · 佩里准将的旗舰桅杆上！哈尔西这么做，无非是要证明美国海军的赫赫军威！该馆同意了他的请求，并派专人用专机将这面国旗送

▲日军投降仪式上的合影

来，哈尔西将其装入玻璃镜框，高挂在自己指挥舱室的门上，正好俯视着仪式的举办场所右舷露天甲板！

尼米兹则特意命令海军营建工程大队为麦克阿瑟整修了1艘登陆艇，供他前往“密苏里”号时乘坐，海军营建工程大队日夜施工，将全艇漆成红色，还在艇首漆上麦克阿瑟的军衔五颗将星，然后连夜运到东京湾，可惜尼米兹并不知道从麦克阿瑟的司令部到“密苏里”号有20海里之遥，加上麦克阿瑟也不领情，一开口便拒绝使用这艘专用艇，而要求海军提供一艘新的驱逐舰。踌躇满志的麦克阿瑟还希望能在“密苏里”号上升起他的将星旗，满足他还从来没有在军舰上升起过将星旗的愿望，这可让负责布置仪式场地的尼米兹副官拉马尔为难了，因为根据海军条令，军舰桅杆上只能升起军舰上最高军衔将领的将星旗，尼米兹也是五星上将，该怎么办呢？他苦思冥想，终于想出了解决办法，在主桅杆上并排升起麦克阿瑟的红底白星陆军五星上将旗和尼米兹的蓝底白星海军上将五星旗。

9月1日上午，“密苏里”号上举行签字仪式预演，几十名水兵扮演参加仪式的贵宾，在右舷露天甲板上预演了明天的仪式。

晚八时举行了由麦克阿瑟主持的受降预备会议，出席投降签字仪式的苏联代表普尔卡耶夫，提出应在“密苏里”号上升起所有对日本作战国的国旗。麦克阿瑟竟不以为然地说：“就让美利坚合众国国旗作总代表吧，她有这个资格！不是吗？朋友们，哈哈！”他笑得很轻松，也很自豪。与会者惊愕地面面相觑。普尔卡耶夫想到自己是第一次与麦克阿瑟打交道，又见其他代表也没有坚持，也只好一笑置之。从这件小事中可以看出此时美国的强横与嚣张，给投降仪式和战后的各国关系蒙上了一层阴影。

9月2日，历史性的日子终于到来了。

停泊在东京湾的“密苏里”号，全舰刚用灰色油漆粉刷一新，406毫米巨炮斜指向天空，四周海风轻拂，战舰如云，帆樯如林，气氛肃穆庄重。

天刚破晓，东京湾里便满是拖着长长白练的小艇，往来疾驶，都是运送性急的各国记者和观礼嘉宾前往“密苏里”号的。“密苏里”号登舰舷梯口，站立着一排精神饱满的水兵，主甲板上，水兵乐队和陆战队荣誉仪仗队静静肃立，威严凝重，簇新的军衣，拆痕犹见。

▼法国人们在街头欢呼胜利

7点刚过，包括日本记者在内的240多位各国记者，就已经站立在指定位置上了，令所有记者嫉妒不已的是两位苏联红军摄影记者，仗着不懂英语，信步闲逛，随意拍照。

▲日军在投降书上签字

主桅上飘扬的星条旗是一面非同寻常的国旗——1941年12月7日，珍珠港事件那天，就飘扬在华盛顿国会山的旗杆上，后来随着美军到过罗马，去过柏林，目睹过德意轴心国的投降，今天将要见证日本的投降！

签字仪式的会场是右舷的露天甲板，中央偏右放置着一张大桌子，本来是借用英国“乔治五世”号战列舰上一张古色古香的大桌，可惜太小，才临时换用“密苏里”号士官餐厅的长条桌，上铺绿呢桌布。1946年2月16日，这张桌子、桌布和椅子正式被送到美国海军学院博物馆，成为日本彻底失败的历史见证。

桌子旁边竖着一排麦克风，可以向美国直播签字仪式。桌子靠里是同盟国签字代表团的位置，桌子靠外是日本代表团的位置，左前方是五十位海军将领，右前方是五十位陆军将领，正对桌子的最佳位置临时搭起平台，则是摄影记者的专区。

8时许，哈尔西作为主人，笑容可掬地站在舷梯口与登舰的观礼贵宾逐一握手寒暄，一时间，甲板上到处是将星闪耀，到处是欢声笑语，有人戏称，从没有在如此小的地方见到过如此多的将军！只有中途岛战役英雄，战功卓著的斯普鲁恩斯海军上将没有出席，思虑周全的尼米兹担心要是背信弃义的日本人袭击“密苏里”号，得有人负起指挥太平洋舰队的重任，所以此时斯普鲁恩斯还远在冲绳岛海域的“新泽西”号上。

8时10分，尼米兹将军和随行人员从“南达科他”号乘坐专用小艇来到“密苏里”号，扩音机里响起“海军上将进行曲”，哈尔西上前热烈欢迎，全舰哨声大作，尼米兹的五星上将旗在桅杆上冉冉升起。

8时30分，乐声大起，同盟国代表团乘“尼古拉斯”号驱逐舰抵达“密苏里”号，深灰黄色军服的是中国代表，纯白短袖、短裤、长袜的是英国代表，深棕绿、深蓝色镶红条的是苏联代表，淡黄色军服的是法国代表，色彩斑斓五光十色的军服，再加上炫目的勋章绶带，令人眼花缭乱目不暇接；中国话、英国话、美国话、荷兰话、法国话、俄国话，此起彼伏热闹非凡，甲板上顿时成为有声有色的外交场所，记者忙得不亦乐乎。奇怪的是，“密苏里”号上的所有美军官兵，上至五星上将，下至普通水兵，虽说军装簇新，却都是制式衬衫的军便装，不系领带不佩勋章，全然不是出席正式场合的常服或礼服，原来美军决定，以此形式表达对日军的轻蔑。

8时50分，乐声又一次奏响，麦克阿瑟乘坐“布坎南”号驱逐舰从横滨赶来，尼米兹上前迎接，两人谈笑着从主甲板拾级而上，步入将领休息舱。如麦克阿瑟所愿，他的五星将旗升上桅杆。在一艘军舰上，同时升起2面五星上将旗，在美国海军的历史还从未有过！

此时，“密苏里”号向远处运送日本代表团的DD—486“兰斯多恩”号驱逐舰发出信号，“兰斯多恩”号随即靠上前，放下小艇将日本代表团送来。日本代表团一行11人，外相重光葵黑色礼服礼帽，作为日本政府代表，陆军参谋总长梅津美治郎大将一身戎装，作为日军大本营代表，其他9人是由3名外务省代表、3名陆军代表和3名海军代表组成。——重光和梅津都是中国人民的老相识了，重光的一条腿就是1932年5月在上海虹口公园被朝鲜义士尹奉吉投掷的炸弹炸断的，至今在虹口公园里还有旧址可寻；梅津则担任过天津驻屯军司令，著名的《何梅协议》日方签字人。沧海桑田，昔日曾是何等的趾高气扬，今日却在这里俯首称降！当日方代表团登舰时，军乐队一片沉寂，礼仪哨视而不见，在美军联络军官西尼·麦什比尔上校引导下，重光葵在前，臂弯里夹着手杖，拖着一条假腿，一瘸一拐举步维艰，梅津在后，步履沉重。走到露天甲板后，重光葵摘下礼帽，与同行者列队向各国将领行鞠躬礼，但无人答礼。他们敬礼之后，重光和梅津并列在前，其他人分列两排，转向面桌而立。

9时整，乐队奏起美国国歌“星条旗永不落”，麦克阿瑟和尼米兹并排在前，哈尔西在后步出将领休息舱，同盟国代表团以及观礼的陆海军将领都在规定位置上列队，走上甲板后尼米兹站在中国代表徐永昌将军右边，处于同盟国代表团第一人的位置，哈尔西则站在海军将领的第一位，舰上水兵则纷纷抢占能看到会场的有利位置，今天我们从照片上还可以看到所有高处，甚至大口径舰炮的炮管上都挤满了神采飞扬的水兵。重光葵和梅津美治郎等人向麦克阿瑟致礼，他同样没有答礼。

军舰牧师做祈祷后，麦克阿瑟走到麦克风前，持稿在手，神色肃然地宣读投降命令。在投降命令里，他重申敦促日本投降的《波茨坦公告》基本内容之后说：“今天，我们各交战国的代表，聚集在这里，签署一个庄严的文件，从而使和平得以恢复。涉及截然相反的理想和意识形态的争端，已在战场上见分晓，我们无须在这里讨论。作为地球上大多数人民的代表，我们也不是怀着不信任、恶意或仇恨的情绪相聚的。我们胜败双方的责任是实现更崇高的尊严，只有这种尊严才有利于我们即将为之奋斗的神圣目标，使我们全体人民毫无保留地用我们在这里即将取得的谅解，而忠实地执行这种谅解。”

▼日军投降仪式

最后他说道：“在这庄严的仪式之后，我们将告别充满血腥屠杀的旧世界，迎来一个十分美好的世界，一个维护人类尊严的世界，一个致力于追求自由、宽容和正义的世界，这是我最热忱的希望，也是全人类的希望！”随后，他指着桌子前的椅子，严肃地宣布:“现在我命令，日本帝国政府和日本皇军总司令代表，在投降书指定的地方签字！”一名日本代表首先走上来，仔细审视桌上两份投降书无误，再回到自己位置，接着重光葵走上前，摘下礼帽和手套，斜身落座，不料手杖却从臂弯滑落到地上，他只好狼狈地拣了起来，一面想放置他的礼帽和手套，一面又从口袋里掏笔，手忙脚乱，一名外务省的随员走上前，递上笔并替他拿好手杖。可他面对投降书，却又不知道要签在哪儿，麦克阿瑟回头招呼他的参谋长萨瑟兰将军：“告诉他签在哪儿！”在萨瑟兰的指点下，重光葵在两份投降书上签下自己的名字。接着，梅津走上前，他没有入座，似乎想要保持一点军人的威严，除去手套，看也没看投降书就俯下身草草签名。

麦克阿瑟接着宣布：“同盟国最高统帅现在代表各交战国签字！”他邀请乔纳森·温赖特少将和亚瑟·帕西瓦尔中将陪同签字，温赖特是最后坚守菲律宾的美军将领，帕西瓦尔则是新加坡沦陷时的英军将领，两人都是刚从沈阳的战俘营里赶来，三年战俘生涯的折磨摧残，使两人骨瘦如柴，形同骷髅，穿着最小号的军装还显得肥大不堪！麦克阿瑟请这两人陪同签字，正是对两人所经受苦难的一种补偿。两人出列向麦克阿瑟敬礼后站在他身后，麦克阿瑟神定气闲地落座，开始签字，一共用了6支笔，第一、第二支笔当场就送给了陪同签字的温赖特和帕西瓦尔，其他四支笔分别送给美国政府档案馆、西点军校、中国代表徐永昌和他的夫人。

签完字以后，麦克阿瑟起身回到麦克风前，“现在请美利坚合众国代表签字。”尼米兹出列，邀请哈尔西和谢尔曼将军陪同签字，战争中这两人是尼米兹的左膀右臂，今天陪同签字也是对他俩的最好褒奖。当然，谢尔曼是代替没有出席仪式的斯普鲁恩斯的位置。

随后，中国军令部长徐永昌上将在商震将军陪同下代表中国签字。接着，英国布鲁斯·弗雷泽海军上将、苏联德里维昂柯·普尔卡耶夫陆军中将、澳大利亚托马斯·布来梅上将、加拿大摩尔·科斯格来夫上校、法国雅各斯·列克雷克上将、荷兰康拉德·赫尔弗里奇上将和新西兰昂纳德·伊西德少将依次代表各自国家签字。麦克阿瑟最后致辞：“我们共同祝愿，世界从此恢复和平，愿上帝保佑和平永存！现在仪式结束。”此时正是9时18分，14年前的“九一八”事变，日军占领沈阳的时间。

▼日本平民涌上街头收听战败公告

按照预定程序，仪式结束后日本代表应该取一份投降书离舰，一名日本代表走到桌前，拿起应由日本保存的投降

▲日方代表列队进入受降现场

书，但他只看了一眼就匆匆招呼其他代表，他们随即开始交谈，麦克阿瑟转身对负责仪式事务的拉马尔中校说："去看看出了什么事情？"一名日本代表向拉马尔解释道，投降书不能生效，因为纳降方签字有误！原来加拿大代表签在法国代表的位置上，接下去其他人都签错了地方，最后的新西兰代表不得不签在文稿的最底下。麦克阿瑟弄清楚情况后，嘱咐萨瑟兰改正。萨瑟兰接过投降书，用钢笔划线更正，并签上自己的名字作为证明。日本代表团这才接受投降书，和平终于实现！

日本代表团还未离舰，天空中便传来阵阵轰鸣，人们不由得抬起头看，10架B－29"超级堡垒"排着整齐的队形从"密苏里"号上空掠过，紧接着，一批又一批美军飞机呼啸而过，人们还来不及数清数目，隆隆声响中，越来越多的飞机飞过"密苏里"号，朝着东京的方向飞去！战争中，航空兵立下了赫赫战功，今天他们完全有理由以这样宏大浩荡的阵势，来参加签字仪式！由于当时美国还没有独立的空军，其航空力量分别属于陆军航空兵和海军航空兵，为了表示陆海军之间的对等，以空中阅兵的方式参加签字仪式的1 000架飞机中，陆海军各占一半。

由于签字仪式结束后，日本已不再是交战的对手，因此日本代表团走下舷梯时，美军礼仪哨兵给予他们例行的礼遇，向他们敬礼，梅津美次郎表情冷峻还礼，代表团其他成员也都还了礼。

同时尼米兹下令撤销哈尔西下达给运送日本代表团的"兰斯多恩"号驱逐舰不向日本人提供咖啡、香烟等招待的命令，以表示不再将日本人视为敌人。

当日本代表团离舰后，作为主人的哈尔西在自己的舱室用咖啡和油炸面圈招待各国签字代表，因为美国海军军舰禁酒，所以哈尔西为不能向各位贵宾提供香槟而深表遗憾。虽然没有香槟，但气氛仍然非常热烈，因为从这天起，持续多年的枪炮声终于平息，和平终于降临了！而1945年9月2日作为一个举世瞩目的日子，一个具有历史意义的日子永留史册！

▼日军在舰船上投降

英文投降书中文译文

我们，谨代表日本天皇、日本政府及日本皇军总将，兹此接受一九四五年七月廿六日由美利坚合众国政府、中国政府及大不列颠政府于波茨坦协定所拟订的四个条款及后来由苏维埃社会主义共和国联邦提出的附款，上述四强下称为同盟国。

我们兹此宣布日本皇军总将，所有日本陆军部队以及所有日本辖下地区的武装部队向同盟国无条件投降。

我们兹此颁令所有日本辖下地区的武装部队以及日本人民立即停止任何敌视行为，以便处理及援救受损船舰、战斗机，军用及民事财产以及必须遵循由盟军最高统帅的指示及由他监督下由日本政府所颁布的所有法令。

▲日本天皇宣布投降

我们兹此命令日本皇军将领总部立即向日本陆军部队以及所有日本辖下地区的武装部队的各司令官指令（他们）必须自发性无条件地投降，确保所有部队受他们监管。

我们兹此颁令所有民事、陆军及海军官员必须服从及遵守由盟军最高统帅所宣布的声明、法令及指令而使投降（条款）能落实于他们或他们的职能中。除非由他（官员）提出告退或呈辞外，我们会如旧保留以上官员的原有职级以及会继续（派遣他们）执行非战略性任务。

我们兹此保证遵守波茨坦协定所拟礼待天皇，日本政府及其继任者的条款，无论任何法令及采取任何行动必须得到盟军最高统帅的指令或由同盟国拟定贯彻（波茨坦）协定的制约。

我们兹此命令日本政府及日本皇军将领总部立即释放由日本国拘留的所有盟军战俘及本国的离心分子，并给予他们提供保护、医护，照料及直接运送至（盟军）指定的地点。

天皇内阁及日本政府必须服从盟军最高统帅将制定实行投降条款的步骤行政以治理国家。

一九四五年九月二日于日本国东京湾签署，第0904号。